市民と新しい経済学

環境・コミュニティ

福士正博

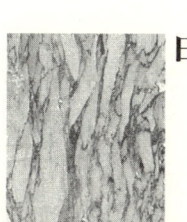

日本経済評論社

はしがき

　ニュー・エコノミックス運動の拠点となっているニュー・エコノミックス・ファウンデーションは昨年（2000年）初め，数多くの市民団体の協力を得て，「勇敢な新しい経済」（*Brave New Economy*）と題したCDを発表した．このCDの中に，ハーマン・デリィ，ヘーゼル・ヘンダーソン，ポール・エキンズ，スーザン・ジョージ，ジェームズ・ロバートソンなど，ニュー・エコノミックスを支える合計19人の著名な研究者，市民活動家が紹介されている．中にはジョン・ラスキン，マハトマ・ガンジー，カール・ポランニーといったすでに死亡した人物の名前もある．ニュー・エコノミックス運動とは，狭義にはこれらの人々の理論，著作，経験などをまとめ，経済学の新しい方向を模索する理論的で，実践的な運動を指している．

　しかしニュー・エコノミックス運動をこのように限定して考えるだけなら，その本質や意義を正確に理解したことにはならない．これらの人物も，自己を取り巻く厳しい社会環境を主体的に切り開こうとする中で，何が大事なのか，何が必要で，何が足りないのか，必要なものをどのようにして獲得するのか，そのためにどのような声を，どのように上げなければならないのかを問い，苦悩し，そして学んでいったはずだからである．ニュー・エコノミックス運動も，既存の経済学の学問体系に不満を持つ人々が，自分たちに合った経済学を作ろうとする格闘の中で発展してきた．

　ニュー・エコノミックスという表現には，これまでの経済学は「古くなった」という意味がこめられている．ニュー・エコノミックス運動が批判の対象とする経済学は多様である．新古典派経済学，ケインズ経済学，サプライサイド経済学，マルクス経済学など，既存の経済学すべてがそうだといってよい．しかしニュー・エコノミックス運動はこれらの経済学の理論すべてを

否定しようというのではない．またこれまで，そのように運動が展開してきたわけでもなかった．それでは何が古くなったのか．またニュー・エコノミックス運動はどのようなことを「新しい」と言うのだろうか．ニュー・エコノミックス運動にとって大事なことは2つある．

　第1に，既存の経済学に市民が登場していないことである．ニュー・エコノミックス運動にとって，「誰のための経済学か」という問いは避けて通ることができない．ニュー・エコノミックス運動の主体は市民にある．ニュー・エコノミックス運動は，市民運動の一環として，環境，消費者，開発，福祉，フェミニズム，反軍拡，人権など様々な分野で行なわれている運動とつながりながら行なわれてきた．ニュー・エコノミックス運動はこれらの市民運動の理論的要請に応える必要から生まれてきた経済学の運動であった．市民運動が理論的裏付けもなく，各分野でばらばらに行なわれていけば，それまで分裂と衰退を繰り返してきた苦い経験からみても，運動が再び停滞するのは明らかである．しかも地域や国レベルばかりでなく，地球的な広がりでネットワークを張り巡らし，運動を展開するといった幅広い課題に応えるには，世界各地の埋もれた経験や教訓を持ち寄り，積み重ねていく理論運動がどうしても必要であった．しかしこのような要請に応え，市民運動をさらに進めようとするならば，既存の経済学はどれをとっても有効性を欠き，不十分であるどころか，場合によっては「邪魔」になることさえあった．例えば，環境問題が大量生産・大量消費システムが原因となって発生しているとき，有効需要を創出することの重要性を説き，経済成長理論として体系化されていったケインズ経済学を市民はそのまま支持することができるだろうか．また例えば，多くの先進国で1980年代以降経済厚生が低下し，生活の質が悪化している現実にあるとき，福祉国家を批判する一方，市場での競争を激化させようとするサプライサイド経済学を人々はどうして信頼することができるだろうか．市民運動は既存の経済学に代わる新しい経済学を求めていたのである．

　第2に，既存の経済学が，産業主義から脱産業主義へと転換しようとする

時代文脈をきちんと把握し，市民に説明できる理論的枠組みを持っていないことである．ニュー・エコノミックス・ファウンデーションがCD「勇敢な新しい経済」を発表したとき，これを紹介したマリリン・ウォーリングはレスター・ソローの次のような言葉を引き合いに出している．

「現実世界の理解が行き届かなくなるにつれ，（経済学の）数学的洗練度は高まっていく」．

確かに洗練度は高まったかもしれない．しかしソローが述べるように，抽象度が高くなるにつれ，現実世界を理解する能力が低下していくなら，そのような経済学を私たちはどのように呼べばよいのだろうか．ニュー・エコノミックス運動はそのような経済学の状況を反省して，市民の目線で今必要なことがらを具体的に取り上げ，市民の経験を理論化する作業を行なってきた．例えば，本書でも紹介している「持続可能な経済厚生指数」は1人当たりGNPでは測ることのできない人々の生の「豊かさ」を，多面的な観点から新たな指標で示そうとしたものである．そこではGNP統計では表れてはこない側面で「豊かさ」の低下が確実に進んでいることを示していた．また例えばニュー・エコノミックス運動は，市場経済を前提に形成されているフォーマル経済しか取り上げることのできない経済学の視野の狭さを指摘し，インフォーマル経済が持つ多様な形態を積極的に評価しようとしてきた．こうした例は，ニュー・エコノミックス運動が取り上げてきた領域の一端である．市民の視野が広がれば，それだけニュー・エコノミックス運動の活動領域も広がっていく．脱産業主義は産業主義から抜け出すということだけを意味しているのではない．それは，市民の活動領域が，国（第1セクター）や企業（第2セクター）と対等に位置づけられ，市民社会の不可欠な構成要素として認められる時代が到来することを意味している．経済学はこのような時代文脈を正確にとらえることが求められている．ニュー・エコノミックス・ファウンデーションが中心となって1984年から始まった「もう1つの経済サミット」(The Other Economic Summit, TOES) はそのために毎年テーマを定めて，世界から多くの人々を集めて開催されてきた．かつて経済学は「陰欝

な科学」と呼ばれたことがあった．経済学は，はたして現在，この状況を脱することができただろうか．

　私が当時ロンドン東部にあったニュー・エコノミックス・ファウンデーションの事務所を初めて訪れたのは1993年であった．石見尚氏や森田邦彦氏などが翻訳したポール・エキンズ編著『生命系の経済学』(御茶の水書房，1987年，原題 *The Living Economy*, 1986) によって市民団体が毎年サミットの開催国で「もう1つの経済サミット」を開いていたことは知っていたものの，その後この団体がどのような活動を行なっているのかは全くわからない状態にあった．1992年のブラジル地球サミット以降，急速にしぼんでいった市民活動が再び盛り上がるためには，市民団体の活動を一過的なものに終わらせることなく，その経験や教訓を持ち寄り，恒常的に組織された理論的な活動を通して発展させていくしかない．「どうして市民運動の経済学がないのか」という疑問を持ち続けてきた私にとって，この団体がその後も活動し，大きな理論的成果を上げていることを知ったことは非常に大きかった．市民団体の活動はともすると特定の課題に専門化したものになりやすく，しかもそれにイデオロギーが介在すると，横の連絡や交流が途絶え，タコ壺的な活動になりがちである．このような状況を打開し，市民が抱える様々な課題に具体的に対応していくには，世界各地に点在している貴重な経験を持ち寄り，それを恒常的に積み上げていく研究機関を市民自らが設けること，そしてそこでの活動を通して市民活動が理論的に一段と鍛え上げられていくことが必要である．研究調査活動が市民運動と直結する，あるいはその活動自体が市民活動となることが今ほど求められている時代はない．ニュー・エコノミックス・ファウンデーションはそのような性格を持った市民団体であった．

　私が，1993年から現在まで，ニュー・エコノミックス・ファウンデーションを何度となく訪れたのは，ニュー・エコノミックス・ファウンデーションのこうした性格とその活動に共感したからである．1993年当時，スタッフの数も少なく，研究分野も限定されていたが，この数年間に確実に裾野を

広げ，とくに 1997 年 5 月の労働党内閣発足以降，ニュー・エコノミック ス・ファウンデーションの主張の一部は政策的に生かされるようになってきている．私も参加した 1998 年 5 月 TOES バーミンガム大会では，主催者が会場近くで予定されていたサミット晩餐会の間隙をぬってブレア首相に直接面談し，大会決議を突き付けるといった離れ業を行なった．ブレアはそれを（快くかどうかはわからないが）受け取ったという．この話が大会 2 日目の冒頭に，ニュー・エコノミックス・ファウンデーションの専務理事エド・マヨから紹介されたとき，大会参加者は歓喜の声と割れんばかりの拍手で答えた．

以下は，数年間の調査に基づいて私が発表してきた論文の初出一覧である．冒頭の章は本書の各章に対応している．

第 1 章 「環境近代化論―その意義と限界―（上）（下）」『東京経大学会誌』203 号，1997 年 7 月，209 号，1998 年 7 月を加筆補正．
第 2 章 「リスク社会論」『人文自然科学論集』110 号，2000 年 7 月を加筆補正．
第 3 章 「定常経済論―ハーマン・デリィの所説によせて」『人文自然科学論集』108 号，1999 年 10 月を加筆補正．
第 4 章 「ニュー・エコノミックス運動―「もう 1 つの経済サミット」を中心に―」『東京経大学会誌』211 号，1999 年 2 月を加筆補正．
第 5 章 「コミュニティ・エコノミックスの課題」『東京経大学会誌』219 号，2000 年 7 月を加筆補正．
第 6 章 「豊かさを測る―イギリスにおける「持続可能な経済厚生指数」」『東京経大学会誌』213 号，1999 年 8 月を加筆補正．

市民団体の活動が活発になるには，メンバーの拡大や資金力を強化していくと同時に，多くの人々が共感し，説得できる提言を，具体的な裏付けをもって行なっていくことが必要である．本書は，ニュー・エコノミックス・フ

ァウンデーションの活動を中心に，ニュー・エコノミックス運動の現状をまとめたものである．第I部は，ニュー・エコノミックス運動を取り巻く理論状況を環境問題を中心に整理した．そこでは，環境近代化論に流されがちな現在の環境議論をどのように克服するのかを問題意識にすえ，リスク社会論や定常経済論の持つ意義を強調しようとした．第II部は，ニュー・エコノミックスの試みの一部を私の問題関心に基づいて紹介している．このような試みがわが国における市民活動の参考になることを願っている．

　本書を執筆するにあたって，私が勤めている東京経済大学の研究助成費を活用させていただいた．研究者の我儘な発想を，自由に受け入れてくれた大学のサポートに感謝したい．また本書の出版にあたって，前著に引き続いて日本経済評論社の清達二氏にお世話になった．学術書の出版環境がますます厳しくなる中で，本書のような勝手な主張を快く受け入れていただいたことに深くお礼申し上げたい．

2001年4月

福 士 正 博
（研究室にて）

目　次

はしがき

第Ⅰ部　環境思潮の変化

第1章　環境近代化論
　　　―その意義と限界― ……………………………………………3

1. 問題の所在：環境ジレンマ　3
2. 対抗文化の形成　6
   (1) 『生き残りのための青写真』　6
   (2) 『スモール・イズ・ビューティフル』　8
   (3) 『成長の限界』　10
3. 再帰的近代化論　12
   (1) 産業社会の属性　13
   (2) 再帰的近代化論の分化：環境近代化論とリスク社会論　14
4. 環境近代化論　15
   (1) 環境近代化論の内容　16
   (2) 環境近代化論の意義　21
   (3) 環境近代化論の歴史段階　24
   (4) 環境近代化論の具体化　27
   (5) デカップリング　32
   (6) 脱物質化　33
5. 環境近代化論の形成プロセス　36
   (1) 環境近代化論の位置　36
   (2) エコ・エフィシェンシー：「持続可能な発展に関する世界産業

　　　　　　　評議会」を中心に　42
　　　6.　環境近代化論批判　　　　　　　　　　　　　　　　　　　44
　　　　(1)　エコスペース　44
　　　　(2)　充　足　性　47
　　　　(3)　環境近代化論の限界　50
　　お わ り に　　　　　　　　　　　　　　　　　　　　　　　　53

第2章　リスク社会論 …………………………………………………54
　　1.　リスク社会論の登場　　　　　　　　　　　　　　　　　　54
　　2.　環境近代化論とリスク社会論：概観　　　　　　　　　　　56
　　　　(1)　再帰的近代化論　56
　　　　(2)　再帰的近代の2つの道　59
　　　　(3)　「経済と環境」対「社会と環境」　61
　　3.　リスク社会論の構造　　　　　　　　　　　　　　　　　　63
　　4.　リスク社会論の経済像　　　　　　　　　　　　　　　　　71
　　　　(1)　持続可能な組織　73
　　　　(2)　「集団的環境管理」：環境問題の政治化，道徳化　77
　　　　(3)　「集団的環境管理」が依拠する経済学　78
　　　　(4)　経済の再概念化　80
　　むすびに代えて　　　　　　　　　　　　　　　　　　　　　83

第3章　定常経済論
　　　　―ハーマン・デリィの所説によせて― ………………………84
　　1.　定常経済論の背景　　　　　　　　　　　　　　　　　　84
　　2.　定常経済論の形成　　　　　　　　　　　　　　　　　　85
　　3.　エコシステムとエコノミー　　　　　　　　　　　　　　88
　　　　(1)　エコシステムとエコノミーの関係　88
　　　　(2)　エコシステムとエコノミーの交換　90

(3) 目的―手段スペクトラム　95
　4. 定常経済論のモデル（1）　97
　5. 定常経済論のモデル（2）　100
　6. 大 量 消 費　103
　7. 定常経済論と持続可能な発展　105
　　　(1) 持続可能な発展と持続可能な成長　105
　　　(2) 強い持続性　107
　　　(3) 豊 か さ　108
　　　(4) エコロジカルな税制改革　110
　8. 環境近代化論批判：むすびに代えて　110

第II部　ニュー・エコノミックスの試み

第4章　ニュー・エコノミックス運動　115

　1. 問題の所在　115
　2. ニュー・エコノミックスの意味　117
　3.「もう1つの経済サミット」（TOES）　119
　4. ニュー・エコノミックス運動の背景　123
　　　(1) ニュー・エコノミックス運動を取り巻く諸状況　123
　　　(2) ニュー・エコノミックス運動と緑の党　130
　5. ニュー・エコノミックスの基本的視座　133
　　　(1) 価値のバランス　135
　　　(2) 経済の全体性　137
　　　(3) 富と効用　139
　6. ニュー・エコノミックスの基本的概念　140
　　　(1) 富と「豊かさ」　140
　　　(2) 欲望とニーズ　141
　　　(3) 発　　展　142

　　　　(4) GDPと「豊かさ」を測る指標　145
　7. おわりに　147

第5章　コミュニティ・エコノミックスの課題　148

　1. コミュニティと経済学　148
　2. コミュニティの位置　151
　3. 社会的経済　155
　4. コミュニティ・セクターの形成場所　157
　5. 市民の主体的意思　160
　　(1) 参　　加　160
　　(2) エンパワーメント　163
　6. コミュニティ・エコノミックスの課題　165
　　(1) ニュー・エコノミックス運動の活動領域　165
　　(2) 動員のための手立て　166
　　(3) 行動のための手立て　168
　むすびに代えて　171

第6章　豊かさを測る
　　　　―持続可能な経済厚生指数の意義―　173

　1. 新しいインディケーターの必要性　173
　2. ISEWの国際比較　176
　3. 富の創出過程と福祉　180
　4. 持続可能な所得　184
　5. ISEWを構成する諸項目　187
　6. イギリスのISEW　195
　　(1) 加算項目の集計　197
　　(2) 控除項目の集計　198
　　(3) 小　　括　199

　　　　　　　　　　　目　　次　　　　　　　　　　xiii

　　7. むすびに代えて：ISEW の意義　　　　　　　　　　　200

第 7 章　社会的排斥
　　　　　―金融排斥を中心に―　……………………………202

　1. 課　　題　　　　　　　　　　　　　　　　　　　　　202
　2. 貧困と社会的排斥　　　　　　　　　　　　　　　　　204
　　(1) 定　　義　204
　　(2) 社会政策とシチズンシップ　207
　3. 「第三の道」　　　　　　　　　　　　　　　　　　　210
　　(1) 「第三の道」　210
　　(2) 「第三の道」の時代文脈　211
　4. 排斥の実態　　　　　　　　　　　　　　　　　　　　215
　　(1) 所得推移　215
　　(2) 金融排斥　219
　5. ニュー・エコノミックス運動と社会的排斥　　　　　　221
　　(1) ニュー・エコノミックス運動の視座　222
　　(2) ニュー・エコノミックス運動の姿勢　225
　6. ニュー・エコノミックス運動と金融排斥　　　　　　　227
　　(1) コミュニティ・バンキング　227
　　(2) コミュニティ・ファイナンス・イニシアティブ：信用組合を中
　　　　心に　228

第 8 章　地域交換・交易システムの意義
　　　　　―インフォーマル・エコノミーの役割―　……………234

　1. 地域通貨の形成　　　　　　　　　　　　　　　　　　234
　2. LETS とニュー・エコノミックス運動　　　　　　　　236
　　(1) インフォーマル経済の意義　237
　　(2) 自身の仕事　240

3. LETSの仕組み　242
    (1) LETSの仕組み　242
    (2) 地域通貨の特徴　245
    (3) LETS規則　248
4. LETSの意義　249
    (1) LETSと社会的排斥　250
    (2) LETSの経済的役割　252
5. LETSの実態　256
    (1) 全国レベル　256
    (2) LETSの個別事例：ブライトンLETS　259
お わ り に　262

終章　リアル・ワールド・コアリションとニュー・エコノミックス運動 ……………………265

1. リアル・ワールド・コアリションの結成　265
2. 『リアル・ワールドの政治学』から『この地点から持続可能性へ』　267
    (1) リアル・ワールド・コアリションの成立　267
    (2) リアル・ワールド・コアリションの合意点　269
    (3) リアル・ワールド・コアリションとニュー・レイバー　271
3. 持続性ギャップ　273
4. リアル・ワールド・コアリションとニュー・エコノミックス運動　275
    (1) 参加型民主主義　275
    (2) 地域経済の再生　276
    (3) グローバル経済の再編成　278
お わ り に　279

目　次	xv
参考文献	282
あとがき	303

第Ⅰ部　環境思潮の変化

第1章　環境近代化論
―その意義と限界―

1. 問題の所在：環境ジレンマ

　本章は，1980年代から台頭した環境近代化論（ecological modernisation）の内容を整理し，それが果たした役割を明らかにしながら，環境近代化論の問題点の指摘と批判を課題としている（Buttel, 2000：Blowers, 1997）．具体的には，環境近代化論がどのような政治的，経済的事情を背景に，どのような環境議論を契機に登場してきたのか，そしてそれはどのような内容を持ち，その役割は何か，またこの環境思潮に対してどのような批判が行なわれてきたのかといった設問を検討することである．
　第2次大戦後，環境問題に対する社会的関心が増大した時期は2つある．第1の時期は，最初のアースデイが行なわれた1970年から国連による「人間環境会議」（ストックホルム会議）が開催された1972年までである．世界的に見てもこの時期に戦後の環境行政の骨格が形成された．わが国でも所謂公害国会の開催（1970年），環境庁の設立（1971年）など環境行政の原型がこの時期に形成された．第2の時期は，「国連環境と開発に関する世界委員会」（ブルントラント委員会）報告が発表された1987年から，「持続可能な発展」（sustainable development）を具体化するために180カ国以上の政府首脳が集まって開催されたブラジル地球サミット（1992年）までである．「公害問題」から地球環境問題へといった展開はこの間に環境問題が解決されたどころか，ローカルな問題からグローバルな問題へさらに広がり，ますます

多くの分野に深化するとともに，その対応を難しくしている．このようにますます複雑になっている環境問題を解きほぐし，新しい視点から整理するには，この2つの時期の位相を明らかにし，両者の間にある十数年の環境問題に対する認識の発展を整理することが求められている．

　この2つの時期に共通しているのは環境問題に対するアプローチの仕方である．いずれの時期も，不況と繁栄を繰り返してきた戦後の景気循環のうち，ほぼ繁栄期にあたっていた．第1の時期は，1973年に発生した第1次オイルショックを契機に世界経済が低成長に入ろうとするまでの時期であった．戦後復興を経過し，1950年代後半から続いた世界的な高度成長は1960年代後半から70年代に，環境問題となってその「ひずみ」を発生させた．第2の時期も，1970年代後半から第2次オイルショックを経て80年代にかけての低成長を脱した後に続いた未曾有の繁栄を背景にしていた（バブル経済）．環境問題はこのように経済成長の結果必然的に発生せざるをえなかった社会的問題である一方，繁栄の時期でなければ取り上げることが許されない，したがってそれだけ脆弱な基盤しか持たない社会問題でもあった．経済成長によって発生した環境問題が実は経済成長の上昇期でしか取り上げられないという矛盾は，環境問題が「成長か，環境か」というジレンマに常に直面していたからである．2つの時期に共通していたのはこのジレンマであった．環境問題は，環境危機に対してというより，このような環境ジレンマに直面して揺れ動く政策対応でしかなかったのである（Ekins, 1993, pp. 269-88）．

　しかし環境ジレンマに対する取り上げ方は，1970年代前半と80年代後半とでは明らかに違っていた．第1の時期がこのジレンマに初めて直面し，そこから抜け出す道を見つけられずに環境意識だけが急進化していったのに対して（対抗文化 counter culture の形成）(O'Riordan, 1976; Eckersley, 1992; Dobson, 1990)，第2の時期は環境問題の急進化に対して歯止めをかけるもう1つの対抗文化を形成し，そのジレンマから抜け出す道を系統的に探し出そうとしていた．その意味で第2の時期は第1の時期の反省と批判を前提としていた．

実はそうした反省と批判の基礎を提供しているのが「持続可能な発展」概念であった．「持続可能な発展」は環境運動が依拠する概念であると同時に，1970年代前半の急進的環境運動がイメージしていた社会改革を批判するという側面も合わせ持っていたのである．1980年の『世界環境保護戦略―自然と開発の調和をめざして―』（国際自然保護連合，国連環境計画，世界野生生物保護基金）から，1984年経済協力開発機構（OECD）が行なった「環境と経済学に関するコンファレンス」を経過し，最終的に1987年の「国連環境と開発に関する世界委員会」（ブルントラント委員会）報告で提唱され，国連総会で国際的に承認された「持続可能な発展」は，現在の環境問題を考える場合のキィ概念の1つであると同時に，1970年代前半に形成された対抗文化に対するもう1つの対抗文化を提供する役割を果たそうとしていた．もちろん，第1の時期の対抗文化も「持続可能な社会」(sustainable society)の建設を訴え，そのための基礎として「持続可能な発展」概念を活用しようとしていた（Green Party, 1995）．この概念がなければ急進的環境運動も，対抗文化の形成もありえなかった．だがこのことはこの概念の一面でしかない．むしろこの概念にとって本質的なことは，多義的で，曖昧で，抽象的で，どのような解釈も可能になっているという点にある．デビッド・ピアスが『緑の経済のための青写真』（*Blueprint for the Green Economy*）の末尾で24にのぼるこの概念の定義を列挙したように（Pearce, 1989, pp. 172-85），「持続可能な発展」は多様な解釈を生み，状況によってどのような使用方法も可能になる，きわめてルーズな概念でしかなかった．その結果「持続可能な発展」は，1980年代に発生した環境危機に対する処方箋であると同時に，対抗文化の批判という特定の問題意識を意図的に取り上げた概念であり，その結果生じた様々な利害との妥協が可能になるよう多義的な解釈を生む余地を残さざるをえなかった．ブルントラント自身，「今必要なのは，勢いに満ち，同時に社会的にも環境保全上も持続的である，新たな経済成長の時代を創りだすことです」と述べている（環境と開発に関する世界委員会，1987，緒言）．ブルントラントは「持続可能な発展」とは「持続可能な成長」(sustainable growth) という意味であることを強調している．「持続可能な発展」を「緑の成長」(green growth) や「持続可能な成長」へ読み替えようとする立場はブルントラント委員会の一貫した姿勢であった．この姿勢こそが第1の時期の環境問題が抜け出すことのできなかったジレンマを克服し，対抗文化の芽を摘み取ることを可能にしたのである．環境近代化論はこうした「持続可能な発展」の解釈を可能にする包括的概念である．産業エコロジー，エコ・ビジネス，「緑の資本主義」など表現は違っても，本来これらは環境近代化論と総称することができる新しい環境思潮ということができよう．環境近代化論は，こうした1970年代前半に形成された対抗文化の形成に対する「制度的学習過程」(institutional learning process) (Hajer, 1996, p. 251) を通して形成された，1980年代から90年代をリードする環境思潮であった．

2. 対抗文化の形成

それでは1970年代前半の対抗文化とはどのような内容を持っていただろうか．ここではこの時期の対抗文化をリードした3つの文書を取り上げてみよう．

(1) 『生き残りのための青写真』

1972年イギリスの環境雑誌『エコロジスト』は，編集長であるエドワード・ゴールドスミスを中心にして『生き残りのための青写真』(*Blue Print for Survival*，以下『青写真』)を発表した．ゴールドスミスは，『青写真』の発表の意義を，「1960年代に環境保護主義者を支配していたイギリス農村のアメニティ運動に代表される，ありきたりで，体制指向的な中産階級の考え方に対する急進的対応であった」と述べている（エコロジスト誌，1972）．『青写真』が，1960年代後半から70年代にかけて台頭してきた「新しい社会運動」を背景とした急進的環境運動であったことがわかる．それはアメニティ運動に代表される伝統的な環境運動との訣別を意図していた．

第1章 環境近代化論

　『青写真』は新しい社会のイメージを「定常状態経済」(steady state economy，以下定常経済）に置いていた（同，47頁）．『青写真』は「安定社会への道―変革のための戦略」と題した章で定常経済を実現する基本的条件の1つに「原料とエネルギーの最大限度の保護――すなわちフロー型ではなくストック型の経済」を挙げている（同，36頁）．後述するように，環境近代化論が結局，スループットの拡大によって実質的な経済成長の拡大を意図していたのに対して，定常経済はそうした意図の否定を理論の核心にすえていた．オリョーダンが指摘するように，ゴールドスミスは経済成長を「文化的逸脱」とみなし，人間は生物種としても，心理的にも「定常状態」に適していると考えていた．ここで言う「定常状態経済」(O'Riordan, 1976, p.54) は19世紀後半にジョン・スチュワート・ミルに原型を持ち，アメリカの経済学者ハーマン・デリィが本格的に提唱した新しい型の経済システムである (Daly, 1992 ; 1996 : Booth, 1998)．デリィによれば，定常経済とは，「最初の生産段階（環境からの低エントロピー財の掠奪）から消費の最終段階（高エントロピー廃棄物や毒性物質による環境汚染）にいたるまで，財及びエネルギーの最低限度で可能なフローといった，低率のスループットで，人口，人工物が適切かつ十分な水準に維持されるという定常状態にあるストック経済」(Daly, 1992, p.17) のことである．定常経済とはこのように最小のスループットで望ましい状態に維持されたストック経済である．それは物質の物理的基礎に基づいて構成される概念であるから，物理的フローの価値指標にすぎない国民総生産（GNP）で測定する経済成長と基本的に相容れない．経済成長はストックとフローの拡大を国民総生産といった価値指標に置き換え，その増大を目指すものにすぎないからである．ストックの維持を目指そうとする定常状態経済とはその点で全く別の方向を向いている．青写真は「成長率の継続は許せない」（エコロジスト誌，1972，19頁）とはっきり述べた．

　『青写真』は，こうした新しい経済のパラダイムの確立を，人間中心主義 (anthropocentrism) からエコロジー中心主義 (ecocentrism) へ転換することによって果たそうとしていた (O'Riordan, 1976, p.54)．生態系に取り囲ま

れ，その一部でしかない人間が生存していくためには，生態系と調和し，自然と向かい合いながら生きていくほかはない．そのためには，現在の人間の活動の規模は大きすぎると『青写真』は考えた．『青写真』の各所にちりばめられているエコロジー中心主義は，安定社会にいたる道筋の１つとして「新しい社会制度の創造」を挙げ，「あらゆる段階での政治と経済の地方分権化，および自治と自立を無理なく行えるだけの小規模な共同体の結成」，すなわち「人間的規模の共同体の結成」（エコロジスト誌，1972，69頁）の重要性を訴えた．こうした人間的規模の多様な顔を持った共同体こそが自給自足を可能にし，「社会の基盤である生態系に対して社会制度が加える圧迫を最小限度に食い止めることができる」（同，71頁）からである．

そして実はそれこそが人間讃歌という意味での人間中心主義なのであった．『青写真』は「そこにおける躍動が個人にとっての刺激と楽しみの本質的源泉であり」，「そうした共同体においてのみおそらく人は個人でありうる」と述べている（同，70頁）．ゴールドスミス自身，「貧困と闘う唯一の方法は社会を分権化すること，小規模で，より実現可能な社会単位を生み出し，……生命への忠誠と新しい目標を与える」と述べている（O'Riordan, 1976, p. 56）．

『青写真』は，エッカスレィが指摘するように，「世界のメディアに大きなインパクトを与え，各国政府に迅速かつ多面的な対応を呼び掛けていた」(Eckersley, 1992, p. 12)．実際イギリスではそこに盛り込まれた提案を具体化することを目指してヨーロッパで最初の緑の党（名称は「人民党」，その後「エコロジー党」，「イギリス緑の党」と改称）が結成された（1974年）(Ibid., p. 12)．

(2) 『スモール・イズ・ビューティフル』

『青写真』と並んでもう１つ対抗文化の一翼をになっていたのがエルンスト・シューマッハによる『スモール・イズ・ビューティフル』である．この書物は，そのタイトルにも示されているように，経済成長という「規模の

（拡大）経済」を批判し，それとは逆の立場から経済規模のあり方を検討しようとしていた．小規模経済とは経済成長の否定に他ならない．「規模の問題」を，何が本当に必要なのかという，もう1つ別の観点から考察してみようとするシューマッハは，「人間というものは，小さな，理解の届く集団の中でこそ人間でありうるのである．そこで小規模単位を扱えるような構造を考えなければならない」（シューマッハ，1973，84頁）という立場に立って，「成長概念を質的に限定すること」，すなわち「大量生産ではなく大衆による生産」を行なうことが重要であると訴えた（同，204頁）．こうした小規模経済は『青写真』が提唱する定常状態経済と同じ軌道の上にある．

『青写真』と異なるのは，『青写真』が近代科学や技術の危険性を強調する傾向が強いのに対して，『スモール・イズ・ビューティフル』はより積極的に小規模経済に実体を与える技術のあり方として，「人間の顔を持った技術」，すなわち「自立の技術」，「民衆の技術」の重要性を訴えていることにある（同，204頁）．「中間技術」，あるいは「適性技術」と呼ばれる「人間の顔を持った技術」は，「現代の知識，経験の最良のものを活用し，分散化を促進し，エコロジーの法則にそむかず，稀少な資源を乱費せず，人間を機械に奉仕させるのではなく，人間に役立つよう作られた」技術である（同，204頁）．すなわち「大衆による生産に奉仕する」技術である（同，211頁）．

シューマッハが提唱するのは「現在の技術とは別の技術である」（同，204頁）．後述するように，環境近代化論が環境危機を乗り越えようと近代に内在した科学や技術への信頼を強めていくのに対して，シューマッハは別の観点から「人間の顔を持った技術」に信頼を寄せていた．「人間性の本当の欲求とわれわれのまわりの自然界の健康と世界の天然資源と両立できるような新しい生産様式を編み出さないかぎりは，危機は悪化の一途をたどり，最後には災禍を招くことになるだろう」（同，203頁）とシューマッハは述べている．シューマッハがイギリスの有機農業団体「土壌協会」(Soil Association) の会長として有機農業運動に取り組んだり，「中間技術開発グループ」(Intermediate Technology Development Group) を設立することで第3世界の

技術援助に取り組んだのは，こうした「人間の顔を持った技術」を実践することで，新しい技術の方向を追求しようとしていたからに他ならない（同，210-1 頁）．

(3) 『成長の限界』

ローマクラブが 1972 年に発表した『成長の限界』は，対抗文化の形成という点で，『青写真』や『スモール・イズ・ビューティフル』とは明らかに違った立場をとっている．ローマクラブの設立（1970 年）に関わったのが当時オリベッティ社の副会長で，フィアット社の重役を兼務していたアウレリオ・ペチェイであったことからも，対抗文化を形成すること自体が『成長の限界』の目的であったわけではないことがわかる．むしろ『成長の限界』の関心は，このままの型式で経済成長が続いていけば地球の有限な資源は枯渇してしまうという，産業社会の生存基盤の消滅にあったのである．

『成長の限界』が批判の対象としたのは幾何級数的成長であった．こうした型式の成長は必ず限界にぶつかり，「世界システムの基本的な行動様式は，人口および資本の幾何級数的成長とその後にくる破局である」（ローマクラブ，1972，123 頁）と『成長の限界』は断定した．このレポートに現れている新マルサス主義は，これまで自然や環境を無限であり，所与の前提と仮定してきたこれまでの観念を痛烈に批判した．『成長の限界』をその発表とともに噴出した資料操作の誤りやデータの不足という観点から批判することは簡単である（Cole et al., 1973）．しかしそのことで経済成長にともなう地球資源の枯渇という命題が否定されたことにはならない．『成長の限界』は，無限と考えてきた地球資源が有限で，経済成長の型式を変えることなく続けていけば地球は崩壊することをシステム・ダイナミックスという新しい方法にもとづきながら，コンピューター解析を用いて詳細に明らかにしようとしたのである．

『成長の限界』が対抗文化の形成という点で重要なのは，人間の将来に 2 つの道を提起したことである．

「成長に自主的な限界を設定することによって，自然の限界内で生きようとするほうがよいのであろうか．あるいは，なんらかの自然の限界につきあたった場合には，技術の飛躍によってさらに成長を続けうるという望みをもって成長し続けるほうがよいのであろうか．ここ数世紀の間，人類社会は一貫して後者の道をとって成功をおさめてきたので，前者の道を選択するということをまったく忘れてしまっていた」(ローマクラブ，1972，135頁)．

　ここで提起されている2つの道とは，経済成長を自然の限界内に抑制し，その制約の中で成長を遂げていこうとする道と，その限界を技術によって突破し，さらに飛躍的な成長を遂げていこうとする道である．この2つの道のうち，選択すべき道を『成長の限界』は明確に示しているわけではない．しかし『成長の限界』は「最も一般的でしかも最も危険なのは技術的楽観主義である」と断定し，「すべての問題に対する究極的な解決策として技術を信奉することは最も基本的な問題――有限なシステムにおける成長の問題――から目をそらし，解決策として有効な行動をとることを妨げることになってしまう」として，技術中心主義を厳しく批判した（同，136頁）．

　しかも『成長の限界』は，技術中心主義を批判した後で，「非技術的アプローチ」として「均衡状態」について分析している．資本設備と人口の均衡状態は社会が停滞することを意味しない．均衡に保たれるのは自然に負荷をかける資本と人口の「入り」と「出」である．人口と資本の成長に吸収されてきた技術を生活の質の向上へとつなげることで，成長という社会の第一義的価値から転換し，社会は質的に発展していくという道筋を描いていた．

　『成長の限界』は，こうした分析にしたがって，「人類は，限界を自分で設定し，人口と資本の成長を引き起こす巨大な圧力を弱めるか，あるいは逆の圧力を設けるか，あるいは両者を組み合わせることにより，必要なときに成長を停止すること」が求められていることを強調した（同，136頁）．こうして『成長の限界』は「環境か，成長か」という環境ジレンマに対して「ゼロ成長」で応えたのである（同，154頁）．「ゼロ成長」は経済成長の否定ではない．しかし，実践的な意味としてはそれに等しいものであった．

環境近代化論はこのように1970年代前半に形成された対抗文化を批判し，それを克服するという「学習過程」を通じて1980年代に登場した新しい環境理論であった．それは世界的に新自由主義が興隆した時代に台頭した環境理論であった．地球環境問題が社会的関心を集めた1980年代は，一方で新自由主義の興隆に取り込まれた新しい環境理論の台頭した時期であったことを忘れてはならない．

3. 再帰的近代化論 (Reflexive Modernisation)

しかし環境近代化論がこの時期に台頭してきたのは1970年代前半に形成された対抗文化に直面し，近代が行き詰まりをみせたからだけではない．対抗文化といった産業社会の外側からの批判を受け止め，それを内側から内在的に自省する社会理論の形成という，もう1つの契機を必要としたのである．それがなければ近代はそれ以上に質的に発展することができない．環境問題を構造的に取り上げるには，産業社会の病理を普遍的に取り上げ，処方箋を描くことが必要だったからである．環境破壊を近代の一時的異常と見なすかぎり，産業社会の構造を総体的に取り上げることはできなくなる．

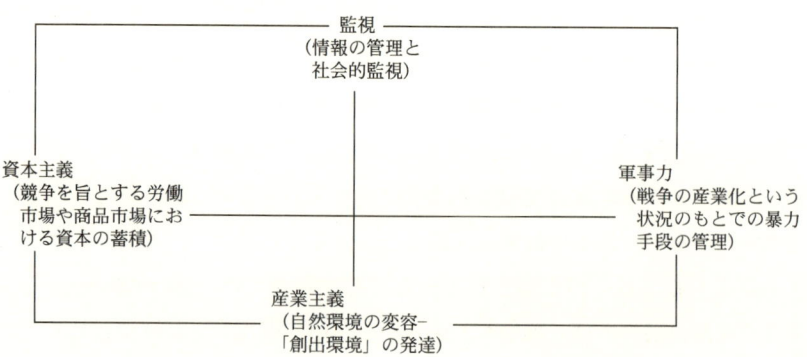

出典：ギデンズ（1993）80頁．

図1-1 モダニティの制度特性

アンソニー・ギデンズによれば，近代（モダニティ）は，資本主義，監視，軍事力，産業主義という4つの制度特性によって構成されている．図1-1はそれを図示したものである．

ギデンズはこうした近代の制度特性にしたがって，環境問題を自然環境を変容させる産業主義の帰結ととらえていた．環境問題は資本主義の帰結ととらえられるより，社会主義も含めた産業主義の帰結ととらえられている点に注意しておく必要がある．

(1) 産業社会の属性

そこでまず産業社会の属性を整理しておこう．ここでは村上泰亮『産業社会の病理』にしたがって，産業社会を支配した能動主義，手段的合理性，個人主義という3つの価値観を検討してみよう（村上，1997，97-115頁）．

① 能動主義

能動主義とは「外的状況の積極的支配をめざす姿勢」であり，たんなる生存本能を越えて，近代自然科学の進歩に裏打ちされた産業社会が持つ怪物的な拡大傾向を指している．こうした「攻撃型の人間中心主義」は，自然や環境を支配し，作り替え，それを富として再構成する活動を合理化していくことになる．人間は自然の豊かさを労働を通じて奪い取ることでしか生活することができない．勤勉とは，自然との関係でとらえれば，こうした自然の豊かさを奪い取ることを人間が意図的に追求する内的心性である．こうして近代は，産業社会を制度特性の1つとして抱え込むかぎり，生態系中心主義を否定するところから出発しなければならなかった．もちろん，生態系中心主義も労働を通じて自然の豊かさを奪い取る．しかし生態系中心主義は自然の豊かさを奪い取ることを自己目的とはしていない．生態系に包み込まれて生きる人間は，そのような能動主義によって，自己の生存基盤を崩壊させていかざるをえないからである．

② 手段的合理主義

しかもこうした目的のために産業主義は手段を選ばない，むしろ正確に言

えば，手段の価値は目的の達成度によって決まるという，手段的合理性によって，能動主義はさらに実体を帯びることになる．しかも産業主義は例えば神という上位システムに個人が帰依するというように，プロテスタンティズムを経由して手段的能動主義を個人が絶対視する個人主義を大事な構成要素として抱え込んでいる．この場合，神が不在であってもかまわない．村上が指摘するように，神という目標は具体性を持たない無限遠な存在であるから，実際は無目標に等しく，手段的能動主義はそれ自体に価値を置き，個人の能力と創意は社会システムに吸収されてしまうからである．こうした産業社会が持つ属性の帰結が環境問題であった．村上は資源の逼迫といった環境問題を産業社会の「外なる限界」と呼んだ．しかしむしろ環境問題は産業社会の属性がもたらす必然的な帰結として「内なる限界」であるはずであった．

③ 個人主義

しかもこうした手段的能動主義は，個人主義と結びつくことによって強化されることになる．村上は，市場システムと私有財産制度の2つを個人主義が制度化されたものとして挙げているが，この2つの経済システムによって個人は，たとえ神が不在であっても，物質的に動機づけられることになるという．すなわち，「かつて唯一神に直接向かい合うものとして性格づけられた個人主義は，いまや物質的利益に動機づけられた個人主義に変容する」のである．

(2) 再帰的近代化論の分化：環境近代化論とリスク社会論

再帰的近代化論は，こうした産業主義に対する反省からアンソニー・ギデンズやスコット・ラッシュなどによって生み出されてきた．それは近代の方向に楽観的な環境近代化論と，それに悲観的なリスク社会論に分かれて発展してきた．再帰的近代化論は，環境問題を近代の諸制度が不完全なために発生する構造的問題であり，近代が構造的調整を行なうことで解決を可能とする社会秩序問題であった．ここで言う構造的（制度的）認識とは，近代が環境破壊を制度化しているために，近代の存立基盤を脅かすまでに深刻になり，

それを克服することが求められるようになっているということである．こうした状況にあって，近代は自己と向かい合い，自己を分析しなければならなくなる．つまり「近代化が進めば進むほど産業社会の基礎はますます解体，枯渇，変容，脅威にさらされるようになる」からである（ギデンズ，1993，155頁）．こうして「近代化の過程はその課題と問題に対して再帰的となる」（同，155頁）．ベックはこうした近代の新しい段階を再帰的近代と呼び，それ以前の「たんなる近代」の段階と区別しようとした（ベック，1998，序論）．環境問題という「疑問の制度化」は，「自省がシステムの再生産基盤そのものに入り込み，その結果，思考と行為が常に反照し合うようになっている」というように，自己反芻が恒常化されていることを意味している．こうした再帰的近代化は，「産業社会の輪郭を解体する更なる近代化」（Beck, 1997, p. 2）を進める近代の新しい段階である．伝統社会が脱構築されたことで近代が登場したように，こうして近代が脱構築されることで再帰的近代は登場する．ベックはたんなる近代から再帰的近代への転換を近代の急進化と呼び，「新しい社会形態を発生させる資本主義の勝利」（*Ibid*, p. 2）と呼んだ．

```
                              ┌── 環境近代化論
産業主義  →  再帰的近代化論 ─┤
                              └── リスク社会論
```

4. 環境近代化論

しかし再帰的近代化論は，政治システムと技術＝経済システムの間にサブ政治という新しい領域を設けたものの，近代の過程で発生した環境問題を契機にどのような近代諸制度の再編成が行なわれたのかを明確に示すことができなかった．図1-2は環境社会学の理論的枠組みを概念図にしたものである．シュパルガーレンやモルはこの概念図にしたがって，これまでの環境社会学は環境運動に代表される環境意識の成長とそれに対応した政府の環境政策の

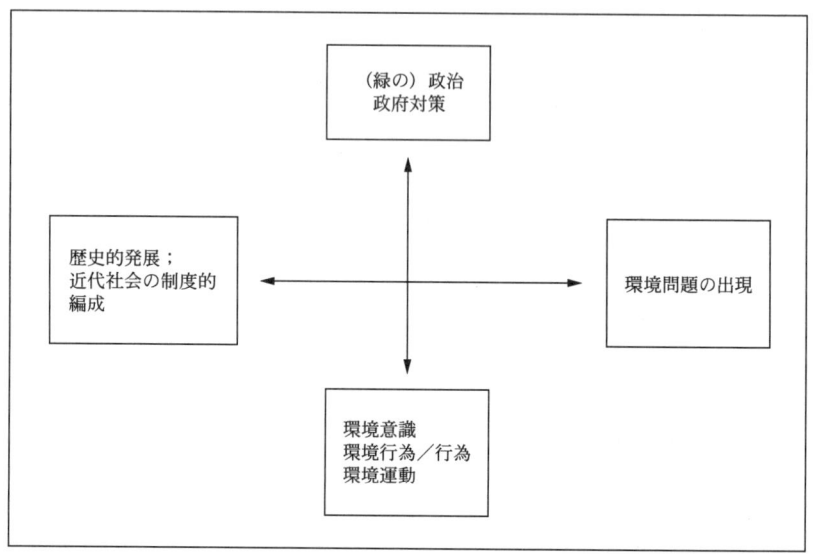

(出所) Spaargaren and Mol (1992) p. 325.

図1-2 環境社会学の理論的枠組み

展開という垂直的な対応に関心が寄せられ，それを近代諸制度の発展と環境問題の出現という両者の水平的関連を分析するという意識が希薄であった，と指摘している．この課題に応えるためには，自然や環境が近代諸制度の中でどのように位置づけられ，環境破壊とともにどのような編成替えが行なわれようとしているのかを明示してみる必要がある．環境近代化論はこの課題に応えるために登場した新しい環境理論であった．

(1) 環境近代化論の内容

図1-3 は，モルにしたがって，産業社会の生態学的スイッチ・オーバーを近代諸制度との関わりで図示したものである．ここで言う生態学的スイッチ・オーバーとは，「生態学的領域の経済領域からの解放」を指している．この図で示されているように，近代は経済領域，政治領域，社会・イデオロギー領域の3分野に機能分化している．こうした機能分化は，近代を経済領

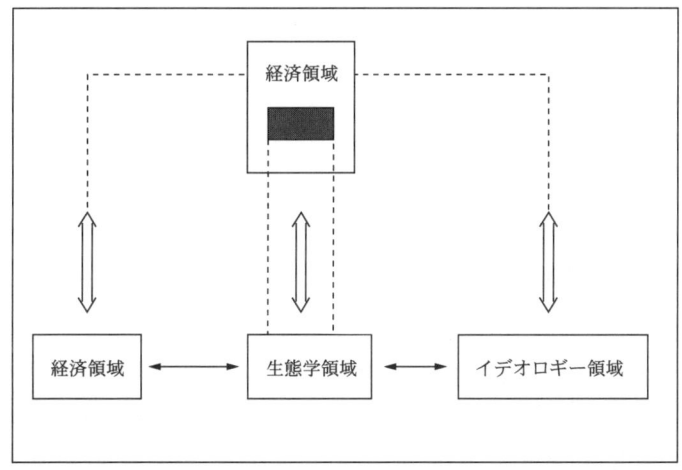

(出所) Mol and Spaargaren (1993) p. 438.
図1-3 生態学的領域の解放と成長

域,政治領域,生活領域に区分したポランニーの指摘とほぼ一致している.ギデンズが指摘する伝統社会から近代へ移行する過程で発生したこうした機能分化(脱埋め込み)は,経済領域を他の分野から独立した領域として設けることによって経済合理性が自己主張する根拠を与えた(ギデンズ,1993,35頁).環境破壊は経済合理性が自己主張した結果発生した社会問題であった.経済領域はその中に自然や環境を埋め込み,それらを経済活動を行なう際の所与の前提として思うがままに資源化したのである.経済学はそれを外部化と呼んできた.したがって環境破壊という外部不経済は,自然や環境が経済領域に埋め込まれているために発生した問題であったと言うことができる.近代の成立過程で生態学的領域が経済領域から切り離されず,それに従属する形で埋め込まれたために,自然や環境は所与の前提として人間活動に奉仕するだけの外部的存在にしかすぎなかった.こうした機能分化の中で,自然や環境は経済領域に埋め込まれ,経済活動を行なう際の所与の前提としてしか位置づけられていなかった.生態学的合理性はそのために経済合理性に取り込まれ,独自の主張をあげることができなかったのである.

しかし環境破壊が進めば，生態学的領域を経済領域に埋め込み，その叫びを圧し殺すことができなくなる．環境破壊によって産業社会の基盤が崩れ，結果的に経済合理性と対立してしまいかねないからである．この対立を解消するには経済領域から生態学的領域を切り離し，生態学的領域を独自の領域として認めるという近代の制度改革が必要であった．図1-3は，生態学的領域が経済領域から解放され，その後で再び関係を取り結ぶ状態を示している．生態学的領域が経済領域から切り離され，独自領域として存在することになったために，政治領域と社会・イデオロギー領域もまたそれぞれ独自に生態学領域と関係を結ぶことになっている．環境政治学や環境社会学，環境哲学，環境倫理学などの諸科学も環境近代化論の影響を受けて，その内容を再編成しなければならないだろう．

こうした環境近代化論における自然や環境の位置は，再帰的近代化論のそれとは明らかに違っている．すでに指摘したように，再帰的近代化論は，サブ政治という領域を設けることで，環境問題を政治の領域から規制を受けない，第3の新しい領域としての経済領域を設けた．再帰的近代化論においては，環境問題はこのように経済と政治との関係であった．環境近代化論はこうした再帰的近代化論を批判しようとする．環境近代化論において環境問題は，経済と政治との関係ではなくて，経済領域と生態学領域とに機能分化した後の両者の関係の問題であった．環境問題に直接関わるのは経済であって，政治や，社会・イデオロギーは間接的にしか関わることができなくなっている．図1-3は，経済領域から生態学的領域の解放を示していると同時に，経済領域との関係と，政治及び社会・イデオロギー領域との関係が異なることも示している．

それではどのような関係を結ぶのだろうか．大事な点は2つある．1つは，経済と環境の統合，もう1つは経済合理性と生態学的合理性のヒエラルキーである．

① 経済と環境の統合

環境近代化論の意義は，「生態学的領域の経済領域からの解放」によって，

経済と環境の統合に向けた第一歩を踏み出す理論的枠組みを提示したことにある．両者が切り離されていなければそもそも統合はありえない．環境近代化論は，環境問題という外部不経済を内部化する課題に，経済と環境を分離した後に続く両者の統合によって応えようとした．ヘジャーが指摘するように，こうして「本質的に環境破壊は外部性の問題として把握され，統合が概念的解決策となる」(Hajer, 1995, p. 251)．したがって求められているのは統合の具体的見通しである．ヘジャーは，「環境問題を算定可能にし，合理的社会選択を可能にする特定の社会的，経済的，科学的概念である．したがって自然がどれだけの汚染に耐えられるかを決定することが求められ，「最適搾取率」を工夫しなければならない」と述べている (*Ibid*., p. 252)．

環境近代化論は，こうした経済と環境の関係を両方の側から改善しようとする．すなわち経済のエコロジー化とエコロジーの経済化である．両者が出合う地点で編成される社会理論が環境近代化論であると言うこともできる．

●経済のエコロジー化

環境近代化論において，環境を無視した経済活動は認められない．環境破壊によって経済活動の基盤が損なわれ，持続的に活動を行なうことができなくなるからである．そのためには経済活動の一環として環境要素を組み込み，その結果についても慎重にモニタリングしていくことが必要になる．環境近代化論はその担い手として，投資家，企業，その他の経済主体の役割を強調する．環境ビジネス，産業エコロジーが強調されるのはそのためである．

また再帰的近代化論と違って，環境近代化論は近代科学や技術を環境破壊の犯人とせず，逆に生態学的改革のための中心的制度に位置づける．もちろんこれが可能になるにはエコロジーの技術化が進んでいなければならない．後述するように，GNP単位当たりの環境影響を減らすには環境技術の開発によって自然に対する負荷を減少させなければならない．

●エコロジーの経済化

エコロジーの経済化とは経済のエコロジー化を経済領域に具体的に組み込むために，最も合理的な手法を選び取ることである．環境近代化論が1980

年代に本格的に登場してきたという歴史文脈を考えれば，エコロジーの経済化とは環境手法を市場経済に組み込み，市場のダイナミックスを活用しながら，その効果を極大化する一連の作業と言ってよいだろう．1970年代に採用された規制的手法に代わって，環境税，課徴金，排出権許可証取引，所有権アプローチなど，1980年代に入って採用された経済的手法はこうした課題に応えるために開発された環境政策の方法である．環境規制が，費用便益分析を避け，エンド・オブ・パイプ方式といった対症療法的な環境政策に終わっていたのに対して，これらの経済的手法は，修正した費用便益分析を用いながら，市場を活用することで予防政策を含めた効果的な環境政策を行なおうとしていた．

② 経済合理性と生態学的合理性

環境近代化論の本質は，経済領域から生態学的領域を解放することで，生態学的領域を独立領域として認め，その点で近代がこれまで欠陥を抱えていたことを明らかにしたことにある．この欠陥を是正しようとすれば生態学的領域を経済領域から解放しなければならなかった．環境近代化論は近代という枠組みの中でこの解放を行ない，新しい環境論の地平を切り開いた．

しかしこのような生態学的領域の解放は実は分析手続きでしかない．したがって生態学的合理性が経済合理性と等しいステータスで自己主張し始めるということは本来ありえない．環境近代化論が「制度化された自然破壊という近代の構造的欠陥を，近代をさらに近代化するプロセスに分析の焦点を当てて」(*Ibid.*, p.250) 改善しようとしているにすぎない以上，いくら経済領域から生態学的領域を切り離し，形式的に生態学的合理性を経済合理性と等しいステータスに置こうとしても，生態学的合理性によって経済合理性が犠牲にされることはありえないからである．環境近代化論による経済とエコロジーの統合は，経済がエコロジーに譲歩することはあっても，その席をエコロジーに譲ることはありえない．モルは，「環境近代化論と制度的再帰性」と題する論文の中で，経済領域からの生態学的領域からの解放は両者の優先順序，ヒエラルキーという問題を発生させはするが，その答えはあらかじめ

決められていたと指摘している．「環境近代化論において生態学的合理性の解放はそれが経済領域の上，あるいはその代替物として位置づけられ，生態学的合理性や生態領域の支配に向かうプロセスと理解されてはならない」(Mol, 1996, p. 309), 「生態学的転換は生態学的合理性が経済合理性の長期的支配として理解されるべきで，経済合理性の廃止とか完全な従属に帰結させるべきではない」(*Ibid.*, p. 309) からである．

こうした生態学的合理性に対する経済的合理性の優位は，言うまでもなく環境近代化論が人間中心主義に基づいているからである．産業主義の帰結として発生した環境問題に対して，人間中心主義から転換することをせず，近代諸制度の再編成で済まそうとしたために，環境近代化論は経済領域を常に生態学的領域の優位の位置に置かざるをえなかった．その意味で環境近代化論はポスト・モダンではありえない．

(2) 環境近代化論の意義

それでは環境近代化論の意義は何か．

第1に，経済成長と環境悪化の悪循環を切り離し（デカップルし），経済成長と環境保護との両立を図ろうとしたことである (Pearce, 1992, p. 853)．1970年代前半の環境議論が，経済成長と環境保護との対立を軸に社会制度の変革という対抗文化の形成へと進んでいったのに対して，環境近代化論はそうした議論の批判と反省に立って，両者の対立を克服する，新しい理論的地平を切り開かなければならなかった．その意味で環境近代化論は環境運動の産物ではけっしてない．むしろ環境運動の制度化も含めた，「急進的環境議論に対する批判的回答」(Hajer, 1995, p. 33) が環境近代化論であった．こうして環境近代化論は「1970年代のアジェンダが提起した急進的環境運動と異なり，環境破壊を近代の異常として概念化せず」(*Ibid.*, p. 33), 功利主義者の論理に従うことを基礎にしていた．

しかも環境近代化論は，第2に，両者の対立を克服しようとしただけではない．ステフェン・ヤングが指摘するように，「環境保護はむしろ経済成長

のための跳躍台」（Young, 1993, p. 88）の役割を果たそうとしていた．1970年代前半の議論が両者の対立を克服するために，ゼロ成長という方向を打ち出していたのに対して，環境近代化論は「経済的繁栄と環境問題とのゼロサム・トレードオフがあるという考えに挑戦」し，「環境保護を経済の負担と考える代わりに，将来の成長のための潜在的源泉と考え」（Hajer, 1995, p. 32），環境保護を長期にわたる経済成長の前提にまで高めようとしていた．ゼロサム社会から環境保護をバネにしたポジティブ・サム社会への転換こそが，環境近代化論のねらいであった．シュンペーターが言うように，「資本主義の動燃体を設置し，それを動かす基本的な推進力」（*Ibid.*, p. 32）として環境が考えられているからである．そのために「政府は企業との機能的依存関係を自覚し，環境危機をビジネスのためのチャレンジとして積極的に活用していかなければならない（*Ibid.*, p. 31）．したがって環境問題をめぐる亀裂は，環境運動と企業文化との間ではなく，環境に取り組む企業と目先の利益に狂奔する企業との間で発生することになる．ポジティブ・サム社会へ転換しようとするのは，環境問題を効率性の観点から考察しているからである．換言すれば，環境問題の発生は環境効率の悪化や非効率の結果であった．こうした効率指向的アプローチは（Lash et al. (ed.), 1996, p. 249），環境問題を「生態学的不足」（ecological deficiency）の問題として捉え，それを解消するために産業イノベーションの役割を強調することになる．環境管理が企業文化の重要な一要素として入り込んでくるのはそのためである．

第3に，環境近代化論は新しい環境政策の理念を打ち出そうとしていた．1970年代前半の環境行政が主に対症療法的なエンド・オブ・パイプ方式をとっていたのに対して，環境近代化論は問題の発生を予測し，その芽を事前に摘み取る予防政策を基本としていた．こうした政策理念の転換は，科学技術のもたらす結果が予測できず，不確実なために，近代科学の発展を前提にした事後対策では，確実で，安定した政策効果を期待できないと考えられるようになったためである．環境リスクはリスクとなる前に摘み取らなければならない．しかし予防政策が可能になるためには，科学技術の結果に対して

予測不能な状況に止まるだけであってはならない．予測不能を一方で受け入れながら，リスクを計測し，経済活動に内部化する可能性を追求する手続きが必要になる．「社会的に組み込まれた属性としてリスクを考え」(Mol, 1993, p. 432)，リスク評価やリスクに対する態度形成を強調する必要がある．

言うまでもなく，予防政策を本格的に行うには，費用負担の問題は避けられない．誰がこの費用を負担するのか．環境近代化論は，環境保護が費用増加を招くことを認め，汚染者負担原則を積極的に認めようとする．ただしそれは環境保護の費用を汚染者だけに負担させようとするためではない．汚染の防除費用や復元費用の第1次負担が汚染者であることを認め，市場を通して第2次，第3次へと移し替え，最終的に費用の一部を消費者に転嫁するつながりとしてこの原則を認めたのである．

第4に，こうした新しい政策理念を現実化するには，環境団体や地域市民といった新しい行為主体が環境政策の場に登場し，政策立案や実施に深く関わってこなければならない．その結果，これまでのコーポラティスト的な環境政策の立案，決定のプロセスは反省を迫られることになる．しかしこのことは，これまで政策立案に関与することができなかった人々がそれに関わり，プルーラリズムが支配的思潮になったということを意味するものではない．環境近代化論の特徴は，そうした傾向を容認し，幅広い意見を吸収しながら，なおかつテクノクラートのアプローチを基本的に維持するという点にあったのである (Hajer, 1995, pp. 28-9)．

第5に，環境近代化論は環境問題を特別のストーリーラインで描こうとしていた．何故現代社会はこれほどまでに環境問題に関心を寄せるのか？　それはそれだけ環境危機が迫り，人々の意識がそれに向けられているからなのか？　環境近代化論はこの設問に対して，環境問題は社会秩序の問題であり，したがってどのような秩序を選び取るのかという選択の問題であると答える．すなわち環境近代化論は「何故現実の一定の側面が"我々の共有の問題"として選び出されるのか，またどのような種類の社会が"自然"保護の名目で生み出されるのか」と問題を提起するのである (Lash et al. (ed.), 1996, p.

256)．そのために環境近代化論は社会的選択を慎重に行う民主的プロセスや手続きを強調する．しかも環境近代化論は一面で産業社会が内在的に備えていた手法的合理性を反省し，規範や価値といったモラルの領域にまで踏み込んで議論しようとする．環境危機が環境ジレンマとしてしか意識されないのもこのためである．環境近代化論は環境問題の中でも，ある側面を凍結，排除し，他の側面を操作しようとする．こうした環境近代化論のレトリックは，「現実の問題」を意図的に選び取り，科学の役割を強調しながら，これこそが「真の解決策」だとして対策も選び取りながら，偽装した形でしか環境問題を語ろうとはしない．換言すれば，環境問題は環境近代化論において，どのようなストーリーラインを作るのかという解釈の問題としてしか受け止められないのである（*Ibid*., p. 256)．1970年代前半の対抗文化を克服するには，それに必要な別のストーリーラインの形成が求められたからである．その意味で環境近代化論はこうしたことを受け容れる「信念の体系」(Christoff, 1996, p. 484) であると同時に，1つのプロジェクトでもあった．

(3) 環境近代化論の歴史段階

それでは環境近代化論はどのような歴史段階にあるのだろうか？

環境近代化論は，モルが指摘するように，再帰的近代の段階における経済的プログラムである．ギデンズは，再帰的近代の歴史性を後期近代と認識し，環境問題を「たんなる近代」から「再帰的近代」への転換過程に位置づけた．

しかしその意味は環境近代化論とリスク社会論とでは決定的に違っている．ピーター・クリストフが指摘するように，環境近代化論の場合，再帰性とは「環境効率を改良する狭義の，手法的意味においてであり，産業近代の軌道に基本的に疑問を提起するといった，より広い再帰的な意味で環境批判を行おうとしているからではない」からである．こうした違いが生じてくるのはやはり，近代科学や技術に対する認識の違いがあるからである．リスク社会論が環境問題という近代科学の帰結に直面して，「黙示録的見通し」に陥らざるをえなかったのに対して，環境近代化論の場合，ギデンズが指摘した近

代の信頼構造に対する確信は揺らいでいない．経済的プログラムとしての環境近代化論は科学・技術がもたらした帰結を不確実な科学として反省するのではなく，むしろだからこそそれに期待することによって再構成しようとしたのである．

　こうした違いが発生するのはヘジャーが指摘するように，「再帰」の意味を近代諸制度の制度的再編成へ直接結びつけるのではなく，制度効果だけを問題にすることで「推論的性格」(discursive quality) に止めようとしているからである．再帰的近代化論によれば，再帰とは，環境危機に直面した社会の自己分析であり，危機認識である．しかし環境近代化論において再帰とは当該行為がもたらす帰結や影響についての推論活動であり，そのことから生じる他者との関係概念でしかない．そこにはたんなる行為モニタリングばかりでなく，推論活動を通して選び出されたあるストーリーラインの形成も含まれている．ヘジャーによれば，こうして再帰とは，「我々の現実認識の上で，分類と概念化に基づいて，一定の社会的，認識制度の効果を明らかにする推論的活動」となる（Hajer, 1995, chap. 2）．

　このように環境近代化論は，再帰的近代化論が提起した問題を受け止め，再帰的環境近代化論として再構成されたのである．再帰的近代化論は次の3つの特徴を持っている．第1に再帰的近代化論は，リスクを媒介にして環境理論に市民社会を取り入れることを可能にし，市民社会を近代のリスク・プロファイルの展開と結びつけた．環境運動や環境政治学の分野で，運動の主体としての市民が登場することはあっても，環境問題を近代の歴史的発展の中に位置づけようとする環境理論に市民社会を組み入れることはこれまであまり行なわれてこなかった．リスク社会論は広範なリスクの存在によって「庶民が不断の恐怖と不安にさらされている」実態を指摘し，その結果「リスク社会へと突然変異した産業社会」の実相を明らかにしたが，それから抜け出す道筋を示すことができなかった．環境近代化論はリスク社会論のこうした可能性を受けて，コーポラティスト的な環境政策の立案や実施の過程を基本的に維持しながら，その中に市民の参加を認めざるをえなくなっている．

第2に，そのことは環境近代化論が環境問題に直面して行き詰まりを見せる政府，企業，環境組織，労働組合にそれを打開する環境戦略を提供する新しい理論として，環境問題の政策的アプローチに傾斜していくことを意味した．第3に，再帰的近代化論は科学と技術の再帰的性格を分析することの必要性を訴えた．環境近代化論はこの必要性を認識しつつ，リスク社会論のように科学・技術への不信に傾斜することをせず，むしろ逆に科学への信頼と発展に期待を寄せていた．

　メルボルン大学の政治学者ドライゼクは，環境近代化論を弱い環境近代化論と強い環境近代化論に分けた上で，後者はベックが主張するリスク社会論の内容に近いと指摘した．後掲表2-1に示されているように，弱い環境近代化論は，近代科学の発展によって環境問題を克服しようとするコーポラティスト的な産業調整である．したがって資本主義的経済システムを当然のことと受けとめつつ，近代が派生させた環境問題に効果的に対応できるように，コーポラティスト的国家システムを温存させながら，政策立案や実施のプロセスを洗い出し，非効率な管理機構を再編成しようとする．環境管理システムや環境問題を視野に入れた製造物責任はそうした動きの具体的表れであった．ここでは環境問題は，汚染管理や物質フローの管理の問題としてしか取り上げられていない．したがって成長の限界は否定されているというより，無視されている．

　それに対して強い環境近代化論はリスク社会論を契機に登場してきた．強い環境近代化論は，近代がもたらした帰結と自ら対決し，社会の制度的構造や経済システムを幅広く改革する必要性を主張している．ベックによれば，産業社会はセミ・モダンでしかない．なぜなら「近代が持つ合理的な社会発展の前提を一部しか実現させていない」からである（Mol, 1993, p. 441）．そのために再帰的近代化論はこの課題を取り上げ，近代を再編成しなければならなかった．強い環境近代化論は，近代諸制度の再編成を求めるという点で急進的な環境主義者の主張と共鳴し合う側面を持っている．

(4) 環境近代化論の具体化

それでは環境近代化論が現実的にどのような役割を果たそうとしているのかを考えてみよう．ここではその素材として環境影響のマスター式（グレーテル他，1996，5頁）を考えてみることにする．

$$\text{環境影響} = \underset{(1)}{\text{人口}} \times \underset{(2)}{\frac{\text{GNP}}{\text{人口}}} \times \underset{(3)}{\frac{\text{環境影響}}{\text{GNP}}}$$

上記の式は，環境影響を(1)人口，(2)人口1人当たりのGNP，(3)GNP単位当たりの環境影響の3要素に分解し，それぞれの項目で環境影響を分析するためのマスター式である．各項目の環境影響を分析することで，各項目の環境影響の比重と，トータルな環境影響を明らかにすることができる．

① 人　　口

環境影響を減少させるために人口は減少しなければならない．しかし世界の人口動向を見れば，途上国を中心として人口爆発が進行しており，短期間に世界的な規模で人口抑制ができそうにもない．60億近くの人口を収容するほど地球の環境能力は高くない．先進国の人口は最近抑制傾向にあり，わが国のように少子化が叫ばれるほど将来的な労働力の再生産に不安を抱かせる国もあるが，世界全体としては人口は増大傾向にある．国連人口基金の『世界人口白書』の予測によれば，世界人口は2025年までに100億を突破するまで増大する（エーリック，1994）．ポール・エーリックが『人口爆発』を警告したのは1968年であるが，そうした警告の危険が過ぎ去ったわけではない．人口の増大はそれに比例して環境影響を悪化させることになる．人口増大に歯止めをかけるには，産児制限などの措置をとる必要がある．

② 人口1人当たりのGNP

人口1人当たりのGNPは，人口1人当たりの物的生活水準を示すと言ってよいだろう．このマスター式にしたがえば，物的生活水準が上昇すればそれだけ環境への悪影響も増大することになる．もちろん環境影響を減少させるためにストレートに生活水準を下げるという処方箋を描くことは間違いで

ある．なぜなら生活水準は物的豊かさはもちろん，精神的な豊かさや，我々の生活を取り巻く自然環境など，多面的かつ総合的に決定されるものだからである．だからこそ本当の意味で豊かさを追求するのなら，物的豊かさだけを追求してはならないことになる．上のマスター式は，物的豊かさを一方的に追求するならば，環境という豊かさを構成する重要な部分が減少してしまうことを示している．例えば第6章で述べるように，ティム・ジャクソンとニック・マークスは，「持続的経済厚生指数」(Index of Sustainable Economic Welfare, ISEW) にしたがって1950年から1996年までのイギリスの豊かさを測定しているが，それによればGNPはこの間に2倍以上上昇しているものの，持続的経済厚生指数で測定した豊かさはほとんど上昇していないどころか，1970年代後半から確実に減少していることを示している．この指数はGNPから防衛的支出や通勤費用，様々な汚染による自然環境の減価を控除し，家事労働などこれまで評価されることのなかった項目を加算した「真の豊かさ」を表示しようとしたものである．GNPが上昇すれば自然環境が減価するという二律背反の関係を正確に表示することで物的豊かさだけにとどまらない指標として利用されることになる．いずれにせよ環境も含めた生活水準をトータルに考えれば(2)の数値が減少するという保証はない．

③ GNP単位当たりの環境影響

①，②の数値の減少が期待できないとすれば，上のマスター式の環境影響を少なくするために，GNP単位当たりの環境影響を引き下げていく他はない．その場合この項目は，それ自体の数値を引き下げていくと同時に，①，②の上昇分を相殺する以上に引き下げていく必要がある．ここでは前者をGNP単位当たりの相対的環境影響の減少，後者を絶対的環境影響の減少と呼んでおこう．GNP単位当たりの環境影響を引き下げていくには，ソフト・テクノロジーやクリーン・テクノロジーと呼ばれる環境に優しい技術の開発が不可欠である．そうした技術の開発によって，出来るかぎり財の生産やサービスの提供による環境への負荷を引き下げていく必要がある．低公害車，太陽光発電，風力発電，環境防除技術など，そうした技術の開発はとく

に最近目覚ましくなっている．しかしそうした技術の開発だけでは不十分である．何故なら相対的な環境影響の減少だけではトータルの環境影響が減少しない場合の方が一般的だからである．この項目にはそれだけの役割が期待されていることを忘れてはならない．

したがって環境技術の発達は，それぞれの技術の環境に及ぼす貢献度ばかりでなく，その技術が財やサービスのトータルなライフサイクルの中に占める位置にも配慮しながら評価してみる必要がある．そうでなければ一部の環境技術だけが注目され，トータルな環境影響が過小に評価されてしまうからである．低公害車であっても，大量に生産し，販売することによるトータルな環境影響はどうかという視点は，③を評価する場合に決定的に重要である．

そこで環境影響のマスター式をさらに具体的に検討してみよう．ここでは環境近代化論につながる，デカップリングとGNP単位当たりの環境影響の持つ意味をもう少し掘り下げてみることにする．

次の式は，環境に影響を及ぼす要素をいくつかの項目に分け，それぞれの項目の持つ意味を示した環境影響式である（Friends of the Earth Europe, 1995, p. 155）．

$$I = \frac{I}{MI} \times \frac{MI}{Y} \times \frac{Y}{S} \times \frac{S}{W} \times W$$
$$\text{(a)} \quad \text{(b)} \quad \text{(c)} \quad \text{(d)} \quad \text{(e)}$$

ただしI：環境影響，MI：物質投入，Y：産出量，S：サービス，W：豊かさ，をそれぞれ表している．

以下は，環境影響式の右辺の各項目が持つ意味を示している．

(a) 環境影響と物質投入量

$$I = \frac{I}{MI} \times MI$$

(a)は環境影響が物質投入量と密接に関連していることを示している．すなわち，環境影響の減少のためには，物質投入量自体を減らすか，物質投入量を増加せざるをえない場合，エンド・オブ・パイプ方式に代わる予防的な

環境技術の開発が不可欠であることを示している。どちらの場合でも，起こりえる環境影響を科学的に予測しながら，「治療よりも予防」を基本に据え，環境負荷を減少させる必要がある（*Ibid.*, 1995, p. 154）。

(b) 産出量と物質投入量

$$\mathrm{MI} = \frac{\mathrm{MI}}{\mathrm{Y}} \times \mathrm{Y}$$

(b)は環境影響が，Yで表示されているGDP（国内総生産）と，GDPを増大させる物的生産性（MI/Y）に依存していることを示している。したがってYを減少させること，また逆に経済成長のためにYを減らすことができない場合，物質投入量を減らす技術を開発すること，具体的には加工，製造過程における資源効率性の増大，代替素材の利用や製品デザインの再検討による物質投入量の削減，環境効率性指針にしたがった製品の最適化，耐久性の長い製品開発，生産過程における製品付加価値の再検討による新しい環境効率的なサービスの創造などが必要となる。この場合のように，物質投入量の減少とは，物的生産性の上昇を意味した（*Ibid.*, p. 154）。

すべての財は，その財の生産から廃棄にいたるすべての過程で，その維持に必要な物質，すなわちエコ・リュックサックを背負っている（ブレーク，1997, 9頁）。したがって物的生産性を高めるということは，エコ・リュックサックを軽量化すること，すなわち(a)で述べた物質投入量の減少を前提に，資源生産性を高めていくことである。生産性が，労働生産性でも，資本生産性でもなく，資源生産性であることに注意しておく必要がある。新古典派経済学は，資源が枯渇する条件下で，自然資源から人工資本の代替性と，資源の枯渇を上回る技術革新が行われることが経済成長を維持する要件であると主張してきた。しかしそれは経済成長を維持する条件を示しただけにすぎず，環境負荷を減らす要件を定めたものではない。環境負荷を減らすには，新古典派経済学が求める技術革新とは別の意味での環境技術の発展，すなわち資源生産性の上昇が必要であった。

(c) サービスの集約度

$$S = \frac{S}{Y} \times Y$$

 (c)は環境影響の減少のために,GDP当たりのサービス集約度の増大が必要であることを示している.ここで重要なことは,サービスと生産との関係をS/Yで明らかにすることの意味である.サービス集約度を取り上げるということは,サービス概念を「生産された財の利用」というように,広義に,新しく解釈するということを意味している.通常GDPはこれまで,当該年度に生産された財と提供されたサービスの総量を価格で表示した概念であり,GDPの一部を構成するサービスは交通輸送,銀行業務,散髪など,非物質的財の提供を意味すると考えられてきた.しかしこれでは財とサービスが並列にされただけで,財を生産する目的と手段が区別されないままになっている.脱物質化のためにファクター10クラブを設立したシュミット・ブレークが指摘したように,「私たちが必要なのは製品ではなく,その製品が与えるサービス」(同,215頁)であることを考えるならば,1単位の財によって得られるサービスの量,すなわちサービス集約度を高めていくことが必要になる.したがって(c)は,Yの増大によってSを増大させようとしているのではない.Yがどうであろうとも,1単位の財から得られるサービスの量の拡大をこの式は求めている.実はこの点に環境近代化論の重要なポイントが含まれている(Daly, 1996, p. 69).

 (d) サービスと豊かさ

$$W = \frac{W}{S} \times S$$

 (d)は(c)のサービス集約度を豊かさとの関係で示したものである.すなわち環境影響を減らすためには,サービスを減少させるか,サービス1単位当たりで得られる豊かさを高めていくことが必要である.ここで重要なことは,この概念がこの数値を上昇させることによって,一方で消費を減少させながら,他方で生活水準を上昇させていく可能性を示していることである.言い換えれば,豊かさは,サービスの一方的な拡大ではなく,「いかなるサ

ービスを得るか」という消費者の生活態度にかかっているということができる．

(5) デカップリング

さて今までの考察から，環境近代化論が求める環境技術の発展がどのような意味を持っているのかを考えてみよう．ここで重要なことは，環境近代化論の可能性と非可能性である．

環境近代化論が直接関わっているのは(b)である．生態学的合理性を経済合理性から引き離し，その上で経済合理性を優位に置こうとする環境近代化論からすれば，環境負荷を減らしながら生産や所得を増大させていくことが必要だからである．伝統的な経済成長は，GDPの増加が物質投入の拡大，すなわち環境負荷の増大と結びついた重化学工業型＝素材投入型の経済成長であった．そのために環境近代化論は，GDPの成長と物質投入の増大を切り離し，そのことによって環境負荷と直接結びつくことのない経済成長(unlinked growth)，すなわちデカップリングを求めた．

環境負荷を厳密に測定することは難しい．そのためにこれまで様々な概念的工夫が行なわれてきた．環境が持つ収容能力 (carrying capacity)，臨界積載量 (critical load)，エコスペース (eco-space)，エコ・リュックサック (eco-rucksack) などである (OECD, 1997)．いずれも人間活動が環境に与える影響の測定を異なる視点から数量化しようとしているために，必ずしも正確な影響分析が行なわれているとは言い難い．しかしどのような手法を用いようとも，重要なことは明確な基準とインディケーターを持ち，それを持続可能な発展概念の具体化に向けた指標として活用できる広がりを持つことである．

経済成長と環境負荷の分離には，次の式で表される相対的分離と絶対的分離という2つの形態がある (Friends of the Earth Europe, 1995, p. 139)．

①相対的分離 (relative de-linking growth)

$dGDP > dI$　ただし，$I_{t+1} \geqq I_t$

②絶対的分離（absolute de-linking growth）

　　$dGDP > dI$　ただし，$I_{t+1} < I_t$

　こうした2つの形態はデカップリングの2類型にすぎず，相対的分離が絶対的分離に自動的に移行する必然性を示したものではない．環境近代化論はその移行を何も保証しようとはしない．それはデカップリングの基礎である脱物質化が限界を抱えているからである．

(6)　脱物質化

　脱物質化が重要なのは，物理的現実をボトムラインとしているエコシステムと，貨幣評価を本質的特徴としている（貨幣タームでどれだけの価値があるか）エコノミーとの橋渡しを，「エコマテリアル革命」の追究を通じて行なおうとしているからである（Friends of the Earth, 1998, p. 255：山本，1995）．環境近代化論の台頭は，エコシステムとエコノミーとの橋渡しをしながら，経済領域を優先させることで，2つの異質な原則を調和しようとした．したがって環境近代化論の立場に立つならば，「脱物質化の限界に対する議論は，物理的全体としては限界があることを認めながら，貨幣タームでは制限がなく成長していくことが可能である」ものとして受け止められることになる（Friends of the Earth Europe, 1995, p. 144）．

　ここでは経済成長と環境負荷の分離が脱物質化（dematerialisation），すなわち脱物質的成長によって可能になっていることに注意しておくことが必要である．脱物質化には2つの意味がある．第1に，脱物質化とは，わずかな物質で同じ財を生産すること，すなわち投入資源（物質，エネルギー）単位当たりの財の生産量を上昇させるという意味を持っている．資源生産性を上昇させる物的根拠と言ってもよい．第2に，脱物質化は，サービス1単位当たりの物質投入量の削減という意味を持っている．ファクター10クラブは，「サービス単位当たりの物質集約度」を「ミップス」（MIPS）と呼んだ上で，この新しい環境基準の数値の削減，すなわち製品の全生涯——揺りかごから，揺りかごまで（リサイクルも入れて）——にわたって，それが提供するサー

ビスの物質集約度の削減を求めた（ブレーク，1997，125頁）．

　環境近代化論は，脱物質化を，資源生産性の上昇に止めることなく，ミップスの削減までをも視野に入れ，その意義を追究しようとしてきた．シュミット・ブレークが，財の獲得より，財が提供するサービスの獲得を強調したように，環境近代化論にとって脱物質化は，財からサービスへの転換，すなわち欲望（want）より必要性（needs）を求める持続可能な発展概念につながる意義を持っていた（Livio et al., 1997, p. 48）．したがって，脱物質化の意義を明らかにするには，物質投入とサービスとの関係を考えることが必要となる．

$$MI = \frac{MI}{S} \times \frac{S}{P} \times P$$

　この式から，物質投入量を減少させるには，人口減少，人口1人当たりが得るサービスの量の減少，サービス1単位当たりの物質投入量の削減が必要であることがわかる．このうち環境近代化論は，人口と人口1人当たりが得るサービスの量を減少させることはできない．人口は外在的条件であり，人口1人当たりが得るサービスの量は「豊かさ」や生活の質の向上と関係するために，内在的に減少させることができないからである．したがって，環境近代化論には，サービス集約度を経済成長を実現しながら上昇させるという制約をともなっているために，サービス1単位当たりの物質投入量の削減しか脱物質化を実現する方法は残されていない．

　ここで重要なことは，こうした脱物質化の意味の変化にともなって，効率性（efficiency）の意味が資源効率性からサービス効率性へと発展していることである．サービス効率性とは，「わずかな物質を用いて同程度のサービスを得ること」，すなわち「入手可能なサービスの総計を，サービスを供給する財の物質消費量で割ったもの」であり，ミップスの逆数ということができる（ブレーク，1997，137頁）．このようにサービス効率性の上昇は，「可能なかぎり最少の資源で最高のサービスを実現し，それによって最適な豊かさを実現する」ための「持続可能な経済に向けた技術的アプローチ」である

(同，137 頁)．このアプローチによって「資源生産性が上昇し，物質消費が同じなら，物質的豊かさも上昇する」ことになる．ファクター 10 クラブは「経済を持続可能なものにするには脱物質化（注：資源効率性の上昇）だけでは十分ではない．エコ効率革命は充足革命をともなわなければ不十分である」ことを強調している．ここで言う充足革命とは，「サービスが必要とされる場合，同程度のサービスをもっと少ない物質消費で調達する可能性」という，「需要充足についての脱物質化された新しい理解」である（同，226 頁）．こうしてミップス概念を通じて環境議論は「買うか，やめるか」という実りのない議論から抜け出すことができると言う．ファクター 10 クラブは，2050 年に地球全体の物質消費を半減するには，発展途上国の物質消費が 21 世紀前半に増大することを踏まえて，先進国は平均 10 分の 1 まで削減しなければならないことを強調している．

「生物圏をふたたび安定させるために，資源生産性がどの程度改善されなければならないか，あるいは脱物質化が平均してどの程度推進されねばならないかという問題は，エコロジー的に持続可能なファクター 10 にかかっている」（同，226 頁）．

ファクター 10 クラブは，こうした展望が先進国の技術の脱物質化の絶対的限界に基づいていることを指摘している．しかしそれは既存技術の改良では実現できない．「最初から物質の流れを最小限に抑えるような，全く新しい生産工程と設備，全く新しい製品，サービス提供の新しい形態」（同，200 頁）の開発がなければ，それは不可能である．ファクター 10 クラブはそれを「エコ効率革命」と呼び，多くの事例からみて十分可能だと結論づけたのである．ファクター 10 が長期的な環境戦略だとすれば，ファクター 4 が提唱する物質消費の 75％ 削減は短・中期的戦略だということができよう（Weizäcker, 1997）．

5. 環境近代化論の形成プロセス

(1) 環境近代化論の位置

それでは，環境近代化論は，近代の歴史の中で，どのような歴史的位置にあると考えられるのだろうか．

これまで環境問題をビジネスとの関連で鋭い分析を行なってきたリチャード・ウェルフォードは，ヨハン・ガルツングの研究に依拠しながら，「環境主義が乗っ取られている」(hijacking environmentalism) 現在の局面をいくつかの概念図を示しながら明らかにしようとしている（Welford, 1997）．ウェルフォードに従えば，「企業環境主義 (corporate environmentalism) の支配的イデオロギー」が環境近代化論であり，それに基づいて活用されている道具が後で述べるエコ・エフィシェンシーである．ウェルフォードは，それが狭い範囲でしか環境問題を取り上げていないために，持続可能な発展を狭い領域に閉じこめていると指摘している（*Ibid.*, p. 16）．ここではひとまず，こうしたウェルフォードの指摘にしたがって，環境近代化論の歴史的位置を探る手がかりをつかんでおくことにしよう．

① 「破壊の対角線」

図1-4は，冷戦体制が崩壊しようとしている時期の世界経済の動きを，それぞれのシステムが依拠してきたイデオロギーを睨みながら，4極の構造で示したものである．青，赤はそれぞれ西側自由主義圏，ソビエト連邦に代表される社会主義圏を表しており，さらに緑は途上国や伝統的社会を含めた土着社会，金は日本や東南アジアなど急速に成長した経済を表している．赤と青を結んだ線は，ガルツングの指摘に従えば，冷戦体制に見られるように，戦後世界経済を政治的に緊張させてきた「破壊の対角線」と呼ばれ，その中間点にピンクで表示されている社会民主主義的システムが位置している．福祉国家など社会民主主義も，破壊の対角線の線上に位置していることに注意しておく必要がある．青，赤が共通して戦後世界経済の崩壊に導くと指摘さ

第1章　環境近代化論　　37

```
赤                                      金
  ＼              ↗ ↗
    ＼          ↑
      ＼破      ↑
        ＼壊
          ＼の
            ＼対
              ＼角
                ●線ピンク
                  ＼
    ↓            ↗ ＼
  ↓            ↗     ＼
              ↗         ＼
緑  ←  ←    →  →          青
```

（出所）　Welford（1997）p. 18.

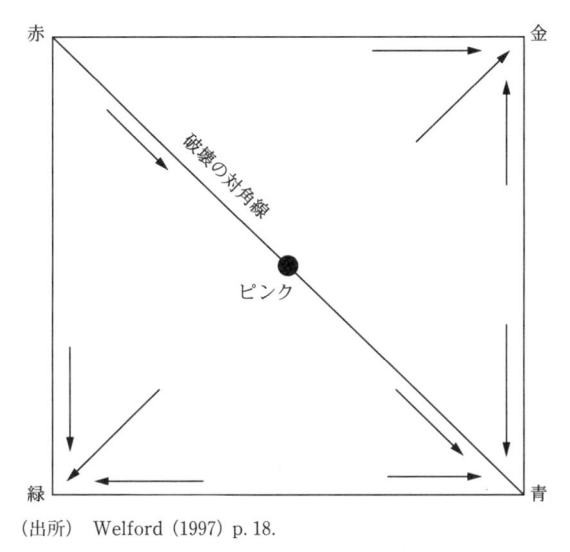

図 1-4　破壊の対角線

れているのは，資本主義も，社会主義も，経済システムは異なるものの，経済成長の促進を求める産業主義を根拠にしているという点で変わりがないと考えられているからである．しかしこの関係は，社会主義の動揺とともに，赤への吸引力が消失し，残りの極へ分散していくというように，これまでとは異なる様相を示し始める（*Ibid*., pp. 17-20）．

② 緊張の対角線

図 1-5 は，ソ連の崩壊や東西ドイツの統一に見られるように，社会主義の吸引力が消失する中で，緑と金を結んだ線上に，赤・青の対角線で示されてきたこれまでとは異なる，新たな緊張が発生していることを示している．ここでの緊張とは，自然と協調しながら，ローカルな社会を積み上げ，緩やかに発展を遂げていく緑の社会と，自然を掠奪しながら，グローバル化を押し進め，急速に成長を遂げていく金色に吸引されていく社会とのせめぎ合いである．一方は生態系を尊重し，持続可能な発展を指向する道であり，他方はこれまで以上の自由貿易や規制緩和によって工業化を押し進め，現状を打破

```
            赤                    金
             ┌────────────────────┐
             │╲        超産業的   ╱│
             │ ╲      現状打破  ╱  │
             │  ╲             ╱    │
             │   ╲  対角線  ╱      │
             │    ╲       ╱        │
             │ 緊張の ● ピンク      │
             │    ╱   ╲            │
             │  ╱       ╲          │
             │╱ エコロジーの持続╲  │
             │   可能な発展      ╲ │
             └────────────────────┘
            緑                    青
```

(出所) Welford (1997) p. 21.

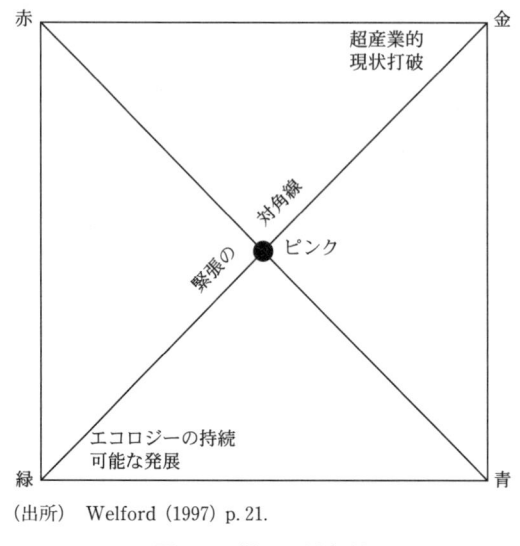

図 1-5　緊張の対角線

していく道である．環境政党が「政治的闘争の中心は，伝統的意味における左翼と右翼の対立ではなく，定常経済の支持者と成長支持者との間の闘いである」と述べ，そこには「現在の社会的，政治的，経済システムの特徴に関する伝統的考えに対する基本哲学の変革を求める急進的挑戦」があると言うのはこのためである (Green Party, 1995)．政治的対立の中心が，冷戦体制下で見られる青と赤の政治的対立ではなく，「灰色の政治」(grey politics) と「緑の政治」(green politics) との対立にあるという指摘は，この図に示されているように，緑と金を結んだ「緊張の対角線」上で新たな政治対立が形成されていることを表している．

③「虹の社会」

図 1-6 では，赤と青を結ぶ対角線の下方に位置する，「虹の社会」(rainbow society) と表現された，緑に吸引された社会の形成を示している．この社会に共通しているのは産業主義との訣別である．ジョナサン・ポーリットが指摘するように，「左翼であれ，右翼であれ，中道であれ，産業主義の時

第1章　環境近代化論　　39

```
         赤                        金
          ┌─────────────────────┐
          │╲                    │
     エコ  │ ╲                   │
     社会主義│  ╲                  │
          │   ╲  破壊の対角線     │
          │┌───●─┐              │
          ││   ╲ │              │
          ││ 虹  ╲│              │
          ││     ╲              │
          ││     │╲             │
          │└─────┘ ╲            │
          │エコ急進主義 エコ自由主義╲│
          └─────────────────────┘
         緑                        青
```

（出所）　Welford（1997）p. 23.

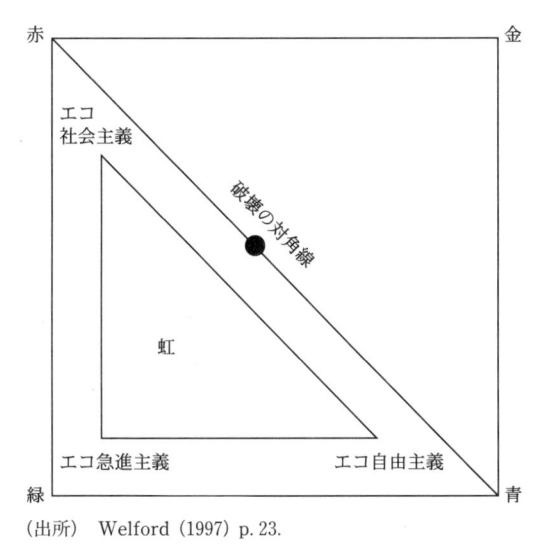

図1-6　虹の社会

代の政治は，異なった車が異なった車線を走る，3車線の高速道路のようなものである．しかし3台の車は同じ方向を走っている．環境主義者は，他の車線と比較してどの車線を選ぶのかということではなく，その方向自体が間違っていると考える．産業主義の時代の高速道路は奈落へ突き進むと考える．したがって我々が決定しなければならないのは，そこから離れること，すなわち異なった方向へと進むことである」(Porritt, 1998, p. 43 : Richardson (ed.), 1992, p. 9) のであれば，これまでの「破壊の対角線」に取り込まれることのない「緑の社会」を築き上げていく必要がある．金色に吸引された社会と違って，この社会では，「自然や諸個人のニーズと比べて，産業化の機動力は二義的でしかなくなっている」(Welford, 1997, p. 22)．その意味で，「緑が重要であること」，すなわち「持続可能な社会」(sustainable society) の理念を一般的に受け入れ，その社会の形成に努めようとすることが重要になっている．

　しかし「虹の社会」は産業社会との訣別を主張するものの，必ずしも単一

のイデオロギーによって構成された一枚岩的な社会なのではない．むしろこの社会の特徴は，多様なイデオロギーを受け入れた多元主義的な社会であるところにある．「虹の社会」は，赤，緑，青それぞれのイデオロギーに吸引されることで形成された，エコ社会主義，エコ急進主義，エコ自由主義の頂点を結び合わせることで成立している．

エコ社会主義は，人間と自然との関係の中心には生産があり，したがって変革されるべきなのは生産様式であり，社会主義的生産を通じて，生態学的な限界を超えることのない生産方法が実現されると主張する．そのためにエコ社会主義は，「自然の権利は人間の権利が保証されなければ意味がない」という立場に立って，「社会正義の観点からエコロジーへと進んでいく」(*Ibid.*, p.26：ペパア，1996)．社会正義を求めるという観点からすれば，環境問題はたんなる資源の枯渇や汚染の問題ではなく，犯罪，失業，貧困，社会的権利の剥脱（social deprivation）といった人間社会が抱える諸問題まで含めた広い概念としてとらえられている．

エコ自由主義は，市場経済を活用しながら，環境悪化という外部不経済を環境税，汚染課徴金，デポジット制度などを通じて内部化することで，環境問題を解決しようとする．1970年代前半までの環境政策が，主に規制的手段を用いていたのに対して，エコ自由主義は，市場を活用した経済的手法を積極的に用いようとしている．その意味で，エコ自由主義は青の極に最も近い．しかしコーポラティスト的な政策形成を嫌い，直接参加型の民主主義と個人主義的自由主義に傾斜しようとする点で，青の極に対する批判を含んでいる．

エコ急進主義は，生物地域主義，エコ・アナーキズム，ガイアの思想，エコ・フェミニズムなど，広義のディープ・エコロジーによって結びついた様々な「対抗思想」によって構成されている（Welford, *op. cit.*, p.26)．共通しているのは，人間を生態系の中心に置く人間中心主義に対する批判であり，地域を重視し，男女間の不平等を解消し，国家の存在を否定するといった重心の置き方によってエコ急進主義は様々な考え方に派生していくことに

なる.

「虹の社会」において，こうした3つのイデオロギーは，対立する局面の方が一般的であり，必ずしも統一した思想で構成されていたわけではなかった．その意味で「虹の社会」は常に分裂する契機を含んでおり，環境近代化論が台頭することによって，産業主義に対する批判が希薄化される弱さを抱え込んでいた．

④ 環境近代化論

図1-7は，こうした「虹の社会」を形づくる三角形を裏向きに返すことで環境近代化論が登場してきたことを示している．環境近代化論は2つのことを契機に登場してきた．第1の契機は「虹の社会」批判である．環境近代化論は「虹の社会」批判を契機に産業化（この場合正確には脱工業化）を徹底する方向を目指そうとした．しかしこのことはこれまでの工業化の発展方向をそのまま継承しようとしていたということを意味しない．環境問題を内在的に受け止め，そのことで産業社会を変革しようとする第2の契機を必要と

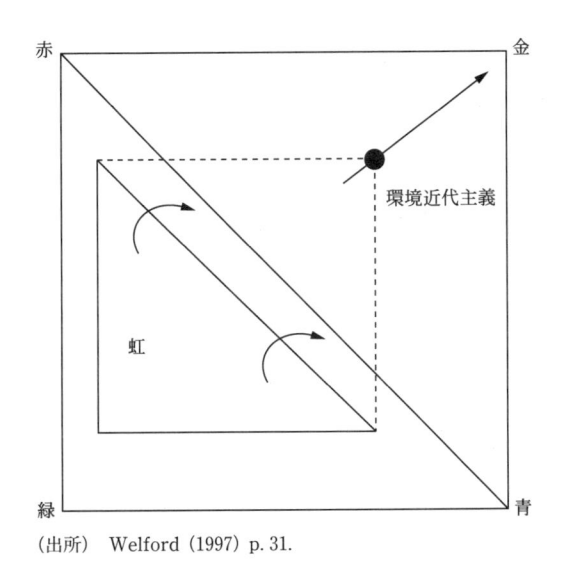

(出所) Welford (1997) p. 31.

図1-7 ハイジャックされた環境主義

したのである．

(2) エコ・エフィシェンシー：「持続可能な発展に関する世界産業評議会」を中心に

それでは，このような歴史的位置にある環境近代化論はどのように実施されているだろうか．ここでは「持続可能な発展に関する世界産業評議会」(World Business Council for Sustainable Development，以下 WBCSD と略記) を中心に，1990 年代の動きから検証してみよう．

WBCSD は 1995 年 1 月，「持続可能な発展に関する産業評議会」(Business Council for Sustainable Development，以下 BCSD と略記) を前身に，「国際商工会議所」(International Chamber of Commerce, ICC) がブラジル地球サミットの成果であるアジェンダ 21 に対応するために設立した「環境に関する世界産業評議会」(World Industry Council for the Environment, WICE) と合併することで，産業界の環境への取り組みを国際的に広める世界的組織として設立された．現在 34 カ国，20 の産業部門にまたがって 122 の国際的な企業が加盟している（加納，1997，20-8 頁；Eden, 1996；1994）．

環境近代化論の特徴は 1992 年に発表された「持続可能な発展のための経済人会議宣言」の次のような言葉にはっきりと表れている．

「企業は地球の将来を健全に保つうえで重要な役割を担う．われわれは企業のリーダーとして，持続可能な発展のために，すなわち未来の世代の福利を損なうことなく現在のニーズを満たすために，努力することを決意する．

経済成長と環境保護は分かちがたく結びついており，現在および将来の人間が享受する生活の質は，地球上の全生命のよりどころである環境を破壊することなく人間の基本的ニーズを満たすことができるかどうかにかかっている．

この目標を達成するには，政府，企業，そして社会のあいだに新しい協力関係を打ち立てる必要がある．

貧しい人々の生活を改善し，増加する人口を養い，その結果，人口の水準

を安定させるためには,世界のすべての地域で経済成長を実現することが不可欠である.エネルギーと資源を効率的に使用し,汚染の発生を抑えながら経済成長を実現するには,新しい技術が必要である」(シュミットハイニー,1992, p. xi).

この宣言に示されているように,BCSDは「経済成長と環境保護が分かちがたく結びついている」ことを認識しながら,両者の両立を実現するために,エネルギーと資源を効率的に使用する環境技術(eco-innovation)の必要性を主張した.こうした新しい環境技術を支えている基本的考えがエコ・エフィシェンシーである.エコ・エフィシェンシーとは,WBCSDによれば,「環境とビジネスの両面で効率的である経営理念」であり,「ライフサイクルを通じて,漸進的に環境負荷や資源の利用を地球の最低限,収容能力範囲に見合うレベルまで低減しながら,人間の基本的欲求を満足し,生活の質的向上をもたらす,競争的価格での財やサービスの提供によって実現される」ものである(Livio et al., 1997, p. 47).この定義に従えば,エコ・エフィシェンシーは4つの要素によって構成されていることがわかる.すなわち,①サービスの強調,②人間の基本的欲求(ニーズ)に焦点を当てていること,③ライフサイクルの考え方を導入していること,④地球の収容能力(carrying capacity)の範囲まで環境負荷を低減することである(*Ibid.*, p. 47).簡潔に表現すれば,「わずかなもの(資源,エネルギー)を使ってより多くのもの(財やサービス)を作る」(produce more from less)こと,すなわち労働節約的な技術の発展を自然節約的な技術の発展へと転換し,環境パフォーマンスを継続的に改良していくことで,効率的に成長を遂げていくことである.こうした効率性は,①財及びサービスの物質集約度の減少,②財及びサービスのエネルギー集約度の減少,③有毒物質の拡散の減少,④物質リサイクル性の向上,⑤更新性資源の持続的利用の極大化,⑥製品耐久性の拡大,⑦財及びサービスのサービス集約度の増加,によって達成される(WBCSD, 1996, p. 6).

エコ・エフィシェンシーの特徴は,「投入―産出」尺度を用いた計量的な

アプローチを採用することで，現在の生産・消費形式の産出限界を強調しようとしていることにある．エコ・エフィシェンシーは，こうした限界を克服することを課題に，「環境効率性と経済効率性との結合」を図ることで，持続可能な発展に向けた企業の貢献を具体化する基本概念であった．その意味でエコ・エフィシェンシーは通常の企業活動と環境管理を結びつける概念装置であった．こうして環境近代化論は両者が結びついた統合論となる．

6. 環境近代化論批判

それでは，環境近代化論はどのような限界を抱えていただろうか．ここでは環境近代化論が取り上げることのできない，エコスペースと充足性概念の指摘を通じて，その限界を考えてみよう．

(1) エコスペース

環境負荷を経済成長と分離させることが重要なのは，そのことによって，人間が消費できる自然環境の上限をエコスペースという概念で指し示す基準を提供することができるからである．ここで言うエコスペースとは，「生産，及び消費のために，それぞれに最低限必要とされる投入財や消費財（ニーズ）の使用量と，最大限許可される使用量の間にあって，「持続可能なライフスタイル」を可能にする1人当たり利用可能な環境容量」(Friends of the Earth Europe, 1995, p. 139 : Friends of the Earth, 1998, p. 255 : Carley and Spapens, 1998, pp. 8-9) と定義される．図1-8はこれを概念図として示したものである．エコスペースは，社会的に認められた人間の最低限の生活水準を意味するニーズと，これ以上消費すれば自然環境が食い潰されてしまうことを意味する過剰消費の間にあって，自然環境を維持しながら人間1人当たりが利用可能な環境空間である．

地球の友をはじめとする環境団体が，環境が持つ収容能力やエコ・リュックサックなどを視野に入れながら，エコスペースの拡大を強調するのは，こ

第1章　環境近代化論

過剰消費：
環境的に非持続的
1人当たり最大エコスペース利用

1人当たりの利用可能なエコスペースは様々な持続可能なライフスタイルを支持する.

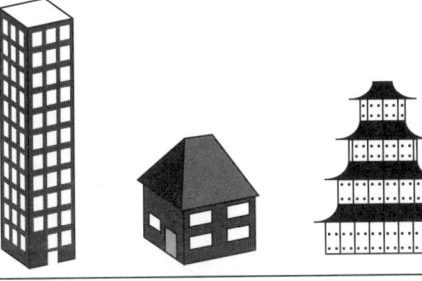

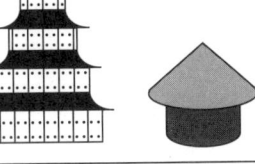

1人当たり最小社会的エコスペース利用
必要物：
社会的に非持続的

(出所)　Carley & Spapens (1998) p. 10.

図 1-8　エコスペース概念図

の概念によって持続可能な発展を具体化する戦略的手がかりをつかもうとしているからである．エコスペースは3つの原則を持っている．①エコスペースは限りがあること，②すべての国が地球資源に等しくアクセスし，公平に発展する権利を持っていること，したがってそれを保証するには先進国の資源消費量を抑制し，持続可能な水準にまで途上国の資源消費を上昇させることで，バランスのとれた発展を行うこと，③健康，仕事，家族，コミュニティ，文化的，精神的領域など，これまで無視されてきた生活の重要な諸側面を視野に入れ，生産と消費が生活の質の改善に役立つこと，である（Carley and Spapens, 1998, pp. 8-9）.

エコスペースの特徴は，環境収容能力（carrying capacity）や臨界積載量（critical load）が生物理学的概念であるのに対して，人間活動とそれが環境サービスに与える影響との関係を，持続可能な発展につながる，政治的に実用的な概念として活用しようとしている点にある（強い持続性の主張）(OECD, 1997, p. A16)．純粋な科学的算定数値に基づいて決定されるもので

はなく，新しい環境防除技術やソフトテクノロジーなどの発展によって，そのスペースは拡大される余地を残している．したがって経済成長自体はエコスペースによって必ずしも制約を受けているわけではない．こうして技術は利用可能なスペースを拡大することによって経済成長の継続を可能にする鍵を握ることになる．このことはエコスペース概念に2つの意味を持たせることになる．

図1-9は，経済成長とエコスペースの動向を，上述した相対的分離と絶対的分離それぞれについて示したものである．(1)が相対的分離を，(2)と(3)が絶対的分離を表している．(1)は，時間の経過とともに，GDPとの格差が拡大しているが，エコスペースの利用も拡大しており，したがってある時点の経済成長と比較した環境悪化の程度を表現してはいても，それまでに蓄積されてきた環境悪化までは表現していない．(2)と(3)も，時間の経過とともにGDPとの格差が拡大しているが，(1)と異なるのはエコスペースが縮小していること，したがって環境悪化の蓄積も軽減されていることである．環

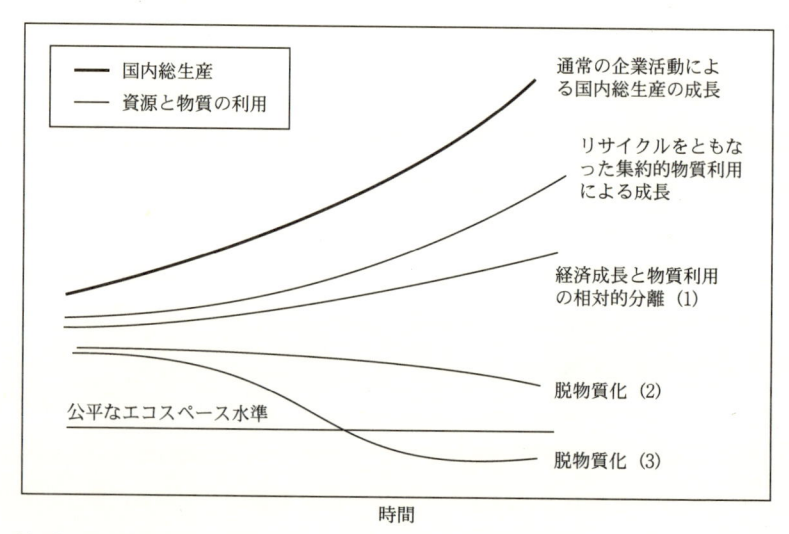

(出所) 図1-8に同じ，p.111.

図1-9 経済成長とエコスペース

境収容力内に止めるためには，絶対的分離がどうしても必要となる．そのためには経済成長率を上回る環境効率性の上昇が達成されなければならない．このようにエコ・エフィシェンシーは，デカップリングを実施することができたとしても，そのことでエコスペースの絶対的拡大を必ずしも保証しているわけではない．「わずかなもの（資源，エネルギー）を使ってより多くのもの（財やサービス）を作る」(produce more from less) ことを求めるエコ・エフィシェンシーは，「わずかな財政，環境コストで効率的に成長を達成するビジネス戦略」として用いられるかぎり，地球の友が指摘するように，「脱物質化は物質利用の全体的削減より，国民総生産単位当たりの物的集約性の減少しか意味しない」(Friends of the Earth, 1998, p. 256)．こうして，エコスペースの拡大は常に可能性に止まらざるをえないことになる．エコ・エフィシェンシーの限界は，エコスペースの拡大のために，環境効率性を追求する一方，効率性とは別の，充足性 (sufficiency) という，もう1つの原則が必要であることを意味している．

(2) 充 足 性

ザックスが指摘するように，エコロジカルな改革は本来，エコ・エフィシェンシーと充足性の2本の足で行なわれなければならない (Sachs, 1995, pp. 14-7)．相対的な環境負荷は減少しても，積載量の多すぎるボートが沈没してしまうように，全体的な環境負荷を減らさなければエコスペースは縮んでしまうからである．エコ・エフィシェンシーの果たせない課題を補完するのが充足性の役割である．というよりむしろ，「充足性をともなわない効率性は反生産的である．充足性が効率性の限界を定めなければならない」(*Ibid*., p. 16)．

充足性とは，「わずかなサービスから同程度（あるいは少なくとも適切な）の豊かさを得ること」である (Firends of the Earth Europe, 1995, p. 147 : Carley and Spapens, 1998, p. 135)．効率性が資源効率を上昇させることで生産や所得を拡大し，多くのサービスを獲得しようとしているのに対して，

充足性は消費構造にまで手をつけることで生活のあり方を質的に変えようとする．充足性を追求することは，換言すれば「持続可能な消費」という新しい消費形式を追求することである．ここで言う「持続可能な消費」とは，「次世代のニーズを損なうことなく，自然資源や有毒物質の利用，そして廃棄物やライフサイクルを通じた汚染を最小限に抑えながら，基本的ニーズを充たし，より良い生活の質を達成するような財とサービスの利用」のあり方である（WBCSD, 1997, p. 10：Redclift, 1996：Ekins, 1989）．こうした新しい消費型式は，1992年の地球サミットで採択されたアジェンダ21が目標に設定したこともあって（アジェンダ21, 第4章），その後OECDや「国連持続可能な発展委員会」（UNCSD），WBCSDなどがその具体化を急いできた．

しかし持続可能な生産及び消費型式は必ずしも充足性概念を含んだものにはなっていない．1995年にWBCSDが発表した政策文書によると，「持続可能な生産及び消費は，効率的生産や自然資源の利用，廃棄物の最少化，生産物及びサービスの最適化を通じて，環境の質に貢献する企業，政府，コミュニティ，家庭の活動が関係している．WBCSDは，エコロジカルな制限内で，社会的必要性を満たす持続可能な生産及び消費型式の促進に対して，企業が指導力を発揮する必要性があることを認識している．ビジネスは，適切な環境管理，向上した競争力や利潤活動を通じて，こうした目標に向けて最善を尽くすことができる」と述べられている（WBCSD, *op. cit.*, p. 10）．ここでは，人間活動をエコロジカルな制限内に抑える手段として，環境管理や製品のライフサイクルを通じた環境への配慮，顧客への情報公開など供給面の対応が述べられているだけで，ザックスが指摘したような需給両面にわたった対応策が考えられているわけではない．WBCSDがはっきり述べているように，持続可能な生産及び消費は，ビジネスにとって，エコ・エフィシェンシーと同義である．それはビジネスが本来，需要面から，持続性へ接近することができないからである．この点でウェルフォードの次の指摘は非常に重要である．

第1章 環境近代化論

「西側社会で行なわれている消費水準を考えるとき，多くの環境主義者は，需要サイドからの行動の必要性を考えている．しかし産業界の議論は，需要サイドから取り組むことが成長や市場シェアといった問題に挑戦することを意味するために，常に供給サイドの方法に帰ろうとする」(Welford, 1997, p. 33)．

アジェンダ21は，資源の効率的使用を達成するために，エコ・エフィシェンシーの追求と同時に，環境政策がそれまで追求してきた生産プロセスに対する管理に加えて，需要サイドの管理を含めた総合的な環境政策への転換を追究しようとしている．果たして環境近代化論はこの転換を行なうことができるだろうか．

図1-10は，ある地点を越えて消費が拡大しても，生活の質はむしろ減少していくことを示している．この図では，財やサービスの消費は，不適切な消費，自給的消費，過剰消費の3段階に区分され，それぞれ産業社会における貧困，持続可能なライフスタイル，非持続可能なライフスタイルに対応さ

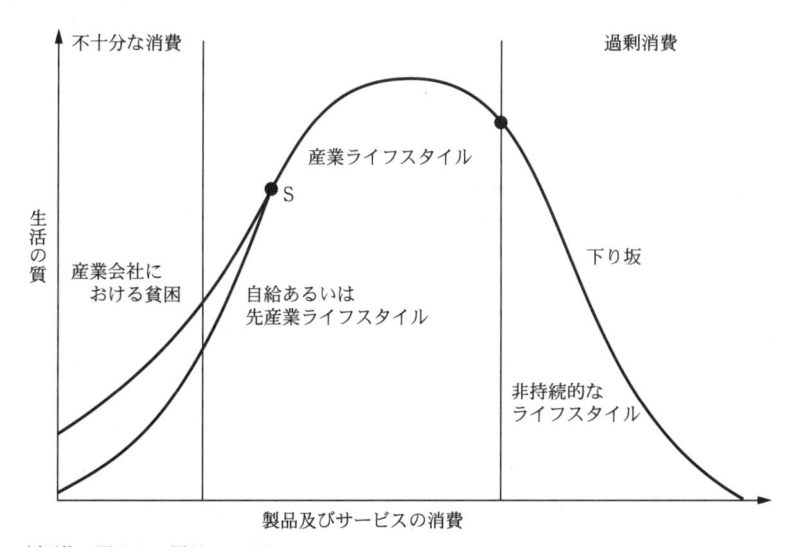

(出所) 図1-8に同じ，p.139.

図1-10 生活水準と消費

せている．マイケル・カーリーなどは，過剰消費が進むにつれ，滑りやすい坂を転げ落ちるように生活の質は低下していくことを指摘している（Carley and Spapens, 1998, pp. 138-41）．したがって「地球の友ヨーロッパ」が指摘したように，「充足性戦略は必ずしも経済成長と環境負荷の分離だけに結びついているわけではない．なぜなら，それらは環境負荷の削減ばかりでなく，GDPの減少さえも意味するからである」（Friends of the Earth Europe, 1995, p. 146）．ザックスが指摘するように，「資源効率性の増大は成長に対する知的抑制を伴わなければ何ものにもつながっていかない．人々は，どれだけスーパーマーケットや浴室があれば十分なのかを問いかける代わりに，いかにしてこれらのものが低投入資源で得られるのかに関心を寄せるだけである．しかしもし成長のダイナミックスがスローダウンしなければ，合理化によって達成したものはすぐに食い潰されてしまうだろう」（Sachs, 1995, p. 16）．こうして充足性は，資源投入の効率性より，自然とそのサブシステムである経済との全体的な物理的規模を問題にする．環境近代化論は，こうした充足性戦略を持つことができないという点で，決定的な限界を抱えている．

(3) 環境近代化論の限界

そこで，環境近代化論が持つ限界を，今一度総括的に整理しておこう．リチャード・ウェルフォードは環境近代化論の限界を総括的に次のように述べている．

「ビジネスにとって，エコ・エフィシェンシーは出発点と考えられるのかもしれない，しかしそれ自体が目的になるわけではない．エコ・エフィシェンシーを万能薬と見ることは危険である．そこには次のような問題点が含まれている．

1. エコ・エフィシェンシーはいくつかの直接的な環境影響を緩和することはできるだろう，しかし環境危機の根本的な原因に取り組んでいるわけではない．消費形式，物質主義，成長，そして変化するライフスタイルを再検

討することが環境問題の議論にとってすべて本質的である．しかし虹の社会の外で，それを行なうことはできない．

2. エコ・エフィシェンシーやエコ・モダニズムは，黄金の発展方向に関わる人々が生み出したものである．そうした方向は持続可能な発展と矛盾している．何故ならその方向を追求すれば，拡大，グローバル化，自由貿易（公平貿易と対立する），そして超産業的な現状打破に帰結するからである．

3. エコ・モダニズムと結びついた一定の傲慢さは，環境アジェンダの発展にとって1つの障害となるかもしれない．エコ・エフィシェンシーの追究はそれ自体1つの目的と見なされている．皮肉なのは，エコ・エフィシェンシーのモデルに基づいた環境行動は我々を持続可能な発展の方向に導いていかないどころか，現実にはその方向へ進むことへの障害となるかもしれない．

4. エコ・エフィシェンシーは他の環境主義の形態と結びついた社会的，倫理的課題を扱うことができない．そうしたものは，せいぜい部分的解決策としてしか見なされない．

5. エコ・エフィシェンシーの傲慢さと，それと結びついた権力は現在，持続可能な将来に向けたオールタナティブな方法に関する他の多くの（より急進的な）議論を妨げている．これは我々が反省すべき大事な問題点である」(Welford, 1997, pp. 37-8)．

このようにウェルフォードは，環境近代化論の問題点や限界を，「虹の社会」と持続可能な発展という，2つの概念との比較を通じて指摘しようとしている．まず第1に，環境近代化論が1970年代前半に形成された対抗文化に対する批判から登場してきた経緯を考えるならば，「虹の社会」との違いを意識しながら，環境近代化論の持つ限界を明らかにすることが重要となる．環境近代化論は「緑の思想」をどこまで凌駕することができたのだろうか．第2に，持続可能な発展概念が1970年代前半の「成長の限界」論争が提起した諸問題に対する批判的回答であったことを考えるならば，環境近代化論が持続可能な発展をどこまで実現することができるのかという判断の基準は非常に重要となる．持続可能な発展概念の問題提起に対して，環境近代化論

は応えられる領域と応えられない領域を次第に鮮明にしていくからである．

　すでに指摘したように，「虹の社会」は産業主義との訣別を共通項に形成された新しい社会像である．それに対して環境近代化論は，産業主義の延長線上に，「企業環境主義の支配的イデオロギー」として1980年代以降登場してきた．産業主義の延長で，全体的に環境負荷を削減することができるだろうか．ウェルフォードは，環境負荷の全体的な削減のためには，エコ・エフィシェンシーばかりでなく，消費形式，物質主義，成長，ライフスタイルすべての再検討が必要であり，環境近代化論でそれを行なうことはできないと指摘している (*Ibid.*, chap. 2)．なぜならそれらを検討することは自己否定につながるからである．「わずかなものから多くを生産する」というエコ・エフィシェンシーだけでは，決して大量生産と大量消費が根本的に反省されたことにはならない．そしてその反省を環境近代化論は自らに問いかけることはなかったのである．したがってウェルフォード自身，「我々の仕事は，(環境近代化論に陥りがちな) 議論を救い上げ，環境主義と伝統的に結びついてきた急進主義の再導入をはかること」(*Ibid.*, p. 16) と述べ，環境近代化論に代わる新しい企業文化を追究しなければならなかった．ウェルフォードにとってそれは当面，持続可能な発展概念との比較を通じて行なわれようとしている．

　持続可能な発展概念は，生態的持続性，経済的持続性，社会的持続性，倫理的持続性という，4つの持続性領域から構成されている．環境近代化論は，経済的持続性を優先させながら，エコ・エフィシェンシーの追究によって生態的持続性を守ろうとしてきた．すでに指摘したように，経済領域が優先されるかぎり，それは事実上無理である．しかも，環境近代化論には，「社会的，倫理的課題を扱うことができない」という，持続可能な発展概念との比較で見た場合，重大な欠陥を抱えている (*Ibid.*, p. 38)．ウェルフォードは「効率性概念は，倫理，公平，平等，エンパワーメント，教育，エコロジーといった諸問題の配慮によって置き換えられなければならない」と述べている (*Ibid.*, p. 36)．例えば公平について，持続可能な発展概念には，「世界の

貧しい人々にとって不可欠な必要物」を満たすために，環境悪化と貧困の悪循環を解消するという世代内公平の概念が含まれている．環境近代化論には基本的に先進国の環境議論であるために，世代内公平が含まれていない．先進国の環境負荷を自由貿易を通じて途上国に外部化するという論理があるだけである (Jacobs (ed.), 1997, p. 77)．

おわりに

　環境近代化論は，このまま推移すれば，環境問題に取り組む企業，消費者，政府，コミュニティの基本理念として活用されていくだろう．しかし環境近代化論は，環境効率性を高めることはできても，全体的な環境負荷の削減を保証することはできない．それは，この環境議論が，大量生産，大量消費という環境危機を惹起した根本的原因を，環境効率性という迂回した方法でしか取り上げることができないからである．

　環境効率性を高めることは無意味なのではない．環境近代化論では，環境効率性の上昇が環境負荷の削減に必ずしもつながらないという点で，限界を抱えていることを認識することが重要である．我々はこの限界を突破しなければならない．環境近代化論の成果を踏まえ，その限界を克服することが，今こそ重要である．

第2章　リスク社会論

1. リスク社会論の登場

　1980年代中葉から環境近代化論が登場してきたことで,「環境か, 成長か」といった環境ジレンマの中でしか形成されることのできなかった戦後の環境議論は大きく転回し始めた. 環境問題を新たな経済成長の積極的な機会ととらえる環境近代化論は, 環境管理・監査システムの構築やゼロ・エミッション構想に取り組む企業の台頭, グリーン・コンシューマーと呼ばれる新しい消費者像, そして環境運動をはじめとする市民運動のあり方さえも変貌させる理論的枠組みを提起していた. 1980年代から90年代にかけて一見して環境議論が華やかに見えるのは, 環境近代化論に基づき, それを具体化する試みが様々な分野で, 徐々にであるが, 確実に成果を上げ始めてきたからである. メディアはこぞって環境問題の重要性を説き, 企業は環境宣伝に走りだした. 消費者はライフスタイルの見直しを掲げ, 政府は環境政策の立案や実施に積極的に取り組み始めた. こうした主体が依拠していたのが環境近代化論であった. 環境近代化論はその意味で, 1970年代に形成された環境議論の袋小路から抜け出し, 環境問題の解決へ向けて進む重要な環境議論となっていた. 環境を議論すれば, あたかも進歩的であるかのように見える風潮は, 環境近代化論を裏付けとして次第に形成されてきた.

　しかし環境近代化論はその一方で, ほぼ同じ時期に台頭してきたリスク社会論によって批判されることを余儀なくされた. 環境近代化論の欠点を補い

つつ，より包括的に再構成し，ラディカルに発展させようとする試みがリスク社会論によって行なわれた．リスク社会論がなければ，環境近代化論は狭い領域に閉じ込められ，21世紀に繋がる環境議論として発展することはないと言ってよいだろう．リスク社会論は環境近代化論を取り込み，その欠点を克服しつつ，より広い領域へはばたかせる包括的な環境議論である．ブルントラント委員会が提唱した「持続可能な発展」が多義的な解釈をよんでいるのも，現代の環境議論が環境近代化論とリスク社会論に大きく分かれていることにも起因している．それは異なる環境議論が2つ同時に並存し，対立しているからではない．むしろ重要なのは，「持続可能な発展」概念が，環境近代化論にあまりにも傾斜しすぎているために，その意義を広く解釈することを意図的に閉ざしていることである．閉ざされた入り口を開けるには，環境近代化論を克服する別の環境議論を必要とする．リスク社会論はその可能性を秘めていた（Lash et al. (eds.), 1996 : Cohen (ed.), 2000）．

リスク社会論が最初にまとまった形で提唱されたのは，ドイツの社会学者ウルリヒ・ベックがチェルノブイリ事件を契機にまとめた『リスク社会』(*Risk Society*, 1986年）であった．ベックはその後，原発問題の他に，狂牛病，遺伝子操作食品といった日常生活に忍び寄る不安や恐怖を実感しながら，リスク社会論の内容を発展させ，『リスク時代の環境政治』，『敵がいない民主主義』，『環境啓蒙―リスク社会の政治論―』，『世界リスク社会』，『グローバリゼーションとは何か？』など次々と精力的な研究を発表してきた．また，イギリスの社会学者アンソニー・ギデンズは，環境問題にかたよりがちなベックに対して，現代社会の再帰的性格に注目し，より一般的に問題を抽出しようと試みている（ギデンズ，1993）．彼らが提唱したリスク社会論は，1980年代の後半から地球の温暖化，オゾン層の破壊など地球環境問題といったリスクが登場したことによって多くの社会学者が注目するようになり，より一層，理論の精緻化が図られてきた．環境運動もリスク社会論を運動に取り入れながら，新しい展開を見せるようになってきている．彼らが提唱する「第三の道」もリスク社会論が下敷きになっている（Blair, 1999）．

本章の目的は，リスク社会論と環境近代化論との対比を通じて，ベックやギデンズらによって提唱されたリスク社会論の持つ意義を評価し，環境近代化論にとらわれがちな市民運動の欠点を克服する足掛かりをつかもうとすることにある．とくに市民運動の一環として取り組まれてきたニュー・エコノミックス運動は，一方で環境近代化論の主張を実践しながら，それだけでは取り上げることのできない分野についても理論化と実践を強めてきた．キール大学の環境政治学者ジョン・バリーが指摘するように，市民運動が環境近代化論を克服するには，リスク社会論に学びながら，運動の課題と役割を理論的に明らかにすることがより一層必要となっている．バリーはそのための足掛かりとして「集団的環境管理」(collective ecological management) の意義を強調している．この手法には環境近代化論に含まれない環境管理の試みが具体化されている．バリーはこれによってどのような経済像（グリーン・エコノミー）を描こうとしていたのだろうか (Barry, 1999a, chap. 5)．

2. 環境近代化論とリスク社会論：概観

そこでまず，環境近代化論とリスク社会論の共通点と相違点をいくつかの項目に分けて整理してみることにしよう．

(1) 再帰的近代化論
① 近代の2つの段階

環境近代化論もリスク社会論も，戦後，近代が行き詰まりを見せ始める中で，1980年代に世界が直面した環境問題を本格的に論ずる新しい社会理論として登場してきた．ベックやギデンズは，近代の発展を，単純な近代化 (simple modernisation) から再帰的近代化 (reflexive modernisation) へと段階的に区分し，地球的な規模で広がりを見せている環境問題を引き合いに出しながら，現代を再帰的近代化の段階に突入した時代と特徴づけた（図2-1参照）．こうした2つの段階区分は言うまでもなく，近代自体の発展をプロ

第2章 リスク社会論

近代社会

伝統社会 → [単純な近代化 → 再帰的近代化]

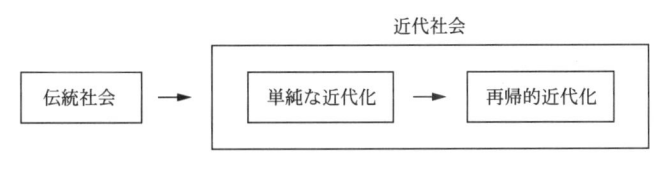

図2-1 近代の発展

セスとして描こうとするものであり，ポストモダンにまでつなげて描いているわけでは決してない．伝統社会から単純な近代への発展は近代へ産業主義を埋め込む過程であり，単純な近代から再帰的近代への発展は産業主義が脱構築される過程である．単純な近代から再帰的近代への展開は，近代から抜け出すというより，新しいタイプの近代化が出現したことを意味している．ベックが「再帰的近代化とは，もう1つ別のモダニティによる工業社会の脱埋め込みを，次にもう1つの別のモダニティによる工業社会の再埋め込みを意味している」と述べているのは，このことを指している（ベック，1997，12頁）．

② 産業社会諸原理の近代化

こうした近代の発展段階は，伝統社会から単純な近代化へといった産業社会の道筋を通った近代化では近代が中途半端にしか完成せず，再帰的近代の段階に進むことで産業社会の諸原理自体が近代化されなければならなくなっているからである．こうして近代はその原理を徹底することで別の近代への道を切り開いていくことになる（ベック，1998，141頁）．

ベックは，階級，核家族，職業労働，科学，民主主義といった近代を支える制度的諸要素は，近代の進展とともに，その内容や性格を変えていかなければならないと指摘している．ベックは，これらの要素自体，反近代的性格を持っており，リスク社会の本質を描き出すには，「産業社会における近代と反近代の内在的矛盾」を考察の中心にすえなければならないと述べている（同，14頁）．産業社会が反近代の要素を抱え込んでいるという指摘は，伝統社会の諸要素が近代にまで持ち込まれ，解体することなく，根強く残存しているという意味ではない．「産業社会はもともと不完全な近代であり，そ

こに内在する反近代性は過去から受け継いだものではない．むしろ，産業社会そのものの構成概念であり，その生産物である」．反近代の諸要素が「産業に内在的な伝統主義」として，単純な近代化の段階で再生産され，「近代の原理が産業社会において半面しか実現しなかった」のである（同，141頁）．

このような反近代性は，近代が単純な近代から再帰的近代へと進むにつれ，崩壊しなければならなくなる．重要なことは，このような崩壊が「近代化の成功がもたらした成果」であることである．階級や階層といった大集団は個人化に置き換えられる傾向を強め，身分制的な男女の役割分担を基盤とした核家族は脆弱となっていく，また科学は方法論的懐疑が制度化されることによって再帰的科学として登場せざるをえなくなり，経済＝技術領域と政治領域に二分される状況のもとで確立していた議会制民主主義も，サブ政治の登場によって本来の役割を果たせなくなってくるのである．

再帰的とは，自己の行為の帰結が自己にはね返り，反省を迫ることで自己対決することである．ベックはこれをブーメラン効果と呼んでいる（ベック，1997，17頁）．自己が科学や技術，政治といった近代を支えた社会制度であるとき，個人的再帰性は制度的再帰性に変化し，社会制度を変革する理論的根拠となる（同，215頁）．再帰的近代という新しいタイプの近代の出現をもたらしたものは，資本主義が崩壊したからではなく，資本主義が勝利したからである．しかしその勝利は物質的に豊かな繁栄した近代を生み出す一方，近代の基盤を動揺させ，掘り崩す要素を次第に膨らませていく過程でもあった．ベックはこうした2つのことがらが進行する現代社会のあり様をリスク社会と名づけ，単純な近代化段階のシステムでは対処したり，同化することのできない新しい近代の段階が出現することを予測していた．科学が不確実となり，それを生み出す結果に対して責任を持てないという，近代の新しい段階（「組織化された無責任」）では，科学が啓蒙の時代を通り過ぎ，環境破壊という「タブーの設計者」という役回りを引き受けなければならなくなっている．

そこでこうした近代の発展を，モーリー・コーエンの議論にしたがって，もう少し詳しく整理してみることにしよう（Cohen, 1997）．

(2) 再帰的近代の2つの道

図 2-2 は，モーリー・コーエンの研究に基づいて，社会の発展プロセスを，未開発から開発へといった繋がり（縦軸）と，不安定から安定へといった繋がり（横軸）の双方の中に位置づけ，再帰的近代のいくつかのタイプを類型化しようとしたものである．

A は，伝統社会から近代社会へ移行するといった，ほぼ単線的な道筋を通ることで環境負荷が少ない社会組織が実現する進化論的モデルを描いている．しかしこうしたモデルは，戦後の経済成長が大量の環境破壊や健康被害を招いてきたことを想起するならば，実態を全く無視した謬見であることは明らかである．大量の生産や消費，廃棄をもたらした産業主義はその行き着いた先に環境破壊を惹起させたのであって，近代の発展がただちに「環境に

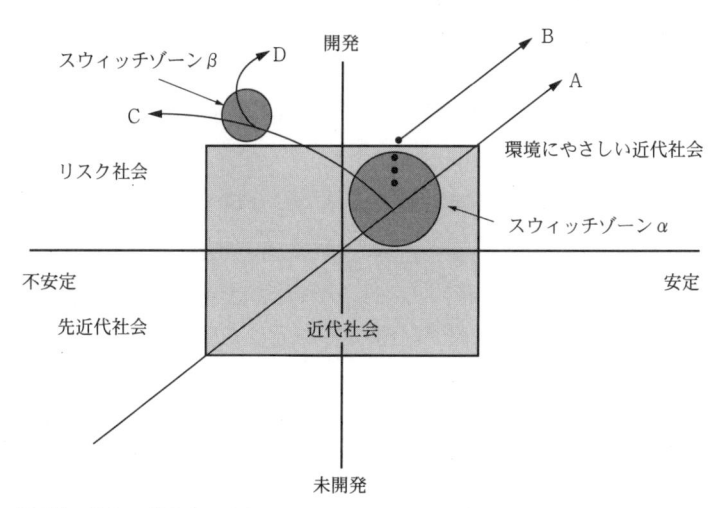

（出所） Cohen (1997) p. 110.

図 2-2　環境近代化とリスク社会の道筋

優しい近代社会」を招来させるなどと展望することは間違いである．

　それに対してBは，Aとは異なる道筋を通過することで，環境に優しい安定した社会の登場が可能であることを示している．AからBへの転換は，近代社会が一定程度成熟したある段階で（図2-2のαゾーン）で行なわれる．したがってαゾーンはスウィッチゾーンとして近代の重要な節目となっている．環境近代化論はこの転換と道筋を理論化したものである．もちろんAからBへの転換は自動的に行なわれるわけではない．近代はそもそも生態学的領域を所与のものとしてあらかじめ取り込み，それを経済領域に従属させることで，自然資源を思うがままに使用することで発展してきた．その結果発生したのが環境破壊であった．環境破壊の進行によって動揺した近代の基盤を再生し，安定した社会を作るには，2つの手続きを必要としなければならなかった．1つは生態学的領域を経済領域から解放すること（デカップリング），もう1つは，切り離された2つの領域を再び結びつけ，「経済と環境を統合」することである（リカップリング）．後の手続きは環境技術の開発やエコマテリアル革命といった経済のエコロジー化と，環境手法を市場経済に組み込むエコロジーの経済化という2つの試みによって行なわれた．とくにエコロジーの経済化は，環境税，排出権取引，デポジット制度など，外部不経済を内部化する環境政策として具体化され始めている（O'Riordan, 1997）．

　αゾーンは，環境近代化論が台頭する地点である．しかしこの地点は環境近代化論が台頭する可能性は示唆していても，その成功まで保証しているわけではけっしてない．コーエンは，「Bの軌道を目指して行なわれる不連続な跳躍」がこのゾーンで複雑な社会的交渉を通じて行なわれると指摘している．この跳躍が失敗に帰したならば，Bの道はおろか，Cで示される開発と不安定が同居した道へと向かわざるをえなくなる．この道がリスク社会論である．したがってαゾーンは環境近代化論へのスウィッチゾーンであると同時に，リスク社会論へつながるスウィッチゾーンでもある．ベックは，αゾーンからBへ進んでいく代表的な国として日本やスカンジナビア諸国を，

第2章 リスク社会論

Cへ進んでいく危険のある国としてドイツを挙げている.

βゾーンは，リスク社会が進行する過程で，再び環境近代化論が台頭する地点を表している．むしろ正確に表現すれば，Bの道においても，Cの道においても，環境近代化論とリスク社会論は常にせめぎ合い，自己主張をし合っているから，どちらの道においてもβゾーンは存在していると言わなければならない．したがってBの道を歩んでいるからといって，リスク社会に変化していく可能性は常に潜んでいる．同様のことはCの道から，その反省に立って環境近代化論が現れる可能性も存在していることになる．Dの道がその可能性を示し，βゾーンはその分岐点を表している．コーエンはDの道を「自己矯正的リスク社会」(self-correcting risk society) と表現し，環境近代化論へと転変していく可能性を示唆していた．大事なことは21世紀へ向けて，この道を切り開くことが出来るのかどうか，仮にそうであるならばそれに必要な要件は何かを探ることである.

(3) 「経済と環境」対「社会と環境」

しかしこうしたコーエンの議論では，近代の発展における2つの環境議論が並列に置かれているだけで，環境近代化論とリスク社会論の本質的な違いが必ずしも浮き彫りにされているわけではない．環境近代化論もリスク社会論も再帰的近代化段階の社会理論である．したがってその点で両者に相違があるわけではない．両者の違いはその先にある．その違いとは，リスク社会論が環境近代化論を取り込んだ，より包括的な環境議論であり，上位概念であるという点にある．コーエンは両者を近代の発展プロセスに位置づけたにすぎず，両者の対象がそもそも異なっている点が指摘されていない．これでは環境近代化論の方がリスク社会論よりもすぐれた発展論としてしか理解されないことになってしまう．それでは両者の対象はどのように違っているのだろうか.

結論を先取りして言えば，環境近代化論が「経済と環境」との関係しか取り上げることが出来ないのに対して，リスク社会論はそれを前提にしながら，

さらにそれを「社会と環境」との関係へと発展させていることである．言い換えれば，環境近代化論が環境を視野に入れた経済発展論であるのに対して，リスク社会論は「社会にとっての進歩とは何か？」に答えようとする社会発展論であるということができよう（Barry, 1998, p. 192）．リスク社会論はこのように進歩を再定義しようとする．シュパルガーレンやモルが指摘したように，環境近代化論の関心は近代の産業的性格であって，資本主義的性格ではない．したがって社会正義や富の分配などの問題には基本的に沈黙している（Gouldson, 1996, p. 15）．このことはリスク社会論が経済領域を除外していることを意味しない．むしろそれが前提になって理論的再構成が行なわれ，発展させられているところに特徴がある．

リスク社会論の特徴は，図 2-3 に示されているように，社会領域とエコロジーとの関係概念であるところにある．この図で経済領域は社会領域に取り囲まれるように描かれており，経済領域を含めた社会とエコロジーとの関係概念としてリスク社会論が構成されていることを示している．経済は円の中心に位置した最も小さな領域にすぎず，しかも社会領域に囲まれていること

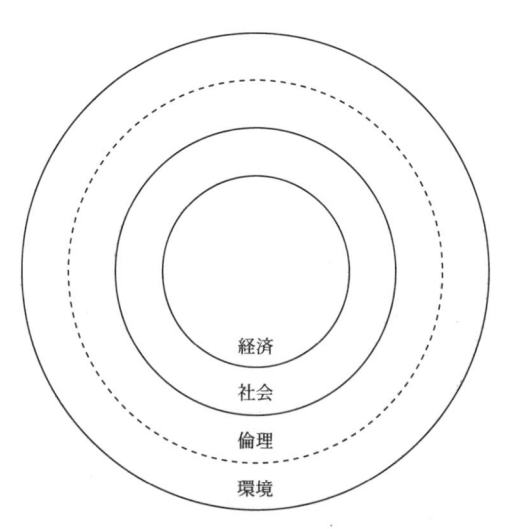

図 2-3　持続可能な発展の 4 つの領域

から，社会の発展といった目標に貢献する手段（この場合経済的手段）を提供するだけの役割しか与えられていない．もちろん経済領域が大事ではないということではない．社会と経済との関係を目的と手段との関係として理解し，社会に貢献する最も合理的な手段を提供することに経済の役割があるとみなすことが重要である．このような両者の位置は，社会領域の外側に（したがってエコロジーの内側に）破線で倫理が描かれているように，環境倫理がエコロジーとの関係を正常に保つルールであり，経済領域がしばしば主張するような市場であるわけではないことを示している．

それに対して環境近代化論は，経済領域とエコロジーとの関係概念にすぎず，社会領域を飛び越えてしまっている．したがって環境近代化論は再帰的近代化論の一部ではあるものの，すべてのストーリーを描くことはできない．

3. リスク社会論の構造

ベックによれば，産業社会（単純な近代化）では，リスクの分配は富の分配の論理の中に一元的に包摂されているという．それに対してリスク社会では，「富の分配とリスクの分配とは調和しなくなり，両者の「論理」が競合する」ようになるために，この一元論が崩壊してしまう．崩壊の結果，競合した論理は，「貧困社会における富の分配の論理から，発展した近代におけるリスクの分配の論理への転換」というように，リスク分配の論理は富の分配に優越し，それにとって代わられることになる（ベック，1998，377頁）．富の分配という積極的ロジックは，リスクの分配という否定的ロジックに覆い隠されるようになる．「グッズ」(goods) の分配闘争から「バッズ」(bads) の分配闘争への転換がリスク社会の特徴となる．ベックは「進歩の暗黒面がますます社会的議論を支配するようになった時代」としてリスク社会を描き，財の生産やサービスの提供が社会を動かす起動力ではなく，リスク分配の論理こそが社会を変化させる力となっていくことを指摘している (Beck, 1994, p. 2)．

こうしたリスクの生産は，近代の中心的制度である科学技術を制御できず，科学が生み出す結果に社会が立往生せざるをえないからである．例えばチェルノブイリ事件やインド・ボパール科学工場事件など……．「チェルノブイリはどこにでもある」という「脅迫的様相」（ラッシュ）が「モダニティに特徴的なリスク」を表現していた．こうした予想もしない事件の勃発は科学の神秘性をはぎ取り，科学を近代制度から遠ざけていく．フーコーが指摘するように，近代社会はこれまで犯罪者，精神障害者など，社会に不安を呼び起こす他者を監獄に閉じ込めることによってリスクを回避してきた．しかしこうした現代的リスクの登場は，そうしたリスク回避方法を不可能にした．リスクは「人間同士が相互に距離を保てるように高度に発展してきた社会の終焉」，すなわち「他者の終焉」によって回避できなくなるからである．

　リスクはいつの時代でも存在している．台風，地震などの自然災害，労働災害，失業，交通事故，疾病なども，人間がこれまで歴史的に古くから経験してきたリスクである．個人にとってこのようなリスクは，いつ，どれだけの規模で起こるかが予測できないだけに，対処することが難しく，場合によっては生命，家族，所得，住居など生活基盤を根こそぎ奪っていくような，可能なかぎり回避したい経験である．しかし近代社会はこのようなリスクをあらかじめ織り込み，必然的に発生し，計算可能なものと認識するとともに，その発生を予測しながら，事前に対応する制度を整えることによって，内在化してきた．例えば様々な保険制度は，こうしたリスクに対して社会が内在化した制度である．保険は，リスクの発生を不可避と考え，コスト計算をしながら，社会が対応することが可能な制度として確立された．

　しかし保険制度は現代的リスクに十分に対応することはできない．むしろ現代的リスクは保険制度を崩壊させるのである．なぜなら現代的リスクは，発生を予測することが出来ず，計算不能で，大規模に発生する可能性があり，便益計算などを飛び越えてしまうからである．地球の温暖化によって発生する旱魃や海面上昇，病虫害被害，オゾン層の破壊による胃癌や皮膚病の多発，日常の食卓にのせられる汚染された多くの食品，遺伝子操作食品に対する不

安，これらに対応するような保険制度は存在しない．
　それではリスク社会論はどのような構造を持っているだろうか．
　① 政治とサブ政治
　ベックによれば，産業社会は「分裂した市民」というモデルによって支えられていた（ベック，1998，377頁）．ここでの「分裂した市民」とは，ディズレイリィが19世紀イギリス社会に存在した「富める者」と「貧しき者」という2つの市民を指しているのではない．政治の場における民主主義的諸権利を主張する市民と，経済領域で私的利益を追求しようとする有産者（ブルジョワ）を表現したものであり，政治＝行政システムと技術＝経済システムに分化した社会システムのあり様を示したものである．したがって技術＝経済システムは非政治（サブ政治）とみなされる．ゴールドブラットは，近代社会の政治生活の中心的原理の1つは，代議制民主主義の活躍の場である公的領域と，経済，家族といった私的領域との分離が行なわれたことにあると指摘している（Goldblatt, 1996, p. 162）．
　ベックのリスク社会論においてこの区別は決定的に重要である．何故技術＝経済システムが非政治なのか．それは，「技術的変化とその成果というのは，技術＝経済上の必然性が具体化された避けられないもの」であり，「技術＝経済の革新は政治の管轄外にある」からである．したがって政治は経済システムをコントロールすることが出来ない．こうして近代は科学によってその一部に「タブー社会」を成立させる．社会を左右することがらのうち，政治が決定することができるのは半分だけであり，「残りの半分の決定権限は公の統制を受けず，正当性の理由づけもされないまま企業や科学に属する」ことになる．その意味で民主主義は半分しか実現されないことになる（ベック，1998，378頁）．バリーは「民主主義は何故実験室の入り口で終わってしまうのか？」と述べ，技術＝経済システムに対しても民主的規制を行なうことの重要性を説いている．こうして民主主義は制度的に欠陥を持っていると指摘されている（Barry, 1999b, p. 163）．
　こうした政治と経済という社会システムの分化が正当と考えられたのは，

技術進歩と社会の進歩が等しいというイデオロギー上の虚偽が受け入れられていたからである.「技術革新は集団と個人の生活を豊かにする.したがって,生活向上のためには,負の効果(生活の質の低下,解雇や配置転換等の雇用上の危険,健康障害,自然破壊等など)もやむをえないものとされる」(ベック,1998,378頁).こうした関係はしばしば逆転されて理解されている.すなわち,生活の豊かさのために技術の発展や経済成長が必要であると.

しかし現代社会は,政治と非政治(サブ政治)概念の境界が曖昧になる時代である.それは2つの方向で進んでいく.第1に,狭義の政治と社会の変化にズレが生じ,それが拡大してきたために,議会制民主主義に委ねられてきた政治の世界では,このズレを解消することが出来なくなっていることである.市民運動や社会運動といった新しい政治文化はこのズレを埋めようとする市民の試みである.市民運動は既存の政治ではとらえられない領域にまで踏み込み,市民の権利と利益を守るために,ありきたりな政治手法から離れ,様々な手段を創造的に用いて活動するサブ政治である.その意味では脱政治である.しかしその本当の意味は,技術=経済システムをコントロールの外に置いた既存の政治システムから離れ,技術=経済システムの独立した動きを民主的に統制する別の新しい政治スタイルが求められていることである.したがってそこには政治に対する批判と,経済に対する批判が同時に込められていた.

第2に,技術=経済システムというサブ政治の側から政治との境界を曖昧にする動きが生じてくる.経済的発展の基礎を提供していた技術や科学の発展が,「潜在的副作用」として発生したリスクがあまりにも巨大になりすぎたために,科学自体がその危険を察知し,自省し始めるからである.ベックは,「企業の行動や科学=技術の行動は,新たな政治的倫理的な側面を有するようになる.それは経済=技術的行動にとって,これまでとは異質のものである.いわばこう表現してもよいだろう.経済という悪魔が公の倫理という聖水を己にふり注ぎ,自然保護と社会福祉という光輪を手に入れなければならない」と述べている(同,382頁).こうした科学の自省は,科学が単

純な科学化の段階から再帰的科学化の段階に移行していることを物語っている.

② 再帰的科学化

科学の評価はリスク社会論において非常に重要な位置を占めている．ベックは科学の発展を単純な科学化の段階と再帰的科学化の段階に区分した.「科学は，リスクに対して，その原因でもあり，その本質を明らかにする媒体でもあり，また解決の源でもある」（同，317頁）. ベックがこのように言うとき，近代の発展とともに科学は実験室の中で科学的合理性を適用するだけでなく，「自らの生み出した物そのもの，自らの欠陥そして科学が生み出す結果として発生する諸問題と対決しなければならなくなる」段階，すなわち「科学の批判的眼差しが科学自体に向けられる」ようになる段階へと移行せざるをえないことを想定していた（同，317-8頁）. 再帰的段階において科学的合理性は，それ自体の否定的結果によって，神秘のベールをはぎ取られ，脱神秘化されなければならなくなる.

ここで重要なことは，再帰的段階に到達した科学が2つの評価を受けていることである．それは先のベックの指摘にも示されているように，科学がリスク社会出現の責任を負っている一方，それを克服する制度でもあることに由来している. 1つは，依然として近代科学を駆使して環境問題を解決することが可能であるとする環境近代化論の立場に立った評価がある．他方，近代科学に対する制度的不信から，科学だけでは解決することのできなくなった環境問題を直視しようとするリスク社会論の立場からの評価がある.

こうした2つの評価は，科学自体に対して行なわれているわけではないこと，すなわち科学領域と政治，社会，そして場合によっては経済といった他の領域との関わりに対する評価でもあることに注意しておく必要がある．政治とサブ政治との境界が不分明になっている現代社会において，科学がどのように他の領域と接触しようとしているかを考察することは決定的に重要である．すでに第1章でも示唆したように，政治的，科学的テクノクラートのプロジェクトでしかない環境近代化論は，環境問題を特別のストーリーライ

ンで描くために，科学的専門家集団の叡知を信頼し，その狭い領域の中で解決を図ろうとしていた．バリーが指摘するように，環境近代化論は市民社会の内部からではなく，国家システムの内部から登場したプログラムでしかなかった．環境近代化論に根ざしているかぎり，市民，環境団体，消費者などを巻き込んで一見華やかに見える環境議論も実は，国家，企業，科学といった専門家集団のネオコーポラティスト的調整にすぎなかったのである (Barry, 1999a, p. 114).

この点でリスク社会論は環境近代化論の批判の上で展開されているだけに対照的である．ゴルツがしばしば指摘する経済合理性に対する民主的規制は（ゴルツ，1980，第1章），「技術＝経済サブ政治にまで民主的規範や制度が拡大されることを必要」としているというように（ベック，1998，448頁），科学にも適用されるものでなければ完結しない．リスク社会論は科学的権威主義や官僚制度を批判し，科学的決定過程を常に注視することで，より民主的で，急進的な手続きを求めていくことになる．

③ 個 人 化

ベックは，近代とは社会と対立していた自然を蹂躙する過程だと述べる一方，同時に「産業社会が社会内部に有する座標系をずたずたにしてしまう」と指摘することで，「産業社会が作り出し，かつ産業社会の根幹をなしている」階級，階層，家族，職業といった諸概念が変更させられてしまう過程でもあると考えていた（同，141頁）．その変更の結果進展するのが個人化である．近代は，人間を共同体から切り離し，原子的個人にまで還元したにもかかわらず（例えばベンサム主義），階級，階層といった集団概念がはさまれることで，近代的原理が貫徹していないというのがベックの考えであった．

個人化をもたらしたのは，高い物質水準の実現とそれを側面から支える福祉国家の成立である．もちろんこれらが進展したからといって，資本主義社会が階級社会である以上，階級という身分から解放されるわけではない．したがって個人化は階級社会の否定ではない．問題はこの過程が人間諸個人の行為において持つ意味である．

「社会階級との結びつきは，背後に追いやられてしまった．身分に刻印されていた社会環境や階級文化に影響を受けた生活形態は色褪せてしまった．個人化された生存形態と生存情況に沿った傾向があらわれてきた．その傾向は――自分自身が物質面に関して生き残れるように――人間に自分自身の人生設計と生き方を中心に置くように強いる．この意味において，個人化は，最終的には，大集団社会の伝統的カテゴリー――社会階級，身分，あるいは社会階層――において思考する際，その思考が依って立つ生活世界の基盤を取り壊してしまう」（同，139頁）．

　階級，階層といった大集団に根ざした行動様式は，個人化された生活様式に沿って，主体的に生きようとする個人を次第に生み出していく．スコット・ラッシュが指摘したように，「共同体が《意味》の共有を前提にするとすれば，集合体はたんに《利害関心》の共有を前提にしている」にすぎない．個人化された行動はこうした前提から離れ，「新しい社会文化的な共同性を登場させることができるのである」（ラッシュ，1997，213頁）．もちろんここでの共同性とは，「伝統社会は《ゲマインシャフト》に，単純な近代は《ゲゼルシャフト》に，そしてその後に続くものは完全に再帰的となった《ゲゼルシャフト》にそれぞれ対応していく」ものにしかすぎないことにも注意しておく必要がある（同，212頁）．

　ベックは，こうした共同性に基づいて，環境運動，平和運動，女性運動といった新しい社会運動がリスクに対する社会的抗議となって現われることを指摘している．新しい社会運動はこうしてサブ政治の重要な一翼を担うことになる．ベックはこの運動に大きな期待をかけていた．

④　新しい社会運動

　新しい社会運動は，政治とサブ政治（技術＝経済領域）の境界を曖昧にすると同時に，政治の内部領域についても変化を求める重要な要素である．産業社会における政治システムは，「一方で市民の民主的権利を認めながら，他方で政治的決定に階級的権威主義の原則を堅持」しようとする．ベックはこの権威主義を「民主主義的君主制」と呼び，政治的決定権力が一部の者に

集中する傾向を指摘している（ベック，1998，390頁）．

「産業社会をモデルとして形成された，政治の中枢という観念は，民主主義を半面的に実現するという独特の考え方に基づく．一方のサブ政治の行動分野には，民主主義的ルールが依然として適用されない．他方で，中枢としての政治システムにあたっては，民主主義的ルールが適用されるが，同時に君主としての威厳を求める．つまり，一方では，行政や利益団体に対して，政治システムの「政治的統括権」は強力な権力を持ち，最終的には執行力へと発達していかなければならない」（同，391頁）．

ベックが新しい社会運動に期待をかけるのは，こうした政治と利益集団との間で意思決定が行なわれるコーポラティズムを打破する市民の結集した力である．こうした能動的市民は，階級や階層といった集団概念から離れ，個人の主体的意思で，環境，女性解放，消費，社会差別，教育，宗教的寛容など，様々な分野に参加し，新しい組織力で既成の政治システムの壁を突き破ろうとする主体の形成を意味した．個人化はその前提となるものであった．ベックは「政治の近代化は，その政治を無力化し，政治の枠をはずし，社会を政治化する」（同，394頁）と述べ，政治システムを変革する力を，政治の場ではなく，サブ政治の領域の1つである社会から形成されることを予測していた．ベックは新しい社会運動に共通している基礎として基本的人権を挙げ，それを多面的に解釈することによって，政治の分権化が行なわれることを指摘している．新しい社会運動が，多分野にわたっているのは，基本的人権の実現が多方面から追求されなければならないからである（同，395頁）．

しかし最近，新しい社会運動の制度化が指摘されるようになってきている．運動の制度化という言葉には，社会として法制化され，認知されると同時に，既存の政治システムを変革しようとしてきたサブ政治としての社会運動自体が政治領域に取り込まれ，その勢いを失ってきているという意味が含まれている．例えば環境に関わる分野では，環境問題に関する社会的関心が増えてきた1980年代後半から環境運動が非常に盛り上がりを見せ，環境NGOに

参加する市民の数も増えたものの,他方で,「運動の穏健化,保守化,体制への編入といった傾向,すなわち制度化の「体制編入 (co-potion) 効果」が顕在化する」ようになってきた（寺田,1998,8頁）.ここでは,こうした環境運動の二面性を,環境近代化論とリスク社会論という,2つの環境議論が反映した結果だととらえておきたい.これまでとは違って,どちらの環境議論も,意思決定過程に環境分野で活躍する市民の参加を求め,その意見を取り入れようとしている.しかし参加の程度と重要度は,環境近代化論とリスク社会論とでは明らかに異なっている.行政や企業のテクノクラートが主導するプロジェクトにすぎない環境近代化論は,意思決定の周辺に市民を配置し,その声を十分に聞き,実現に向けて努力するという意図は初めから存在しない.あるのは,諮問,公聴会といった形式的な場が設けられ,手続きが制度化されているだけである.環境運動の制度化は,運動の勢いが環境近代化論によってからめ取られた結果から生じている.

それに対してリスク社会論は,市民の形式的参加ではなく,計画立案,決定,実施にいたるすべての過程で,他の主体とともに,市民が対等な立場で,実質的に参加することを求めている.ベックが強調する政治の内部領域における変化は,市民の実質的参加がなければ不可能である.その意味でリスク社会論は,手続きの制度化を求める環境近代化論より,環境運動自体を活性化することで影響力を実質的に行使し,恒常的に意思決定に参加することを望んでいる.

どちらの環境議論が主流となるかは,選択の問題である.それは新しい社会運動の力量と性格にもよる.

4. リスク社会論の経済像

メルボルン大学の政治学者 J.S. ドライゼクは,環境近代化論を弱い環境近代化論と強い環境近代化論に分けた上で,後者はベックが主張するリスク社会論の内容に近いと指摘した（Dryzek, 1997, pp. 147-8）.クリストフの

表 2-1　弱い環境近代化論と強い環境近代化論

弱い環境近代化論
①環境問題に対する技術的解決の強調
②科学，経済，政治それぞれのエリートが相互に協力し合うことで形成された独占的な，テクノクラート/コーポラティスト的政策立案スタイル
③経済的利益を強化し，貧困な国々の悲惨な経済的，環境的諸条件からは距離を置いており，環境近代化論を用いることのできる特権的先進国に分析を限定
④特権諸国の政治的，経済的発展に関する単一かつ閉鎖的な枠組みを課す試み
強い環境近代化論
①環境問題により積極的に対応するという観点に立った，社会の制度的構造や経済システムの幅広い改革の検討
②市民の参加機会ばかりでなく，広範な参加者の間での環境問題に関する信頼のおける，有効なコミュニケーションを極大化する，開放的で，民主的な意思決定
③環境及び開発に関する国際的視野に立った考察
④多様かつ開放的な表現を用いた政治的，経済的，エコロジカルな発展の概念化

（出所）Dryzek (1997) pp. 147-8.

研究に基づいて，ドライゼクがまとめた弱い環境近代化論と強い環境近代化論は次のような特徴を持っているという（表 2-1 参照）．

この表の対比から，両者の間に，対象としている分野，科学や技術に対する認識，意思決定の方法，南北問題の理解など，相当の違いがあることがわかる．この違いに基づいて，強いバージョンは弱いバージョンの持つ弱点を克服することに努めなければならない．強い環境近代化論がリスク社会論の内容に近いというドライゼクの指摘にしたがうならば，表 2-1 は同時にリスク社会論の課題を示すものでもあった．注目に値するのは，環境近代化論を主張しているヘジャーも，強い環境近代化論を再帰的環境近代化論と呼び，その可能性を追求していることである．環境近代化論が構造的に持つ弱さを新しいバージョンで克服しようとする意図を読み取ることができる．それではリスク社会論が主張する新しい経済像とはどのようなものなのだろうか．ここでは，この指摘をさらに進めて，環境近代化論とリスク社会論を，それぞれ弱い持続性概念と強い持続性概念に属するものとみなし，両者を対比してみることにしよう．

(1) 持続可能な組織

『ハイジャックされた環境主義』を書いたリチャード・ウェルフォードは，持続可能な発展概念を（企業）組織論として考察した場合，経済，社会，環境それぞれの分野でパフォーマンスが高くなければならないと指摘している（Welford, 1997, p. 185）．ウェルフォードは主に企業について考察しているが，彼の指摘を社会について適用することも可能である．ウェルフォードの議論は，持続可能な発展概念が持つ経済，社会，環境の3つの領域に対応している．

① 経済と環境：エコ・エフィシェンシー

すでに指摘したように，経済と環境との関係概念である環境近代化論は，2つの領域において効率性を追求してきた．図2-4に示されているように，経済と環境の双方で効率性が高い場合，それをエコ・エフィシェンシーと呼び，企業は近年その追求を課題としなければならなくなってきている．エ

	社会パフォーマンス低	社会パフォーマンス高
経済的パフォーマンス高	通常の企業活動	環境効率的
経済的パフォーマンス低	不安定	グリーン・ベイビー

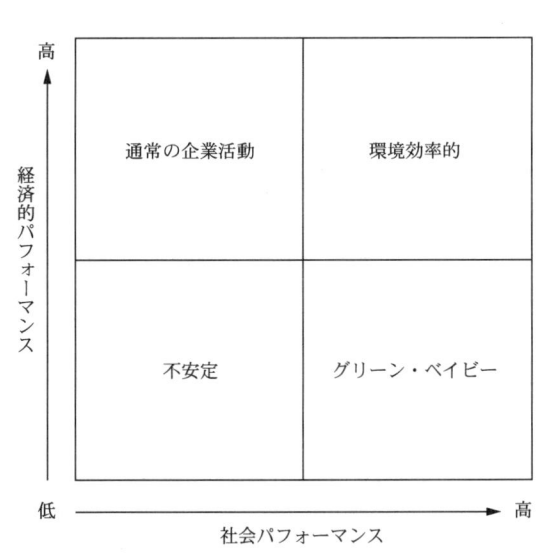

（出所） Welford (1997) p. 186.

図2-4 環境及び経済パフォーマンス

コ・エフィシェンシーとは「持続可能な発展に関する世界産業評議会」の定義によれば,「わずかなもの（資源,エネルギー）を使ってより多くのものを生産する」こと,すなわち労働節約的な技術の発展を自然資源節約的な技術の発展へと転換し,環境パフォーマンスを継続的に改良していくことで,成長を遂げていくことである（Livio et al., 1997, p. 47）。1990年代から本格的に登場した企業環境主義は,ファクター4やファクター10など,この概念を活用することで,経済と環境の双方で効率性を向上させることを追究してきた．

② 経済と社会：社会イノベーター

しかし経済と環境の2つの分野で効率性が高くても,もう1つの分野である社会の領域でも効率性が高いとは限らない．環境問題に対する社会的関心の増大に比べると,社会的問題に対する企業の優先度はそれ程高くない．ウェルフォードは,経済的パフォーマンスが高く,同時に公平貿易,労働者の

	社会パフォーマンス	
経済的パフォーマンス 高	通常の企業活動	社会イノベーター
経済的パフォーマンス 低	不安定	代替組織

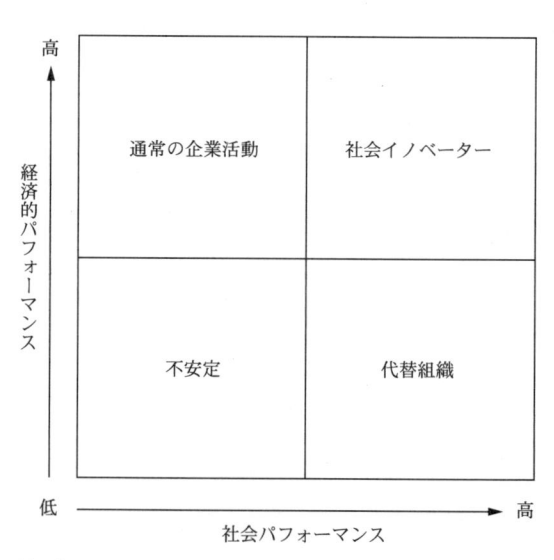

（出所）図2-4に同じ, p. 187.

図2-5 社会及び経済パフォーマンス

経営参加，児童労働の禁止など社会的領域でもパフォーマンスの高い状態を社会的イノベーターと呼び，この方向に向けて努力する必要性を訴えている．社会問題に対する関心が高いのは，一般的に民間企業より，協同組合，コミュニティ・ビジネス，非営利組織などの，所謂社会的経済（social economy）に属する諸組織である．これらの組織は利潤の極大化を目的とするより，収益があがればそれを社会的に還元することを使命としている場合が多い．その意味で，経済的パフォーマンスと社会的パフォーマンスの追究はしばしば矛盾をきたすことがある（図2-5参照）(Welford, 1997, p. 187)．

③ 社会と環境：「潜在的に持続可能な組織」

また，社会的パフォーマンスと環境パフォーマンスが同時に高い領域をウェルフォードは「潜在的に持続可能な組織」と呼び，その追究も課題として掲げている．潜在的とは，両方のパフォーマンスの向上を継続的に続けることができるならば持続可能になるという意味であり，それは主に経済的パフ

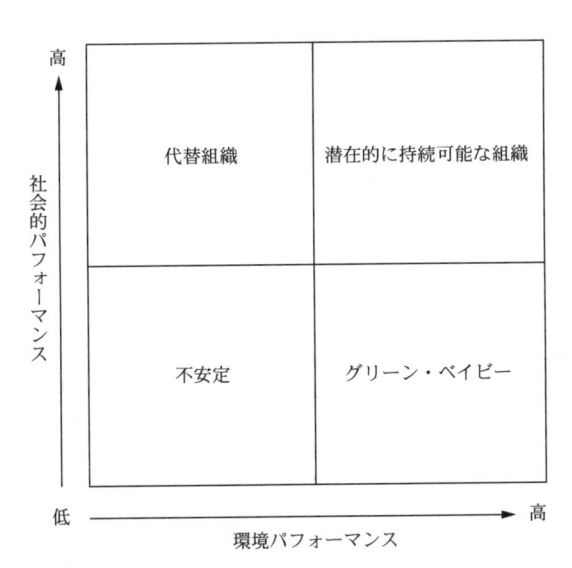

	社会的パフォーマンス 高	
	代替組織	潜在的に持続可能な組織
	不安定	グリーン・ベイビー
低 ← 環境パフォーマンス → 高		

（出所）図2-4に同じ，p. 188.

図2-6 環境・社会パフォーマンス

オーマンスの向上という別の要因に依存しなければならないからである（図 2-6 参照）（*Ibid*., p. 188）．

④ 持続可能な組織

ウェルフォードが最終的に追究しているのは，図 2-7 の手前上部に位置している「持続可能な組織」の部分を実現することである．ウェルフォードは，「我々が最も関心を寄せるのは，3 つの領域すべてにわたって十分に機能する強い持続性を持った組織である」と述べている（Welford, 1998, p. 188）．

（出所）図 2-4 に同じ，p. 189．

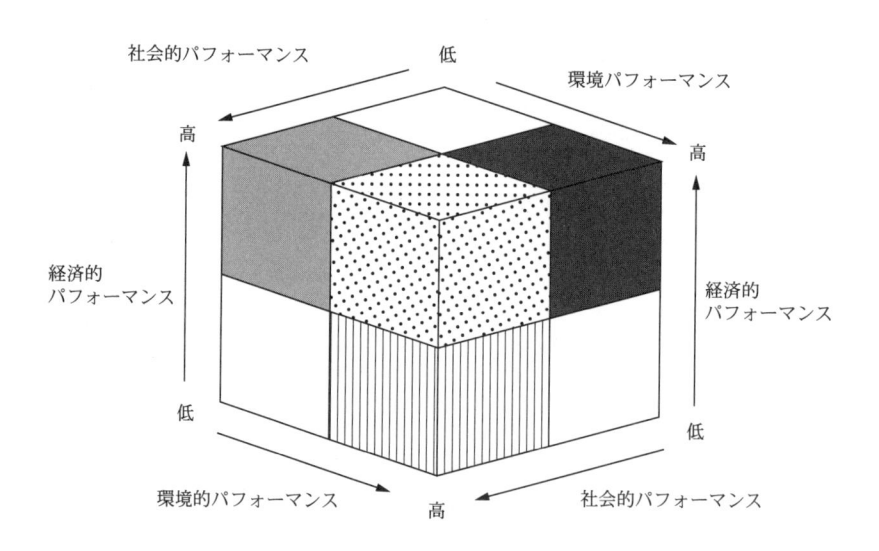

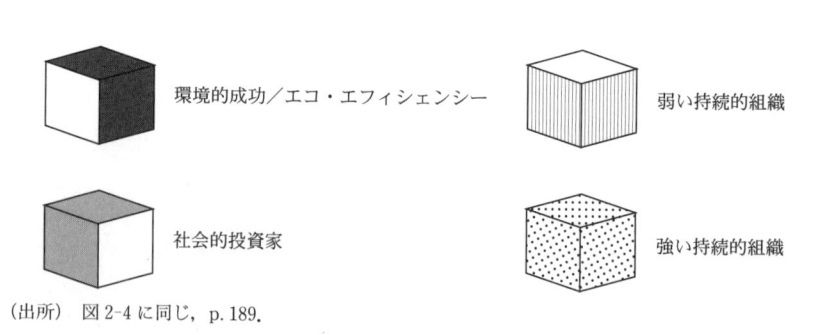

図 2-7　社会・環境・経済パフォーマンスと持続可能な組織

しかしそれは全体の8分の1でしか存在せず,残りは少なくともいずれかの領域で効率性が低くなっている.3つの領域のいずれかが欠けても持続可能な発展を実現できないのであれば,それを同時に実現できる方法を発見することが重要となる.それではどのようにして「持続可能な組織」を育てていくべきなのか.

(2) 「集団的環境管理」：環境問題の政治化,道徳化

まず大事なことは,経済,環境,社会それぞれの分野を並列に置いて,その効率性を向上させるだけでは不十分だということである.「持続可能な組織」は3つの分野の効率性を高めれば自動的に達成できるというものではない.3つの分野はそれぞれが効率性を高めようとするものの,現代社会では経済分野の効率性が最優先される傾向があり,他の分野は常に後回しにされる危険性を持っている.ドライゼクが指摘するように,経済を優先して考えるかぎり,環境は人間を側面から支える補完的存在にすぎず,その意味で所与でしかないために,環境合理性 (ecological rationality) は機能的合理性 (functional rationality) にしかすぎなくなってしまう.これが環境近代化論の陥りがちで,それ自体では解決できないアポリアであった.この問題を克服するには,社会や環境を独自に存在する領域として認めること,すなわち「社会問題や環境問題の機能的領域と並んで,規範的 (normative) 領域も含めて考えること」が必要になる (Dryzek, 1987, pp. 34-5).環境合理性を機能的側面と同時に,道徳的で政治的な基準も入れて評価することが必要になる.この課題に答えるには,社会や環境を独自の領域と認めるだけでなく,優先すべき領域を明確に示すことが必要となる.

すでに述べたように（図2-3参照）,リスク社会論は経済領域の外側に社会領域を,そしてさらにその外側に倫理とエコロジー領域を描き,外側の円から優先すべき課題の順序を明確にしている.問題は,誰がそのような基準を新たに作るのかということにある.

バリーが提唱する「集団的環境管理」は,ベックが提唱するリスク社会論

を下敷きにして，技術＝経済サブ政治と呼ぶ領域に民主的な規範制度を導入することを柱としている（Barry, 1999a, p. 108）．（弱い）環境近代化論が環境問題の経済化（市場化）——エコロジーの経済化——を求めるのに対して，「集団的環境管理」は環境問題の政治化，道徳化を求めるところに特徴がある．バリーは「環境近代化論は特定の目的に対する手段を探そうとしているだけで，社会—環境問題に関わる広範囲に及ぶ規範的諸問題を明確にすることができない」と述べている（*Ibid*., p. 117）．すなわち（弱い）環境近代化論では，基準は政治に属する国家（government）によってサブ政治に属する経済領域に向けて作られるだけである．「集団的環境管理」が問題にするのはガバメントではなく，環境をいかに適切にガバナンスするかである．この課題を達成するには，中央集権的な国家主導型の環境政策から離れ，市民セクター（コミュニティ・セクター）の構成員が積極的に参加し，環境管理を集団的かつ民主的に行なうことが必要である．環境近代化論が，「経済—環境」を領域とし，国家を中心としたコーポラティスト的な調整を原則としつつ，その一方で大衆の意見を求める場合でも，環境政策や環境管理の手段に限定した議論しか行なわれないのに対して，「集団的環境管理」では，「社会—環境」領域に関心の重点を置き，分権的手法を用いながら，目的，手段双方を等しく議論することを求めようとしている．強い環境近代化論が求めていたのはこの点であった．

(3) 「集団的環境管理」が依拠する経済学

こうした両者の違いは，それぞれが依拠する経済学の違いともなって現われてくる．エコロジーの経済化（市場化）を求める環境近代化論は，新古典派経済学に依拠して，環境を貨幣的に評価し，市場の仕組みに乗せようとする．環境を保全する手法の１つとして，環境を貨幣的に評価しようとすること自体は必ずしも間違っているわけではない．問題なのは，この評価だけが独り歩きし，評価の中心になってしまうことである（*Ibid*., p. 121）．この場合の評価とは経済的評価であるから，環境近代化論では環境の社会的評価な

どは後景に退き，結果的に社会的側面は希薄となってしまう．本来環境問題はマクロなレベルで考察されなければならないものである．しかし新古典派環境経済学では，ミクロの議論を単純に集計してマクロな議論を行なおうとするために，自然資本と人工資本との区別をしないまま，両者の完全代替性や，自然資源の減少によるサービスの低下を人工資本による技術進歩によって相殺する可能性に関心を集中させ，結局は経済成長理論の制約の中でしか環境問題は議論されないことになってしまう．

それに対して「集団的環境管理」は，環境管理を市場に一方的にまかせるのではなく，道徳的，倫理的スチュワードシップ基準に合わせて適切に行なうことを目指そうとしている（*Ibid.*, p. 119）．バリーによれば，このような視点を明確に打ち出しているのは，ハーマン・デリィなどが主張する定常経済論である．定常経済論は，開放系であるエコノミーは有限で，閉鎖的なエコシステムに包摂されたサブシステムであり，したがってエコノミーの最適規模を考察することが両者の関係を明らかにする場合の基本にすわっていなければならないと主張している．新古典派経済学が資源の最適利用というミクロな主張を行なうのに対して，定常経済論はエコノミーの最適規模というマクロな議論をしているところに大きな違いがある．この主張を理論的に支えているのがエントロピー論である．デリィは，エントロピー論に基づいて，従来の経済学の中にあるストックとサービス概念の他にスループット概念を新たに導入し，ストックを最適水準に保ちながら，手段であるスループットを最小限に抑え，サービスを極大化するという目的を達成することが課題であることを明確に打ち出した．

定常経済を実現するには，ストック，サービス，スループットの関係を目的―手段スペクトラムの中に位置づけ，最終的手段である低エントロピー源を活用してエコノミーもエコシステムも同時に持続的に発展する最終目的へつなげていく過程で果たす技術や経済学，倫理の役割を明確化することが必要になる．デリィによれば，経済学は技術によって最終手段を適切に加工することによって得た中間手段を，人間の豊かさ，健康，教育といった中間目

的につなげる媒介の役割を果たすものでしかなく，中間目的を最終目的へとさらに引き上げていくには倫理の力を借りなければならないという．

　ここで注意しておかなければならないのは，このような違いから，「集団的環境管理」では倫理や道徳が経済に勝っているなどと単純に考えてはならないことである．環境近代化論はもちろん，「集団的環境管理」でも，経済と環境の物質代謝が基礎となっており，その点では変わりがない．両者の違いは，物質代謝に貫いているガバナンスのタイプ，すなわちどのような物質代謝を適切だと考えているのかという点にある．

(4)　経済の再概念化

　「集団的環境管理」は，市場概念を幅広く取ることによって，経済をエコロジカルに再概念化しようとする．経済の再概念化は市場の再概念化を前提にして行なわれる．市場の再概念化を行なうには，市場が持つ2つの機能を峻別し，それぞれについて独自の観点から評価することが必要である．2つの評価は対立する内容を持っているから，集団的環境管理が支持するのはそのうちの一方である．

① 市場の再概念化

　市場に対する最初の評価は，富の蓄積を推進し，経済のグローバル化を進めながら，貧富の格差を拡大し，環境を破壊していく資本主義市場の構造的特徴に対する批判である．この特徴を基本的に受け入れない「集団的環境管理」の立場からすれば，反資本主義の立場に立って市場を再概念化するという課題が生まれることになる．もう1つの評価は，市場を経済的交換を行なう社会制度として認め，環境的に合理的な物質代謝に貢献する市場の役割を積極的に評価しようとするものである．この役割において市場は，資本蓄積の場としてではなく，財やサービスの自主的な交換の場として評価されている．

　後者の役割を評価しようとしてきたのは，カール・ポランニーであった．ポランニーによれば，19世紀に確立した自己調整的システムとしての市場

経済自体が特殊なものであり，本来「市場は経済生活にとってたんなる付属物」，すなわち「経済システムは社会システムに埋没していた」にすぎないものであった．しかし労働，土地，貨幣までもが擬制的に商品化され，市場経済がすみずみにまで行き渡ると，「市場システムの発展は社会組織自体の変化をともな」い，「人間社会はことごとく経済システムの付属物と化してしまったのである」．古典派経済学の創始者アダム・スミスでさえ，社会的分業と市場にそのような機能を期待していたわけではけっしてなかった（ポランニー，1975a, 第2部）．

　言うまでもなく「集団的環境管理」が支持するのは，交換の場としての市場である．「集団的環境管理」は市場のこの機能を生かし，それを活用することによって，経済の再概念化を試みようとする．もちろん，市場の再概念化が，自己調整的市場の否定だけであるなら，時代を逆回転させただけだというそしりを免れない．大事なことは市場の再概念化が経済の再概念化と一体となっていることである．バリーによれば，「市場は社会―環境関係を定義し，考察するには適切な制度ではない」．したがって市場の再概念化は，社会―環境関係を含んだ経済組織と社会秩序のあり方にまで拡大していかなければ，完結しないことになる．自己調整的市場は，経済の中に政治や道徳，社会，環境を取り込み，それらを所与のものとすることで，結局はそれらの問題を切り離すことに成功してきたのである（Barry, 1999a, p. 120）．

　言うまでもなく，市場の再概念化に取り組むからといって，「集団的環境管理」が「自由市場環境主義」(free-market environmentalism) に傾斜していくということにはならない．逆である．

② 経済の再概念化

　経済の再概念化とは，自己調整的市場が対象としている経済の他に，それが対象としていない領域にまで拡大することで，経済の新しい可能性を追究することである．市場を財やサービスの交換の場として理解するならば，世界にはこれまでの概念には当てはまらない経済活動や経験が無数に存在している（エキンズ，1987）．例えば1980年代から実験的に行なわれ，今では世

界に広がりを見せている地域交換・交易システム (Local Exchange and Trading System, LETS). このシステムは，地域やコミュニティ内での財やサービスの交換を活発にするために，中央銀行が発券する国民通貨 (national currency) に対して，地域通貨を独自に発行する市民の自主的活動から生まれたものである．この活動によって失業者にどれだけの雇用機会が提供されたことか．福祉国家の危機が叫ばれているとき，実はその陰で市民のこうした創造的な経験が芽生えていた．

また例えば，金融のグローバル化の進行の陰で，「金融排斥」(financial exclusion) に苦しむ人々に対して，大手金融機関とは別に，信用組合 (credit union) や社会的銀行 (social bank) をはじめ，市民が独自に創設したコミュニティ・バンクの発展が先進国では多数見られた．「貸し渋り」のために倒産した中小企業や，創業資金の調達ができずに苦しむ人々に便宜をはかろうとするミクロ・ファイナンス運動も，市民のニーズから生まれた貴重な経験であった．

また，アメリカやヨーロッパでは，有機農業を地域が支え (community-supported agriculture)，有機農産物を直接市場を通さずに生産者と消費者の直接的な提携で取引する試みが1980年代から広く行なわれるようになった．経営を安定したい生産者と安全な農産物を得たい消費者のニーズが，市場を想定しない結びつきを作り上げることで，一致したのである．

このような直接市場を媒介とせずに行なわれる経済活動は，世界を見渡せば数多くある．こうした経済領域はこれまで「陰の経済」として消極的にしか評価されてこなかったが，今後はこのような動きに見られるインフォーマル経済の役割がますます重要になってくる．経済の再概念化とは，フォーマル経済しか主に見据えてこなかった経済概念を新しい領域にまで拡大し，その可能性と役割を追究することである．

むすびに代えて

　本章はこれまで環境近代化論を批判する立場から，リスク社会論の果たす役割を論じてきた．最初に本格的にベックによって提唱されてから，リスク社会論は環境近代化論が取り組むことのできなかった領域（例えば社会―環境領域）を取り込み，環境議論をさらに高い次元で行なうことを可能にした．リスク社会論がなければ，経済，社会，環境の3分野から構成される持続可能な発展概念を本格的に論ずることはできなかったはずである．例えばバリーが指摘した「集団的環境管理」は，リスク社会論を受けて展開された環境経済理論であった．今後は他の分野についても，リスク社会論の問題提起をさらに明確にし，具体化していく作業が残っている．

第3章　定常経済論
―ハーマン・デリィの所説によせて―

1. 定常経済論の背景

　この章では，ハーマン・デリィの所説の検討を通じて，彼が提唱する定常経済論（steady-state economy）の内容を吟味し，その意義を明らかにする．

　定常経済論は，公害反対運動など「新しい社会運動」として環境運動が世界的に広がりを見せる中で，新古典派経済学，ケインズ経済学，マルクス経済学などいわゆる伝統的な経済学の世界観に代わって，そうした運動を支える新しいパラダイムとして1960年代から70年代にかけて本格的に提唱された．例えば1974年に結成されたイギリス緑の党（British Green Party, 当時は"People"の名称で結成）の政策綱領『持続可能な社会に向けての宣言』（*Manifesto for a Sustainable Society*）は，この文書の冒頭で次のように述べている．

　「これまで続いてきた世界の人口増大と，増大する物質的欲求をともなった経済成長は，歴史上例を見ない破局に人類を導いてきた．しかし人々は，世界が有限であり，自然資源を無限に掠奪し，浪費し続けることが不可能であることを依然として認識していない．経済成長に対する反対事例は別に示すが，ここでは緑の党がフローよりストックの経済である定常経済を支持していることを指摘するだけで十分である．地球は，そこで生きている有機体と同様に定常系である．このことは，社会の全体的欲望は無限で，それらは生産を無限に拡大することによって充足することが可能になり，技術だけが

成長をもたらした諸問題を解決できるという伝統的な経済観に直接挑戦するものであることを意味している．……したがって主な政治的対立は，伝統的な意味における左翼と右翼の対立ではなく，定常経済の支持者と成長支持者との対立である」(Green Party, 1995, p. 1).

ここで指摘されているのは，これからの政治的対立は灰色の政治（grey politcs）と緑の政治（green politics）であるということにある．経済にそくして言えば，成長経済論と定常経済論の対立に他ならない（Booth, 1998：多辺田, 1993）．こうした定常経済論の主張は，『エコロジスト』の編集長エドワード・ゴールドスミスが執筆した『生き残りのための青写真』(1972年)やローマクラブが発表した『成長の限界』(1972年)に見られるように，この時期に台頭してきた新しい環境思潮として多くの人々の関心を集め，その後の環境運動に大きな影響を与えた（Eckersley, 1992, chap. 1).

定常経済論は，それが提唱された1960年代から70年代当初，環境運動を支える非常にラディカルな社会システム論として受け止められた．しかし，1987年の「国連環境と開発に関する世界委員会」（ブルントラント委員会）が持続可能な発展を提起して以来，定常経済論はこの概念を実施に移す行動原理としても重要な役割を果たそうとしている．しかも1989年にデリィやロバート・コスタンザなどが中心となって設立された国際生態経済学学会は，定常経済論を下敷きにし，その具体化のために世界の多くの研究者が集まる場として多くの研究成果を生み出している．この小論は，そうした理論的にも，実践的にも重要な役割を果たしている定常経済論の内容を紹介し，1970年代以降の環境思潮の変化を睨みながら，その意義を，ハーマン・デリィの著作を通じて明らかにしようとしている．

2. 定常経済論の形成

デリィが定常経済論の萌芽を論文の形で最初に発表したのは，おそらく「生命科学としての経済学」(1968年)である．デリィはこの論文の中で，熱

力学の第1法則ばかりでなく,熱力学の第2法則の経済学への適用が重要であること,そしてその観点からそれまでの経済学を批判的に再検討しなければならなくなっていることを強く主張するようになった.

「経済的観点からすると,物理的バランス(注:熱力学第1法則)より重要なのは,すべての生命過程の領域を通じて見られる,一方通行で,非循環的,不可逆的な物質-エネルギーフローの性質があることである.有用な(低エントロピー)物質-エネルギーが有限なのは明らかであるから,すべての生命過程はボールディングが"エントロピーの罠"と呼んだものによってからめとられてしまうことになる」(Daly, 1968, p. 395).

人間やエコシステムにとって本当のコストを考えるとすれば,それは労働とかエネルギーではなく,あらゆる形態の稀少性を支配するエントロピーだという主張がこの論文によって主張されている.デリィはこの主張をジョージェスク・レーゲンの研究から学んだ.デリィの功績は,この視点を社会・経済システムに適用し,定常経済論にとって「あるべき社会の姿」を提示するところまで高めたことにある.

定常経済論がまとまった書物として最初に世に出されたのは,デリィが編者となってまとめた論文集『定常経済に向けて』(*Toward a Steady-state Economy*, 1972)であった.この論文集には,デリィ自身が執筆した「定常経済:生物理学均衡と道徳的成長の政治経済に向けて」が収録されている他,ジョージェスク・レーゲン「エントロピー法則と環境問題」,ポール・エーリッヒ他「人口増大の影響」,ケネス・ボールディング「宇宙船地球号の経済学」,ギャレット・ハーディン「コモンズの悲劇」など,環境問題に取り組む主だった研究者が参加していた.『定常経済に向けて』の序文でデリィはこの論文集をまとめた意図を次のように述べている.

「本書は,'環境経済学'に係わるあらゆる問題の考え方すべてを示そうとしたり,経験的な事例研究を行なおうとするのではなく,物理的,倫理的な第1原理に基づいた単一の,一貫した観点——定常経済論——を示すことを課題としている.こうした明確な理論的視点は,私にとって(他の多くの

人々にとって），基本的に正しく，したがって有効な見通しや政策を生み出そうとするものである．……我々は，地球の有限なエネルギーや資源の限界，そして人間の胃袋の有限性と調和するように，我々の経済的思考を修正しなければならない．この修正は，ある1つの考え方や，多くの考え方をまとめた1冊の書物によって完成されることはないだろう．定常経済の発展は，予測できない，しかし意識的な社会進化の産物であり，そこにおいて多くの考え方が試されることになるだろう．我々は定常経済に関するいくつか特定概念を明らかにすることから始めなければならない」(Daly, 1972, preface)．

この指摘に見られるように，デリィは本書で，環境問題を首尾一貫した観点から取り上げる理論的枠組みの提示を目指していた．定常経済論とは，デリィにとって「政治経済学に新しく出現してきたパラダイム転換」(*Ibid*., p. 1) を意味した．

デリィは，『定常経済学』の第1版序文で，「定常経済論の反対物は，大多数のエコノミストや政治家が依然として守ろうとしている成長経済である」と述べている (Daly, 1992, p. xv : Dowthwaite, 1992)．デリィが述べる，空白世界（empty world）から飽和状態世界（full world）への転換が，第2次世界大戦後急速に経済が成長したことによって進行していた．1960年代から70年代にかけて世界各地で発生した環境問題はこうした転換がもたらした社会問題であった．デリィは，この問題を解決することを目指して成長経済を批判するとともに，それに代わる理論的な反対概念を明らかにすることを目指さなければならなかった (Ekins, 2000)．その成果が定常経済論であった．したがって定常経済論が，デリィが「成長マニア」と呼んだ成長経済をどのように批判し，どのような新しいパラダイムを提示しようとしていたのかが問題となる．デリィは，「標準的経済学は，恒常的に成長していく生産と消費の循環を考察するが，生命維持装置としてのエコシステムを考察はしていない」と述べて，成長経済を批判する一方，「定常経済はエコノミーを取り巻くエコシステムを考慮に入れながら生産と消費の循環を考察し，それとの均衡状態の達成を試みる」述べている (Daly, 1996, p. 48)．定常と

はこうしたエコノミーとエコシステムとの均衡状態を指している．長い目から見ると，安定が規範であって，成長は不安定を助長するだけに誤りである．そこで定常経済論の内容を以下で詳しく見ていくことにする．

3. エコシステムとエコノミー

定常経済論はマクロ経済論である．それはミクロ経済をたんに集合したという意味ではない．ここでのマクロとは，エコノミーはエコシステムに包摂されたサブシステムでしかなく，エコシステムをぬきにしてエコノミーはありえないという意味である．しかしこれだけなら経済学はこれまでも指摘してきたことであり，目新しいことは何もない．定常経済論が強調するのは，エコシステムが，有限で，非成長的な，孤立した閉鎖系であること，それに対してエコノミーは，エコシステムに依存しながら，あたかも無限に成長することが可能なように見える開放系であるということにある (*Ibid.*, p. 48). 開放系であるエコノミーは，閉鎖系であるエコシステムに包摂されたサブシステムであるという両者の関係は，これまで経済学が視野に入れてこなかった様々な問題を課題として提起することになる．

(1) エコシステムとエコノミーの関係

デリィによれば，エコシステムとエコノミーの関係は，経済帝国主義，エコロジー還元主義，定常サブシステムの3つに分けて理解することができる (Daly, 1992, chap. 11). 言うまでもなく，定常経済論は経済帝国主義とエコロジー還元主義の批判の上に成立している．したがって，前者2つを定常経済論がどのように克服したのかを理解することが重要である．図3-1はそれを概念図として表したものである．

① 経済帝国主義

経済帝国主義は，エコノミーの境界線がエコシステムと一致するまで拡大しようとするエコノミー膨張主義である．論理的には，拡大を続けるならば，

第3章　定常経済論

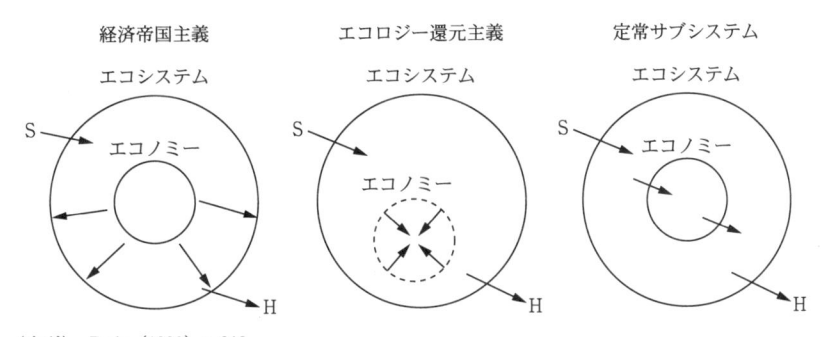

経済帝国主義	エコロジー還元主義	定常サブシステム

(出所)　Daly (1992) p. 212.
(注)　Sは太陽エネルギー，Hは熱．

図3-1　エコシステムとエコノミーとの関係

境界線はなくなることになる．こうした膨張の過程は，それだけエコシステムの収容能力を狭めることになる．こうした膨張を支えているのは人間の飽くなき欲望である．欲望が無限であれば，膨張もまた限りなく続くものでなければならない．ウィリアム・スマートが述べたように，「文明化の経済的目標は，人間の全体的自然環境を対立や無関心の関係から効用関係へと転換すること」であった (*Ibid.*, p. 212)．すなわち近代は自然を客観化し，それを支配しようとすることで発展してきた．クリスチャニティ（とくにプロテスタンティズム）は，自然を客体化し，その恵みを奪い取る人間の勤勉心を「資本主義の精神」として合理化する宗教的心性であった．

　自然を支配しようとする傾向は，自然を価格化する市場経済の発展，したがってエコノミーの発展と一体のものであった．市場経済の発展は自然を「創出された自然環境」（アンソニー・ギデンズ）へと作り変えた．ここで重要なことは，価格メカニズムが資源の適性配分を問題にすることはできても，適性規模を問題にすることができないこと，したがってエコノミーの膨張主義に歯止めをかける機構を持っていないことである．エコノミーが成長すればするほど，非成長的な，閉鎖系であるエコシステムはその領域を狭められ，エコノミーを包摂する収容能力を次第に失っていくことになる．経済帝国主義は，エコシステムの収容能力を無視することで，エコノミーの拡大を無限

に続くものと仮定している．

② エコロジー還元主義

エコロジー還元主義は，エコシステムのサブシステムであるエコノミーの境界線を縮小することで，経済帝国主義を批判しようとする．というより正確に言えば，エコロジー還元主義は，サブシステムであるエコノミー内においてもエコシステムと同じ物質，エネルギーフローを繰り返すと主張し，境界線自体を解消することを目指している．

③ 定常サブシステム

定常サブシステムは，エコシステムとエコノミーの境界線は必要であり，物質，エネルギーフローは厳密にエントロピーによって，したがってスループットによって制約されていることを強調する．定常サブシステムは，エコシステムとエコノミーの関係を，両者を結びつけるスループット概念を基礎に再構成しようとする社会システム論である．定常サブシステムは，エコノミーの規模を拡大しようとする経済帝国主義や，それを縮小しようとするエコロジー還元主義と違って，スループット概念を通じてエコノミーの最適規模を取り上げようとする．ここで大事なことは，エコノミーの規模，すなわちスループットの規模と，スループットの配分を区別することである．価格メカニズムを通じたスループットの最適配分は，完全自由競争のもとでパレート最適を実現することはできても，それが社会的な公平や生態学的な持続性の実現を保証することはできない．定常サブシステムは資源の最適配分の他に，それと並んで最適規模を実現することが重要であると指摘する．最適規模は，配分，分配に次ぐ，第3の独立した政策目標であり，そのための政策装置を必要とする．本来，最適規模は生態学的な限界を反映して決められなければならないものである（Daly, 1996, p. 51）．

(2) エコシステムとエコノミーの交換

すでに指摘したように定常経済論にとって本質的なことは，人間が形成するエコノミーを，有限で，閉鎖的なエコシステムの一部に組み込まれた開放

サブシステムでしかないと認識していることにある．エコノミーが，親システムに包摂されたサブシステムでしかないとすれば，「最適なエコノミーの規模は何か」という問題を惹起する．これまで経済学は，エコノミーを孤立した閉鎖系と考え，企業と家計との間で行なわれる価値の循環フローだけを取り上げてきた．したがってそこでの主題は資源の最適配分でしかなかった．しかし，エコノミーは本来，親システムであるエコシステムから低エントロピー源を取り出し（掠奪し），高エントロピーの廃物をエコシステムに捨てる（廃物によって汚染する）といった行為を繰り返すことで成長する．エコシステムは有限で成長することができない以上，エコノミーが制約がないかのように成長していくならば，必ず両者は摩擦してしまう．エコシステムを破壊することで行なわれるエコノミーの成長は，低エントロピー源を結局は枯渇させてしまうことになりかねないからである．デリィはこうした両者の関係を明らかにするために，たとえ平均してボートに積み荷を載せて安定させようとしても，積載量が絶対的に多ければボートは沈没してしまうと述べ，積載可能な上限（plimsoll mark）を明らかにすることが重要であると指摘している（*Ibid*., p. 50）．積載量とは，低エントロピー源としてのエコシステムと，高エントロピー源の捨て場所としてのエコシステムの収容能力を指している．ターナーの指摘を借りれば，「デリィにとって，資源配分や分配諸目的が"規模"の問題を考慮して行なわれるのでなければ，発展に関する環境経済学は決定的に欠陥を持つ」ている（Turner (ed.), 1993, p. 5）．ここで言う経済規模とは，エコシステムが持つ収容能力と関連づけられる関係概念であり，人口×人口1人当たりの資源利用で表される．この点をもう少し詳しく見ていくことにしよう．

　図3-2は，エコシステムとエコノミーの関係を図示した概念図である．この図からストック，サービス，スループットの関係を見てみよう．

　この図からサービスの源泉は，エコシステムから得るサービスと，エコノミーから得るサービスの2つがあることがわかる．エコシステムから得るサービスは自然資本ストックから発生する．自然資本ストックは，フローとし

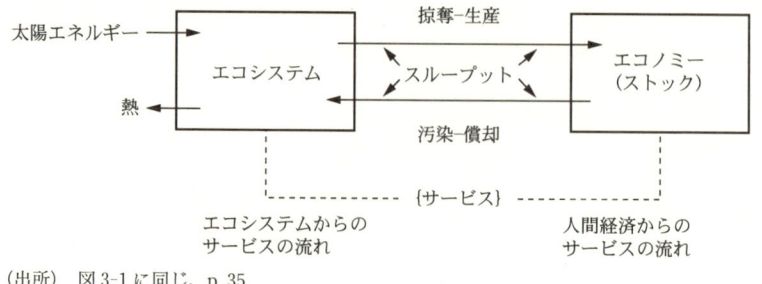

```
       太陽エネルギー →  ┌─────────┐  掠奪−生産  ┌─────────┐
                        │エコシステム│ ⇄ スループット ⇄ │エコノミー│
                   熱 ← │         │  汚染−償却  │(ストック)│
                        └────┬────┘             └────┬────┘
                             └──────{サービス}───────┘
                         エコシステムからの        人間経済からの
                         サービスの流れ          サービスの流れ
```

(出所) 図3-1に同じ, p.35.

図3-2 エコシステムとエコノミーの交換

ての太陽エネルギーを光合成によって固定し，限られた量の低エントロピー資源として形成されている．資源フローは一時的に無限に行われるように見えても，資源ストックが有限である以上，それ自体有限にならざるをえない．エコノミーから得るサービスは，生産を通じて作り出された人工物（ストック）から発生する．サービスとはそこから得る主観的，客観的な人間の満足度であるから，人工物のサービスに対する貢献度はストックとしての人工物の質量によって決まることになる．

エコシステムとエコノミーの間には，生産や消費のための資源の掠奪から始まり，廃物を返してやることでエントロピーが増大するという一連のスループットのフローがある．ストックは，エコノミーを形成する人口と人工物の2つからなるが，いずれもそれが維持，置換されるには，エコシステムから低エントロピー源をスループットとして掠奪してこなければならない．ストックを維持するのはスループットであると同時に，ストック自体スループットである．ストックは使用することによってエントロピーを蓄積し，最後には廃物，廃熱化していくことになる．廃熱はエコシステムに捨てられなければならない (Daly, 1992, p.37).

図3-3は，ジョージェスク・レーゲンの『エントロピー法則と経済過程』に基づいて，『成長を超えて』(*Beyond Growth*, 1996) の中でデリィが描いたエントロピー砂時計である．デリィはこの砂時計を用いて，エコノミーとエ

第3章　定常経済論　　　　　　　　　　　　　　　93

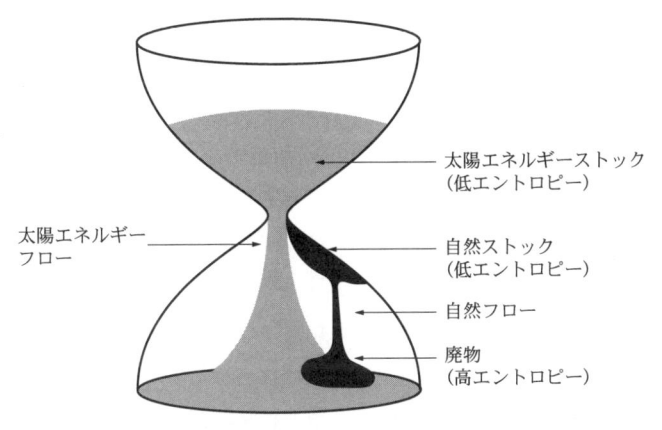

（出所）　Daly（1996）p. 29.

図 3-3　エントロピー砂時計

コシステムの関係をエントロピー概念でつかまえようとした（Daly, 1996, pp. 27-30）．

　砂時計はエコシステムを表している．砂時計全体がエコシステムであるが，下室が地球，上室が地球を取り囲む宇宙空間と考えてもよい．両者は中央の細い管でつながっている．エコシステムは閉鎖系である．すなわち砂は外から入ってこないし，外へ出ていかない．その意味で成長することのない，非開放的な系である．砂は，時計の中で移動することはあっても，常に一定に保たれている．砂は創造されたり，破壊されたりしない．これはエネルギーが保存される熱力学第1法則を表している．

　砂は上室から下室へ動いていく．これは太陽光が地球へ降り注ぎ，低エントロピーエネルギーが供給されることを示している．ただし太陽エネルギーの供給は中央の細い管によって制約されており，すべてを受け取るわけではない．こうした太陽エネルギーの制約は経済の持続的生産水準を維持する上で制約となって現れる．人間はこの低エントロピーエネルギーを用いて生産，消費活動を行ない，その過程で高エントロピーエネルギーを生み出していく．この過程は秩序だった物質・エネルギーが無秩序な，したがって利用不可能

な高エントロピーの状態へと転化していく過程である．太陽エネルギーはその一部が自然ストックとして固定され，地球生態系を形成することになる．それは下室の内側上部にへばりつく形で描かれている．人間はこれを自然が提供してくれる自然資本ストックとして取り出し，利用することになる．利用の過程は太陽エネルギーと同様に低エントロピーが高エントロピーに転化していく過程である．このように砂時計の中で，エントロピーは一方的に増大していく．下室に沈んでいる廃棄物はこうした高エントロピー源のかたまりである．物質の物理的価値とエントロピーの和は常に一定であるから，物理的価値が低下すれば，それだけエントロピーは増大することになる．物質の物理的価値は劣化していくから「エントロピーは常に最大へと向かう傾向にある」．これはエントロピーが増大する熱力学の第2法則を表している．

このように定常経済論は，物理学の法則を経済学にも適用し，両者を統合しようとしてきた．熱力学的限界がマクロ経済の全体的規模に課す制約に基づいて定常経済論が構成されることになる．熱力学の法則は，すべての技術を制約している．技術開発は低エントロピー源を効率的に使用することは可能にしても，それ自体熱力学の限界にしたがったものであり，ましてやエントロピーのフローの方向を変更することなどできるわけではない．エントロピーから逃れるには，それを外に追いやること，すなわち廃熱として捨てるしかない．

こうした熱力学の法則は，人間の活動を自然素材の転換といったレベルだけで理解してはならないことを意味している．図3-4に示されているように，人間による富の生産と消費活動は，原材料を製品に転換していく水平的活動と，

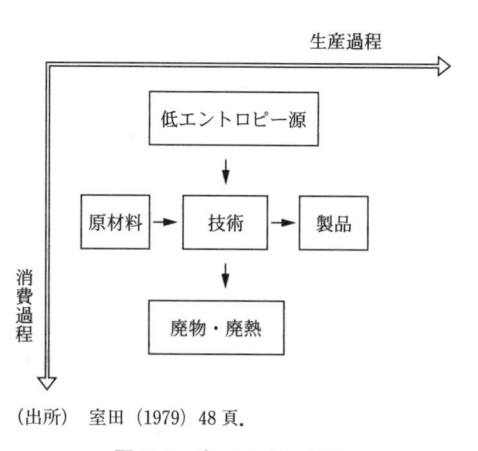

(出所) 室田 (1979) 48頁.

図3-4 富の生産と消費

低エントロピー源を高エントロピー源に転化していく活動，すなわち廃物・廃熱を生み出していく垂直的活動を合わせ持ったものである．したがって水平的活動の処理システムだけでは，エントロピーの処理システムが組み込まれていないために，リサイクルは完結しない．廃熱は地球の外に捨てること，廃物は地球に返してやることが必要になる．これはリサイクルというより，自然が本来行なっている循環（サイクル）である（室田，1979）．

(3) 目的―手段スペクトラム

図3-5に描かれているように，デリィはこうした関係を目的と手段の関係ととらえていた．目的と手段にはそれぞれ最終的目的と中間的目的，最終的手段と中間的手段がある．最終的手段とは，太陽や自然ストックが提供してくれる低エントロピー源，中間的手段はそれを加工して生み出される人工物

```
宗教 ─────┬──── 最終目的（？）
          │
倫理学 ┤  │
          │
          ├──── 中間目的
          │     （健康，快適性，教育など）
経済学 ┤  │
          │
          ├──── 中間手段
          │     （人工物，労働力）
技術 ┤    │
（人間の，自然の）
          │
物理学 ───┴──── 最終手段
                （低エントロピー物質・エネルギー）
```

(出所) Daly (1992) p. 19.

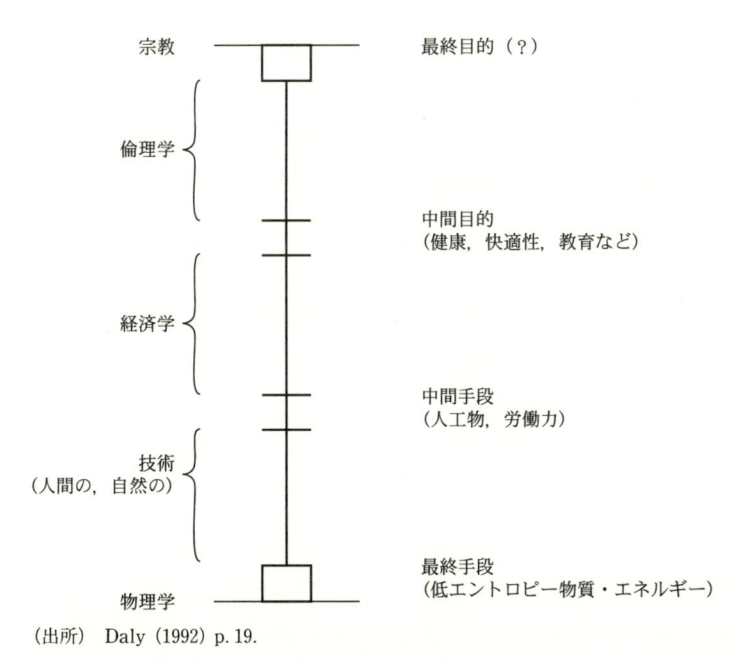

図3-5 定常経済論の目的―手段スペクトラム

や人口(労働力)である．人間はこうした中間手段を用いて健康，快適さ，教育といった中間的目的を実現しようとする．これまで経済学は，中間目的と中間手段といった中間領域でしか，目的—手段スペクトラムを考えようとしてこなかった．経済成長は，中間目的を満足させるために，低エントロピー源といった最終手段を中間手段に転化させる過程であった．手段に制限がなく，目的に制限がないのであれば，成長は無限に続いていくと考えるのは当然であった．しかし中間手段は本来最終手段によって限界づけられているものであり，中間目的はその上位概念である最終目的によって常に反照されるものである．最終目的とは，エコノミーの維持といった中間目的ではなく，持続的にエコシステムもエコノミーも発展することである．デリィは，「最終目的の性格は事実上，持続的経済成長の望ましさに制限を課し，最終手段の性格は持続的成長の可能性に制限を課している」と述べている（Daly, 1992, pp. 18-31）．

この図はさらに，物理学，技術，経済学，倫理，宗教へと下から上へ積み上げられた体系を描こうとしている．物理学は熱力学のように低エントロピー物質・エネルギーについて考察する．技術は，最終手段を中間手段に転換することを目指している．中間手段を中間目的へと合理的につなげていくのは経済学の課題であり，中間目的を最終目的に昇華させるのは倫理の役割である．最終目的を支えているのは人間の心性，すなわち宗教心である．デリィはこうした下から上へ積み上げられた体系を説明する一方，逆に上から下へ読む下向展開の意義を強調している．「我々の基本的定義は，我々の考え方のスタイルや方向を規定している分析以前のビジョンから生じている」（Daly, 1996, p. 6）とデリィが述べているのは，下向展開することによって近代合理性とは別のパラダイムが必要であると考えているからである．したがって宗教や倫理は少なくとも経済学の合理性よりも先行していることになる．経済学は技術と倫理の真ん中に位置しているから，低エントロピーといった絶対的な有用な稀少物も，倫理から宗教につながる最終目的も差し当り考慮することなく存在することができる．これまで経済学はこうした仮説の

上に成立してきた．定常経済論はこうした経済学のあり方に根本的な疑義を提起する．

4. 定常経済論のモデル (1)

定常経済とは，ハーマン・デリィの定義にしたがえば，「最初の生産段階（環境からの低エントロピー財の掠奪）から消費の最終段階（高エントロピー廃棄物や毒性物質による環境汚染）にいたるまで，財及びエネルギーの最低限度で可能なフローといった，低率のスループットで，人口，人工物が適切かつ十分な水準に維持されるという定常状態にあるストック経済」である (*Ibid*., pp.27-8)．この定義でまず重要なことは，定常経済が物的概念 (physical concept) であるということにある．したがって定常経済は，フロー概念であるGNPと違って，ストックとして測定されることになる．

そこで定常経済論がどのような具体的な内容なのかを検討してみよう．以下は定常経済のマスター式である (Daly, 1992, p.36)．

$$\frac{\text{サービス}}{\text{スループット}} = \frac{\text{サービス}}{\text{ストック}} \times \frac{\text{ストック}}{\text{スループット}}$$
$$\quad\quad (1) \quad\quad\quad\quad (2) \quad\quad\quad (3)$$

この式においてストック，サービス，スループットはそれぞれ次のように定義される (*Ibid*., pp.35-6)．

① ストック：生産財，消費財といった人工物 (artifacts) と，人口を合わせた総称．ストックはスループットが凍結することによって形成され，エントロピーによって溶解されて廃物として自然に返されていく．

② サービス：ストックから生み出され，欲望が充足されるときに経験する満足をいう．したがってストックの質量によってサービスの内容が決定される．

③ スループット：ストックの維持と更新のために必要な，自然から取り出

され，人間経済を通過し，自然に戻されていく物質—エネルギーのエントロピー的物的フロー．

ここで重要なことは，定常経済はサービスの獲得を目的としており，ストックとそれを維持するために必要なスループットは手段として位置づけられていることである．サービスはストックから生まれる．そのストックを維持するのはスループットである．このように三者の関係を目的と手段との関係として考えるならば，サービスを便益（ベネフィット）として，ストックは便益を生み出す源泉として，スループットはストックを維持するのに必要な費用（コスト）と考えることができる．サービスを生むのはストックであるから，ストックをなくすことはできない．ストックは人工物の耐用年数が切れた場合や，人口が死亡した場合，その量に応じて補充が認められるというように，最適な水準に保ち，必要な程度に維持することが必要となる．したがって定常経済の目標は，最適な水準にあるストックによって，手段であるスループットを最小に抑えながら，サービスを極大化するということにある．人間はエコシステムから無料で自然の恵みを受け取っているのではない．自然の恵みを受け取るたびに，スループットのフローとともにエントロピーの増大をコストとして受け取らなければならないのである．これまでの経済学は，こうした目的と手段の関係を明らかにしないまま，国内総生産（GDP）を指標とする経済成長を遂げることを政策目標としてきた．GDPとは，当該年度に生産された財と提供されたサービスを貨幣で表示した総額である．それをストック，サービス，スループットで表現するならば，GDP＝ストックの価値の変更分＋提供されたサービス＋スループットの価値ということになる．これでは便益と費用を同列において加算しただけにすぎなくなる．グリーンGNPや，別に論じた「持続可能な経済厚生指数」（ISEW）なども，この式に，家事労働などを追加し，環境価値の減少（環境破壊）や防衛的支出などの諸要素を控除しただけにすぎない．大事なことは，サービスがストックから生まれるというように，両者を目的と手段との関係と理解することによって，こうしたパラダイムから離れ，それを克服しよう

とすることである．

デリィは，三者の関係について次のように述べている．

「定常パラダイムは，これら3つの個別領域に関する3つの異なった行動様式を提案する」（*Ibid*., p.37）．

3つの異なった行動様式とは，(1)スループットに対するサービスの効率性，(2)ストックに対するサービスの効率性，(3)スループットによるストック維持の効率性，である．

上の式はしたがって，極小化されたスループットで維持されたストックによって極大化されたサービスを生むことで，(1)の値を上昇させることを目標としている．

ここで重要なことは，成長と発展の違いである．

① 成　　　長

成長とは，右辺の2つの式(2)と(3)の値が不変でありながら，ストックとスループットの増加から結果するサービス総量の増加である．上の式にあてはめれば次のようになる．

【成長の例】

$$\underset{(1)}{\frac{4}{8}} = \underset{(2)}{\frac{4}{2}} \times \underset{(3)}{\frac{2}{8}} \quad \rightarrow \quad \underset{(1)'}{\frac{6}{12}} = \underset{(2)'}{\frac{6}{3}} \times \underset{(3)'}{\frac{3}{12}}$$

この例では，(1)と(1)′の値も，(2)と(2)′の値も変わっていない．しかしサービスの量は4から6へ，スループットの量は8から12へ，ストックの量は2から3へ，それぞれ増大している．この例にならって，世界経済はこれまでこぞって経済成長を目標とし，ストック，サービス，スループットの量を増加させてきた．

② 発　　　展

それに対して，発展はストックが不変のままで，(2)と(3)のどちらか，あるいは両方の増加と定義された．例示すれば以下のようになる．

この式はストックが2のままで不変である一方，(2)と(3)の値が両方とも

増加した結果,サービスが4から5に増大していることを表している.ここで重要なことはスループットが8から4に減少していることである.その結果,(1)はスループットの減少とサービスの増大が同時に行なわれるようになっている.定常経済論はこうした仮説が現実にも実行可能であると主張している.またこの式では例示されていないが,(2)と(3)のいずれか一方が増加したために同様の結果になる場合も,定常経済論は発展と定義している.

【発展の例】

$$\underset{(1)}{\frac{4}{8}} = \underset{(2)}{\frac{4}{2}} \times \underset{(3)}{\frac{2}{8}} \quad \rightarrow \quad \underset{(1)'}{\frac{5}{4}} = \underset{(2)'}{\frac{5}{2}} \times \underset{(3)'}{\frac{2}{4}}$$

ストックが不変であることは人間社会の停滞を意味しない.ストックの量が不変であっても,文化,知識,良識,倫理,デザインなどは変化し,高度化していくものである.したがって技術の発展によってストックの内容が高度化されていく以上,社会の質的発展は促されることになる.ストックの量が不変であることと,ストックの質的内容が変化することは矛盾しない.その意味でストックは,不変であるが,静態的ではない.デリィは,「成長とは量的増加であり,発展とは質的改善である」と述べている (*Ibid.*, p.17).

5. 定常経済論のモデル (2)

すでに見たように,サービスには,ストックとして人間経済から生み出されるサービスと,生態系から生み出されるサービスの2つがある.こうした2つのサービスは場合によって対立することがある.デリィはこの点を,「ストックとその維持のためのスループットが増大すると,エコシステムに繰り出される無秩序は,ある地点で自然からのサービスを提供する能力に干渉するようになる.人工物を増やすと,そこからサービスを得るようになるが,ある地点を越えると,エコシステムからの自然サービスが減少するという代価を支払わなければならなくなる」からであると指摘している (*Ibid.*,

第3章　定常経済論　　　　　　　　　　　101

p. 34)．すなわち経済成長によって人工物が増大し，そこから生まれるサービスを便益と呼ぶにしても，他方で経済成長が生態系を破壊し，そのことによって拡大したサービスは費用と認識しなければならないはずである．したがって便益と費用の関係は，前記の定常経済のマスター式の他に，さらに人工物から得るサービスと，生態系を犠牲にして生まれるサービスの関係として，別の観点から新たに理解される必要がある．デリィは，「豊かさとは，人工，自然両方の資本ストックによって行なわれる欲望充足のサービスである．……サービスを生み出してきた自然資本が人工資本に転化され，より多くの人工資本のサービスによる限界便益が犠牲にされた自然サービスの限界コストに等しい場合に，このことは生じる」と述べている (Daly, 1996, p. 68)．

$$\frac{人工物から得るサービス}{生態系を犠牲にしたサービス} = \underbrace{\frac{人工物から得たサービス}{人工物}}_{(1)} \times \underbrace{\frac{人工物}{スループット}}_{(2)} \times \underbrace{\frac{スループット}{自然資本ストックの減少分}}_{(3)} \times \underbrace{\frac{自然資本ストックの減少分}{生態系を犠牲にしたサービス}}_{(4)}$$

　この式は，左辺の数値の極大化，すなわち人工物から得るサービスを極大化するとともに，人工物の増加によって起こる生態系を犠牲にしたサービスの減少を極小化することを求めている．そのためにこの式は，右辺の(1)人工物から得るサービスの効率性，(2)人工物維持のための効率性，(3)生態系維持の効率性，(4)生態系から得るサービスの効率性，といった4つの効率性を上昇させる必要があることを求めている．まず，それぞれの効率性の内容を見てみよう (Daly, 1992, pp. 78-9)．
(1) 人工物から得るサービスの効率性
　これは人工資本ストックの単位時間当たりのサービスの集約性を表現している．この効率性を上昇させるには，例えば人工物の技術的デザインの工夫，資源配分の経済的効率性の上昇，個人間の分配効率性の上昇などが必要にな

る．サービスは人間の満足度であるから，ニーズに合わせた人工物の質的改善が求められることになる．

(2) 人工資本維持のための効率性

このためには，人工物を維持するためのスループットの必要時間を延長することが必要となる．スループットの率が遅くなれば，その分資源の掠奪や汚染を遅らせることができる．そのためには耐久的で，修理可能で，リサイクル可能な人工物やそのためのデザインの改良が必要となる．人工物の維持費用が増加したり，必要のないモデルチェンジを行なうことによって，スループットを増加させることは避けなければならない．

(3) エコシステム維持効率性

エコシステム維持効率性は，エコシステムが持続性概念に基づいてスループットの供給を維持できる程度を反映している．すなわちこの効率性は環境資源の再生能力，あるいはエコノミーから捨てられる廃物の吸収同化能力の程度を表現している．スループットとしてエコシステムから取り出される自然資本の成長効率性は本来，生物学的な成長率によって決定されているものである．したがってエコシステム維持効率性は再生・同化能力を高めることで，生物学的成長率を低下させないことを意味する．逆言すれば，そうした自然が持つ収容能力の低下につながる活動を人間が抑制しなければならないことになる．スループットとして自然資源がエコノミーに多量に奪われてしまえば，そうした能力は最後には枯渇してしまう．

(4) 生態系から得るサービス効率性

スループットのために自然資本が掠奪されれば，そこから本来得られるはずのサービスが低下することになる．こうしたサービスの損失は，生態系から得られるサービス自体が失われる他に，長期的に見て人工物から得られるサービスの減少にもつながることになる．しかしストックを維持するために最小限のスループットは必要とされる．生態系から得るサービスの効率性は，掠奪されるスループットを最小限に抑えることで，自然資本のストックの減少を抑えながら，自然資本から得るサービスの減少を抑制しようというもの

である．後者の減少が上回れば効率性は上昇することになる．

ただしこれらの効率性はそれぞれ，他に関係なく一方的に上昇させることができるわけではない．確かに環境技術の開発や普及はこれらの効率性を増大することができるだろう．しかしスループットが関係している(2)と(3)はエントロピー増大の法則によって制約を受けているし，本来ストックを維持するために必要なスループットをゼロにすることはできない．またそれぞれの効率性にトレード・オフが存在する場合もある．例えば人工素材でできたボートは木製ボートより耐久性にすぐれ，(2)の効率性が上昇するかもしれない．しかし非更新性資源からできたボートは結局(3)の効率性を低下させてしまうことになる．この式の左辺の数値を極大化するには，こうした矛盾を考慮に入れ，各項目のバランスを保ちながら，現実化していくことが必要になる（*Ibid*., p. 79）．

6. 大量消費

定常経済論は消費に関して伝統的経済学には見られない独特の解釈を行なっている．熱力学第1法則，すなわちエネルギー保存の法則からすれば，消費によってエネルギーは消滅しないし，ましてや新しく創造されたりはしない．デリィによれば，消費とは，「人間に効用をもたらすために，人間により，人間の目的のために配列されていた基礎単位を，そうでない形に配列することである」（デリィ，1996, 145頁）．したがって消費とは破壊である．ここで言う破壊の意味は，エントロピー概念からきている．生産とは自然から取り出した低エントロピー源を，人間にとって有用な構造に作り変えることである．この有用な価値が付加価値と呼ばれる．人間が消費することのできる価値は付加価値より大きくなることはない．消費はこの付加価値を食い潰すことである．したがって付加価値は消費とともに使い果たされてしまう．したがって消費と消耗とは一体のものである．再度消費可能にするには，消費の結果現われた高エントロピー源に低エントロピー源を加え，再び有用な

構造を作り出さなければならない．したがって大量消費が進行すれば，低エントロピー源である自然資源は枯渇してしまう可能性がある．図3-4に描かれているように，消費過程は，生産過程と，技術を媒介にして縦，横に交差しているものである．生産過程は原材料を製品に作り変える過程にすぎないが，実はその裏側に低エントロピー源が廃物，廃熱化する過程が隠されている．こうして「我々は物質/エネルギーを消費するのではない．我々は物質/エネルギーを再調整する能力を消費する（不可逆的に使い尽くす）のである」(Daly, 1996, p.65)．

これまで経済学は，こうした生産の裏側に隠された消費の意味を考察せず，消費を生産の後に来る循環過程としてしか理解してこなかった．したがって消費されれば，再び付加価値が追加され，また消費されるというように，際限のない循環過程が繰り返されるだけであった．エコノミーをより大きなエコシステムに包摂された開放系として認識することができなかったために，消費を価値の循環としてしかとらえられていなかった．定常経済論は消費を，広い視野で考察することを求める．デリィは「消費，付加価値，素材転換，そして豊かさ」と題した論文の中で，次のように述べている．

「エントロピー法則が意味するところは，価値を具体化する物質/エネルギーの能力は使い果たされ，したがって補充されなければならないということである．このように，経済システムが維持し続けるならば，それは孤立した循環フローであることはできない．それは物質やエネルギーを補充するために外から受け取り，外へそれを捨て去る開放システムでなければならない．外とは何か．環境である．環境とは何か．非成長的な太陽エネルギーに開かれている一方，有限で，非成長的で，物質的に閉ざされた複雑なエコシステムである．更新のための限られた能力は経済サブシステムによって配慮されなければならない」(Daly, 1998, p.22)．

末尾に述べられている経済サブシステムによる配慮とは，この場合，大量消費を続けることは有限な環境の能力からいって不可能であるという意味である．デリィによれば，消費の抑制を促すものは倫理観しかない．デリィは

ヒックスを引き合いに出して，ヒックスの所得論の中から「持続可能な消費」(sustainable consumption) 概念を導きだそうとした．ヒックスの国民所得論が純粋な技術的概念を離れ，現在の厚生の極大化ではなく，将来世代の厚生を視野に入れた，幅広い展望を持った消費概念を目指そうとしていたことに注目していたからである．

7. 定常経済論と持続可能な発展

(1) 持続可能な発展と持続可能な成長

デリィは，1990年代に入って，定常経済論を具体的に実施に移す運用原理として，ブルントラント委員会が提起した持続可能な発展概念の研究に着手し始めた．そうしなければならなかったのは，持続可能な発展が多義的な解釈を生む余地を残していたために，必ずしも経済成長ときっぱり手を切ることができないでいたからである．ブルントラント委員会自身，持続可能な発展を提起しながら，実は新しい型の経済成長を求めていたように，ブルントラント委員会の本当のねらいは，持続可能な発展というより，持続可能な成長をいかに実現するかという点にあった．ブルントラント委員会は，「持続可能な発展の概念から招来される，環境と開発の政策にとって不可欠な目標」の中に，成長の回復と，成長の質の変更を挙げている．ここで言う成長の質の変更とは，「生態学的資本の蓄積量を保持し，収入を公平に分配し，経済危機に対する脆さをなくす方策の一部」として，省資源，省エネルギー型の経済成長に転換しようというものである（環境と開発に関する世界委員会，1987，76頁）．

しかし成長と発展を厳密に区別しようとする定常経済論にとって，持続可能な発展を持続可能な成長と読み替えることは重大な意味を持つ．「これまで政治家やエコノミストは，成長に執着しすぎたために，経済成長自体が持続可能な発展の主要な特徴を持っていることを主張し，したがって"持続可能な成長"といった矛盾した表現を用いて議論をしている」とデリィは述べ

ている (Daly, 1992, p. 69). デリィは, 途上国の貧困問題の解決と成長理論とを調整しているにすぎないと述べて, ブルントラント委員会を批判している. 経済成長と経済発展を厳密に区別しようとする定常経済論の立場からすれば,「持続可能な成長はラディカルな転換の否定を目指している」と映っていた (Daly, 1996, p. 31). デリィは, 持続可能な発展の中に定常経済論が考える経済発展の可能性があることを認識していた. デリィにとって, 持続可能な発展概念を提起した意義を認めるからこそ, 定常経済論の立場からそれを厳密に定義することが重要なのであった. そうした立場からすれば, 持続可能な発展を持続可能な成長に読み替えようとするブルントラント委員会の姿勢は到底認めることができなかった.

だがデリィは, こうした理論的立場を振りかざすことで, 持続可能な発展を様々な分野に生かしていく現実的な方向に困難が生じることを警戒していた. デリィは一方で,「ブルントラント委員会報告が初めから正確な定義を行うことで, 曖昧な, しかし重要なコンセンサスの出現をあらかじめ閉ざすことをしなかった点で賢明であった」と述べている (Daly, 1992, p. 249). 細かな意見の違いを理由に, 持続可能な発展の意義や可能性が否定されることを極力避けようとするデリィの姿勢をこの指摘から読み取ることができる. だからこそ他方でデリィは,「その言葉は陳腐な決まり文句となる危険性がある」とも指摘している (*Ibid*., p. 249).

デリィは,「持続可能な発展の適用原理に向けて」と題した論文の中で,「経済は発展せずに成長することができるし, 成長せずに発展することもできる. あるいは両方行なえる場合もあるし, 両方行ないえないこともある. 人間のエコノミーは, 成長しない有限なグローバルなエコシステムのサブシステムでしかないのだから, たとえ発展したとしても, エコノミーの成長が長期にわたって持続的であることができないのは明らかである」と述べている (Daly, 1989, p. 1). したがって持続可能な成長は「ひどく矛盾に満ちた言葉」(*Ibid*., p. 1) であり, 本来は使用不可能な表現である. 最適規模を越えた経済成長は, 成長の物理的基礎を自ら崩していくという意味で, 反経済

第3章 定常経済論

成長となる.

　こうした混乱が生ずるのは,「ブルントラント委員会の定義では,持続可能な発展の中心的合理性が人々の生活水準の上昇,とくに社会の最も恵まれない人々の繁栄」というように,「技術中心的 (technocentric) な世界観に根ざして」いるからである (Turner (ed.), 1993, p. 4). 定常経済論は,エコロジー中心主義の立場に立っている. こうした技術中心主義 (人間中心主義) とエコロジー中心主義の対抗は,弱い持続性と強い持続性というように,持続性解釈の違いとなって現われている. デビッド・ピアスの分類にしたがえば,弱い持続性は自然資本と人工資本の代替性を認める立場に立ち,強い持続性はその立場を拒否した上で,両者の補完的性格を強調する立場をとっている. 定常経済論は,発展概念の内容とその実施原理を明らかにするために,ブルントラント委員会のこうした弱点を克服し,新しい持続性解釈を行なうことが必要であった.

(2) 強い持続性

　持続可能な発展にとって自然資本の維持は本質的条件である. デリィの指摘にしたがえば,資本理論から持続性を解釈する立場は2つある. 1つは,人工資本と自然資本の両者が総量で変わらないことを求める立場である. もう1つは,各資本が個別に不変のまま維持されることを求める立場である. 前者が可能になるには,人工資本と自然資本が代替可能であることを認めなければならない. すなわち自然資本の減少を人工資本で代替することによって資本総量の維持を合理的と考える立場である. 後者はこの立場を認めない. 人工資本と自然資本は補完的であり,どちらかが減少しても良いというものではない. エントロピー論からすれば,人工資本は自然資本から低エントロピー源を奪い,それを加工することで高エントロピー源として生み出される. したがって人工資本は自然資本に代替されたのではなく,自然資本を基礎にエントロピーを増加させただけにしかすぎない. 人工資本から見て自然資本は常に補完的なのである (Daly, 1995, pp. 49-55 : Jacobs, 1995a, pp. 57-

68)．

　2つの資本が相互に補完的であると考える定常経済論にとって重要なのは，制約要因が自然資本と人工資本のどちらにあるかである．自然資本と人工資本が代替的であると考えるならば，制約要因を考えることは意味がない．何故ならその制約から離れることが代替の意味だからである．制約要因を考えることは両者を補完的と考える立場から生じている．経済成長は一般に自然資本を破壊し，人工資本を生産する過程である．自然が豊富にあり，人工資本が制約要因である段階であるならば，その過程に特別問題は生じなかったかもしれない．しかし自然が破壊され，自然資本が制約要因に変わる段階に到達すれば，低エントロピーの供給源が少なくなるだけにそうはいかなくなる．人間は自然を加工することはできても，自然を創りだすことはできないからである．したがって定常経済論は，自然資本と人工資本を相互に補完的と認め，前者から後者への一方的な代替を認めない．そのために自然資本を一定の割合で維持することが必要となる．デリィによれば，それを実現するための実施原理は2つある（Daly, 1989, p. 2）．逆言すれば，この実施原理が満たされなければ非持続的と言わなければならない．

①エコシステムから低エントロピー資源を掠奪する割合は，エコシステムの再生率と等しくならなければならない．

②エコノミーから排出される高エントロピー源の廃棄率はエコシステムの同化能力と等しくならなければならない．

(3) 豊かさ

　こうした定常経済論の具体的動きは，その理念を強烈に主張する一方，定常経済論の方向にできるかぎり近づける現実的で，柔軟な方法を模索する努力の過程でもあった．そうした動きの1つに，豊かさを測る指標の開発がある．デリィは『共通善に向けて』（コブとの共著，1989年）の中で，GNP統計によって測定してきた豊かさを，「持続可能な経済厚生指数」（ISEW）という新しい指標で測ることの重要性を強調している．ISEWは，GNP統計

から排除されていた，家内労働や，教育や健康に支出される公共支出を加算する一方，防衛的支出や長期的な環境ダメージ，現在の環境悪化を控除するなど，深刻化する環境問題や市場経済では評価されない諸要素を視野に入れて，人々の生活実態を正確に映し出そうとした新しい指標である．その後この指標は，消費者運動や環境運動の共感を得る中で，いくつかの国で適用され，戦後の豊かさの推移を，新しい観点から描こうとしてきた（Daly and Cobb, 1989, pp. 401-55）．そうした適用の結果，アメリカでも，イギリスでも，ほぼ1970年前後を境に，それまでGDPとほぼ並行して上昇してきたISEWは，GDPが上昇してもISEWは上昇しない（あるいは下降する）実態を映し出している．1人当たりGNPを算出することで測ってきた豊かさでは，GNPとISEWが乖離していることからもわかるように，生活実態を正確に映し出すことができなくなっている．このようにGNP統計は豊かさを測る尺度としては不適切となっている．

　GNP統計で豊かさを測ることの矛盾を感じていたデリィは，それに代わる新しい指標を対案として提示することで，生活実態を正確に映し出すことの重要性を認識していた．だがISEWは正確に豊かさを測ろうとする現実的対応ではあっても，GNP統計に対する対案では必ずしもない．その点はデリィ自身によって十分に認識されていた．デリィはISEWについて次のようにも述べている．

　「GNPが煙草であるとすれば，ISEWはフィルター付きの煙草にすぎない．煙草中毒になっているのなら，フィルター付きの煙草を吸えばよい．福祉を数値で測ることに中毒状態となっているのなら，ISEWを使えばよい．しかし中毒から抜け出したいと思うなら，それを克服することを考えなければならない」（Daly, 1996, p. 98）．

　ここでデリィが指摘しているのは，消費支出をベースにしながら，事後的に環境悪化や防衛的支出を控除することで調整しても，経済成長が続くことで環境悪化を上回る消費支出の拡大があればISEWが上昇するように，ISEWは結局フィルターのついた煙草を吸うことにしかすぎず，煙草中毒

から抜け出したわけではないということである．中毒から抜け出すにはきっぱりと煙草をやめなければならない．自ら提案したISEWについて厳しい態度をとるのは，デリィ自身，ISEWが持続可能な発展を具体化する1つの手がかりではあっても，定常経済論の本質に迫る指標としては不十分であると考えているからである．

(4) エコロジカルな税制改革

エコロジカルな税制改革は，これまで労働や所得に対して主に行なわれてきた課税から，資源枯渇や汚染を抑制するという観点に立って，コストであるスループットに課税し，その価格を人工資本に対して引き上げることを基本とする．デリィにとって，「エコロジカルな税制改革の基本目標は，資源のスループットを生態学的に持続可能な規模や構成に制限するところにある」．したがって歳入の増大は二次的目標でしかない（デリィ，1996，145頁）．スループットへの課税は，スループットの使用効率を上昇させ，外部不経済を内部化する動機づけを与えることになるだろう．スループットを最小限に抑制しようとする定常経済論からすれば，持続可能な発展を具体化するために，スループットに課税し，その使用を控えさせるよう政策的に誘導することは当然のことである．

8. 環境近代化論批判：むすびに代えて

1980年代から台頭してきた環境近代化論は，定常経済論をはじめとする1970年代に形成された対抗文化を批判し，それを克服するために登場してきた新しい環境理論である．環境近代化論の本質は，経済領域から生態学的領域をいったん切り離し，経済のエコロジー化と，エコロジーの経済化によって，再び両者を結合させたことにある．

ここで大事なことは，環境近代化論が強調する経済のエコロジー化，すなわち環境技術の発展によって自然資源の有限性を克服することができるとい

う主張の適否を,定常経済論の立場から検討してみることである.仮にそれが正しいとすれば,定常経済論の理論的中心は崩れてしまうことになる.

　定常経済論は,環境技術の発展によって自然資源が有効に利用できるようになること,すなわち経済成長と資源利用のデカップリングを歓迎する.「しかし,経済を脱物質化したり,それを資源からデカップリングしたり,あるいはまた情報を資源に置き換えたりすることで,永久に成長が続くなどと考えることは夢物語である」(*Ibid.*, p. 28).デリィは,環境技術の発展によって食物連鎖の初期段階で食べることを可能とするかもしれないが,調理法自体を食べることなどできはしないと比喩的に述べて,環境技術,デカップリング,脱物質化の限界を指摘している.すでに述べたように,技術は最終手段である低エントロピー源を掠奪し,それを資源として人工物に合理的に変えようとする.技術は環境効率性を高めることで,スループットの量を削減することはできるかもしれない.しかしそのことは技術が無限の可能性を秘めた資源であることを意味しない.技術改良は,エントロピーのフローの方向を変えずに,それを効率的に使うことだけしか意味していない.

第 II 部　ニュー・エコノミックスの試み

第4章　ニュー・エコノミックス運動

1. 問題の所在

　本章は，急進的環境主義が台頭してきた1970年代以降，とりわけ1980年代に入って展開されるようになったニュー・エコノミックス運動の到達点を探りながら，新しい経済学の可能性を考察することを課題としている．主な関心は，この運動の中で経済学がこれまで自明とみなしてきた基本的タームがどのように再検討され，新しく定義された概念がどのような意味を持っているのかを明らかにすることにある．

　『生活全体の経済学』を書いたバーバラ・ブラントは，「我々の経済学はどこへ行くのか？」，「我々は，行きたい場所に辿り着くのに，何をすることが出来るのか？」，すなわち「我々の生活をどのように良い方向に変えられるのか？」という設問に対して，経済学はこれまで「いかに生産性を上げるか？」，「いかに効率性を改善するか？」，「いかに競争力を増大するか？」といった別の設問に置き換えることでしか答えようとしてこなかった．しかしこれでは大事な疑問に答えたことにはならない．むしろ設問を置き換えるなら，「我々は，子供達を物質主義に入り込ませずに，どうやって育てることができるのか？」，「労働者を解雇し，地方支所を閉鎖し，地域社会を崩壊させてまで，どうして会社を救わなければならないのか？」，「自然環境を破壊せずに，物的ニーズをみたし，雇用を創出することはできるのか？」，「生計を得る努力が，どうして個人，家族，社会生活のためにわずかな時間やエネルギ

ーしか残さないのか?」という設問の方が大事なのではないのか，と述べた．ここでブラントが言おうとしているのは，経済学が取り組んできた課題と，我々の生活全体が直面している問題とのどうしようもないずれである．彼女によれば，こうしたずれが生じるのは，仕事中毒，貨幣中毒，生産性向上中毒といった経済的中毒と，「人間の豊かさにとって本質的な活動の多くが，公に認められた経済の一部とは考えられていない」ことから生じる経済的不可視性という，2つの陥穽に陥っているからである．この陥穽から抜け出すには，問題を再定義し，新しい解決の道を探る必要があるというのが，彼女の考えであった (Brandt, 1995, pp. 2-3)．

もちろん，こうした疑問に応えようとする経済学者がいなかったわけではない．宇宙船地球号を提唱したケネス・ボールディング，『成長の社会的限界』を書いたフレッド・ハーシュ，『成長の代価』のE.J. ミシャン，『成長の限界』を発表したローマクラブ，そして『スモール・イズ・ビューティフル』のE.F. シューマッハなど，数は少ないが貴重な仕事がある．しかし，「彼らの貢献は，その大きさにもかかわらず，隅に追いやられ」(エキンズ，1987, xiii 頁)，今でも影響力を保持し続けているのは正統派の経済学に他ならない．ニュー・エコノミックス運動に早くから関わってきたジェームズ・ロバートソンによれば，正統派経済学を支えてきたのは，経済成長，完全雇用，自由貿易という3つの武器であるという．しかしこの3つの武器は以前はともかく現在では有効に機能していない．「経済学は行き詰まっている」，「経済学の基礎を形作ってきた仮説そのものが，今や不健全なのである」(同, xi 頁)．もう一度異端派経済学を現代の状況に合わせて復活させる必要があるとロバートソンは述べている．

1970年代に台頭した急進的環境主義は，1980年代に入って，環境運動の前進と発展のために，その具体的な理念と運動の方向を模索するようになった．ここで取り上げる「もう1つの経済サミット」とニュー・エコノミックス・ファウンデーションを中心としたニュー・エコノミックス運動もその1つである．ニュー・エコノミックス・ファウンデーションは，TOES 開催

第4章 ニュー・エコノミックス運動　　　　117

の事務局であると同時に，ニュー・エコノミックス運動が直面する諸課題を恒常的に研究する研究機関として1986年ロンドンに設立された．ブラントが述べた経済学に対する素朴な疑問に，ニュー・エコノミックス運動はどのように応えようとしているだろうか．

2. ニュー・エコノミックスの意味

　ここで言うニュー・エコノミックスとは，伝統的な経済学に対するもう1つの経済学という狭義の意味と，社会システムにおける経済の位置を見直すことを課題とした経済学，すなわち経済に対するオールタナティブという広義の意味の2つを合わせ持った概念として使用されている．この運動に参加した者が意識しているか否かにかかわらず，ニュー・エコノミックス運動は両方を同時に追究してきた幅広い運動であった．
《狭義の意味について》
　ロンドンで開催されたTOES第1回大会（1984年）の資料には，新古典派経済学，ケインズ経済学，マルクス経済学などを伝統的経済学と総称した上で，次のように指摘されている．
　「多くの人々にとって，伝統的経済学がもはやうまく機能していないこと，それが世界経済や人類社会を再編成するというますます重大になってきている諸問題に，何の解決策も提起できないでいることは明らかになっている．多くの人々は問題がなくなればよいとしか考えられないでいる．何故なら彼らにとって周知の経済学以外に代わる経済学などありそうにもないからである．こうして伝統的経済学は生活の一部にさえなっている．実際は，どの経済学も，人間性や我々が住む世界に関する判断の体系や仮定に基づいている．経済学の基礎を形成するこうした仮定はかつては有効であり，関連性を持っていたかもしれない．今は経済学が問題を解決するどころか問題を発生させているのだ」(The Other Economic Summit, 1984, pp.2-3)．
　このようにニュー・エコノミックス運動は，経済学が問題を解決するどこ

ろか，自ら問題を発生させる原因にさえなっているとみなし，だからこそ伝統的経済学に代わるもう1つの経済学を模索する運動が必要だと考えた．経済学が発生させている問題とは，失業，開発途上国の累積債務，貧困，環境破壊，資源の枯渇，先進国の財政破綻，不安定な国際金融システム，多国籍企業によって支配された不公平な国際貿易，軍需産業の発展と武器輸出，先進国における「豊かさ」の減少など，現代社会が直面しているほとんどの問題といってよい．TOES第1回大会資料には，「デフレであれ，インフレであれ，オーソドックスな政策は雇用の持続的型式，あるいは将来に対する持続的な経済的土台を創出することができなかった」，「経済的産出量の増加にもかかわらず，それにともなう雇用機会を創出できていない」，「フォーマル経済における「すべての者に完全就業機会を」という目標は実現不可能である．人々が社会に貢献できる様々な形態の仕事や労働意欲を発展させる必要がある」と述べられている (*Ibid.*, p. 5)．このように，これまで自明とされてきた「成長＝完全雇用」や「成長＝福祉」という方程式に必然性はないと断定されている（エキンズ，前掲書，3頁）．

　TOESの開催と組織化に最初から取り組んできたジェームズ・ロバートソンは，戦後世界経済が追求してきた経済成長について，物理的，社会的，制度的，心理的領域で限界に直面した結果，「こうした限界は存在しないと考えてきた伝統的思考様式は信頼を失い」，「経済生活を支えてきた支配的パラダイムを理解する知的枠組みは砕け始め」，そのために概念的限界に遭遇するようになっていると指摘している (Robertson, 1978, p. 33)．TOESの設立に関わったアメリカの反経済学者ヘーゼル・ヘンダーソンも，戦後世界経済をリードしてきた「成長理念の社会的，概念的限界に我々は遭遇しており」，こうした「概念的危機」を乗り越えるために，「緊急に我々に求められているのは，我々の経済を位置づけ直すとともに，その構造的進化を説明し，今日我々が直面している現実にしたがってそのモデルや指標を書き直すことだ」と断言した (Henderson, 1996, p. 28)．TOESは，こうした概念的危機に直面した伝統的経済学に対案を示すことで，新しい経済学の創造をその目

第4章 ニュー・エコノミックス運動　　　119

的に掲げた．

《広義の意味について》

　ニュー・エコノミックス運動は狭義の意味で使われる場合が多い．しかしそれだけだと伝統的経済学の概念が機能しなくなっている現実の説明にはなっても，何故新しく登場してきた経済学が「コペルニクス的転回」（エキンズ，前掲書，ix頁）と呼ばれるほどの意義を持っているのかはわからない．むしろこの運動が大事なのは，経済学内部の改革運動に止まらず，経済学を越えること，経済学から離れること，そしてそうすることでたとえ同じ経済学のタームを使っていても，それに別の解釈と息吹を与えようとしていたことにある．1990年アメリカ・ヒューストンで開催されたTOESで報告したT. ベルヘルストは，「問題なのはオールタナティブな経済学を求めるということばかりでなく，むしろ経済学に対するオールタナティブ，すなわち現在支配している汎経済カテゴリーの外に残っているすべての人間活動を認識し，それに力を与え，〈経済的〉活動を社会的，生態的，倫理的考慮の下位に置く方法を発見することである」と指摘している（Velhelst, 1990, p. 438）．この指摘は，経済を社会の中に正しく位置づけること，すなわち「市場経済をふたたび社会の中へ埋め込む」（ポランニー，1975b，28頁）という課題に経済学が応えなければならないという意味である．しかしそれだけではない．ニュー・エコノミックス運動はこの他に，人間と自然との関係，すなわち生態系の一部でしかない経済をどのようにそこに正しく位置づけるかという課題も取り上げなければならなくなっていた．このことは，経済学のアプローチの方法も根本的に再検討されなければならなくなっていることを意味した．ハーマン・デリィがTOES第2回大会で定常経済論を報告したのは，その点で重要な意味を持っていた．

3. 「もう1つの経済サミット」(TOES)

　TOESは，世界の市民団体や研究者が毎年公式のサミットの開催国に集

まり，様々な分野のグラスルーツな運動の経験と研究の蓄積を通じて，サミットに代わるオールタナティブな理念と課題を提示することを目的に開催された．TOES が「もう 1 つのサミット」として開催されたのは，「毎年開催される G7 経済サミットは問題の一部であって，解決の一部ではなかった」と指摘されているように（Robertson, 1991, p. 1），伝統的経済学と同様に，公式のサミットも問題発生の原因となっていると見なされているからである．TOES は，公式のサミット開催国が持ち回ることを原則に，第 1 回ロンドン大会から 2000 年の第 17 回沖縄大会まで毎年開催されてきた（ただし第 4 回イタリア大会は総選挙のために中止）．

　第 1 回 TOES は，今後 TOES が議論していかなければならない 6 つの課題を挙げている．少々長い引用になるが大事な点なので確認してみよう（*The Other Economic Summit 6-10 June 84 Report and Summary*, 1984, p. 1).

「①　経済成長に対するオールタナティブ

　　伝統的に理解されてきた経済成長は，もはや完全雇用と，受け入れることのできる生活水準を達成する手段として信頼できないことがますます明らかになっている．したがってこの目標を達成する他の方法を考えることが重要となっている．いかなる選択肢があるのだろうか？

②　高い失業率の経済学

　　①の結果がどうであれ，高い失業率は先進国及び途上国双方の恒久的な経済的特徴となる可能性がある．経済問題，社会問題のいずれにおいても解決策は提示されていない．いかなる選択肢があるのだろうか？

③　第 3 世界の依存性

　　第 3 世界との経済的，財政的関係は，先進国の持続的成長に依存するという仮定に基づいていた．このことは今では間違いであったことが証明されており，国際的な債務問題が国際金融制度全体の枠組みを

崩壊させる危険性がある状態となっている．こうしたジレンマに対する幅広く受け入れられている対応——楽観的な成長予想——はその解決策となっていない．経済的安定の実現や，第3世界が直面している食料，資源，人口，失業，債務問題の結びつきを解決する手助けとなる他の現実的な戦略はありうるのだろうか？

④ 環境と生き残り

1980年にアメリカ大統領へ提出された「西暦2000年の地球」と並んで，1981年に発表された世界環境保護戦略は，環境悪化に対する急進的な新しい，効果的なアプローチの必要性に焦点をあてた．しかし，こうした問題に対する解決は，長期的な生き残りには不可欠であるものの，各国で短期的な現金や流動性の必要性に遭遇することにもなるだろう．世界の指導者は，生物圏の破壊を通じて直接的ニーズを達成する方法を，将来の選択肢を狭めずに，探求する計画を提示できるだろうか？

⑤ 資源消費

市場は現在，資源配分に重要な役割を果たしているが，将来を考えれば非常に不完全なものある．この不完全性はとくにエネルギー，非更新性資源問題にとって重要であり，政府がエネルギーや資源保護に指導性を発揮しなければ，資源逼迫が1990年代に混乱なく起こらないということはありえないかもしれない．いくつかの努力がこの方向で行なわれてはいる．非更新性資源の消費に必要な，どのような追加的戦略が成熟した経済を実現するためにあるのだろうか？

⑥ 武器

膨大な武器支出は経済的，政治的安定に寄与しない．逆に，それは環境保護と社会福祉計画費用を締め出すことになる」．

ここに挙げた経済成長，完全雇用，南北問題，環境破壊や資源の枯渇，安全保障といった諸課題は，伝統的経済学がこれまで取り上げてきた課題である．しかしサミットはこれらの課題を解決することができなかった．そのた

めに，現在の経済的難局を解決する課題は TOES に残されたのだと大会記録は述べている．

第2回ドイツ・ボン大会資料には，第1回大会の成果をさらに進める観点に立って，TOES 運営委員会によって，「ニュー・エコノミックスを，政治的，経済的議論や決定の主流となるように」する中期的計画を立てることが明らかにされている．それによれば，理論化が不十分なニュー・エコノミックス分野の研究を強めるプロジェクトを組むこと，その研究成果は TOES 大会で発表，議論されること，TOES は今後サミット開催国で恒常的に開催され，イギリスの TOES チームがその組織化に努力すること，また他のイベントやコンファレンスなどを積極的に開催し，ニュー・エコノミックスの理論や実践に関する情報を広めることが強調されている（*New Economics 85*, 1985, p. 39）．ロンドン大会とボン大会を終えた段階で，TOES は「初期の重要課題を達成した」と総括し，2年間で報告された50近くの報告による成果を単行本としてまとめることを決定した（『生命系の経済学』と題して日本でも翻訳出版された）．TOES 資料の言葉を借りると，それは，「シューマッハ学派と呼ばれている経済学の知恵と見通しを新しい経済的フレームワーク」の中で明らかにしようとした最初の試みであった．

TOES は当初，ニュー・エコノミックス運動の理論的課題を意識的に取り上げてきたが，開催国が2巡目に入る前後から少しずつ具体的な実践課題に取り組むようになってきた．1989年フランス・パリで開催された TOES では，1992年に完成が予定されていた EC 市場統合に対する批判的取り組みを強め，1990年アメリカ・ヒューストンで開催された TOES では，「変革に向けた人々の声」と題した大会テーマのもとに，世界各地のグラスルーツな取り組みや経験が多数報告された．1991年ロンドン TOES では，G7 サミットを批判した次のようなコミュニケが発表された（*TOES Communique*, 1991）．

「G7 サミットの経済宣言を見れば，非公式な「世界政府」としての不適格性が明らかにされている．声明は矛盾に満ちており，「民主主義を強化する」

ことをうたっているものの，非民主的で自己選択的で，排他的な組織でしかない．同時に，世界人口のわずか15%しか代表していないG7は皮肉にも真の「多角的システム」を求めようとしている．G7の「持続的成長」や「新しい雇用」へのコミットメントは，失業や1人当たりの温室効果ガス排出度に関する記録を目のあたりにすると，実に馬鹿げたものとしてしか理解できない．TOESは，G7の経済的非効率性，民主主義の欠如，ロンドン経済サミットに代表を派遣していない大多数の世界が直面している環境的，社会的危機への対応が失敗したことを明らかにする」．

1993年に日本で開催されたTOESは，「変わりつつある世界に向けた人民モデル」をテーマに掲げ，1995年カナダ・ハリファックス大会では，「人民のサミット」と名称を代えて，世界の数多くの経験が報告された．1998年バーミンガム大会では「持続可能な消費」(sustainable consumption) の実現に向けた取り組みについて多数の報告が行なわれた．わが国ではすでに1986年東京大会，1993年川崎大会を経て，2000年に「グローバリゼーション下の地域自立と持続可能な発展の道」をテーマに沖縄で第3回目の大会が開催されている．

4. ニュー・エコノミックス運動の背景

(1) ニュー・エコノミックス運動を取り巻く諸状況

ニュー・エコノミックス運動は，環境問題をめぐるどのような政治的状況の中で行なわれるようになったのだろうか．図4-1は，リチャード・ウェルフォードの研究にしたがって，環境問題をめぐる現在の政治的見取り図を示している（第1章から再録）．

第1に，この図は，「虹の社会」と環境近代化論という，1980年代以降の環境問題をめぐる政治的対立の構図を手際よく描いている．ニュー・エコノミックス運動は，「虹の社会」に依拠し，この社会が求める理想像の実現に向けた運動として展開された．この図にしたがえば，ニュー・エコノミック

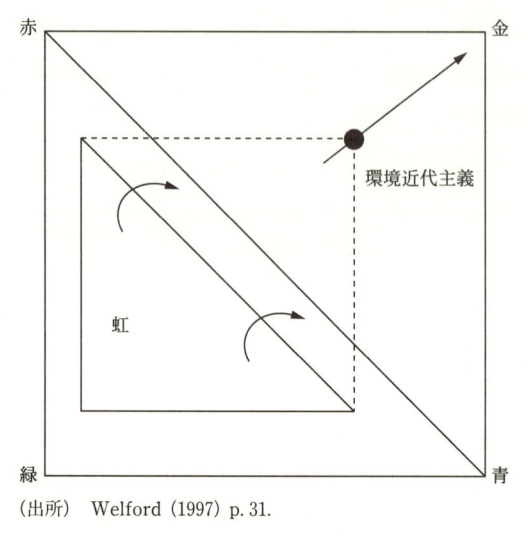

(出所) Welford (1997) p. 31.

図 4-1 「虹の社会」と環境近代化論

ス運動が展開されるようになった契機は2つある．1つは，モダニティの制度特性の1つである産業主義との訣別である．『ガーディアン』の記者であったウォルター・シュウォーツは，ニュー・エコノミックス運動に見られる「経済学への反逆はまさに産業社会への反逆なのだ」と述べた（シュウォーツ，1988，49頁）．ニュー・エコノミックスは運動は，この運動を支持する者から，古い経済学を根こそぎにするという意味でラディカルだと評価された．もう1つは，急進的環境主義に対抗するために成立した環境近代化論を批判することである．環境近代化論は，環境問題の激化と「虹の社会」からの批判を契機に，この問題を内在的に受け止め，近代化を徹底する方向で解決しようとしていた．1990年代から顕著になった企業環境主義や緑の消費者主義はその現れといってよい．ニュー・エコノミックス運動は，環境近代化論という「ハイジャックされた環境主義」（リチャード・ウェルフォード）を批判する課題を背負っていた．環境近代化論が近代という枠組みを徹底することで環境問題を解決しようとしていたのに対して，ニュー・エコノミックス運動は近代という枠組みから飛び出すことを通じて環境問題を解決する

別の道を進もうとしていた．ニュー・エコノミックス運動が「ポスト・モダンの経済学」と評価されるのはこの点を指している (Brandt, 1995, p. 5)．

第2に，「虹の社会」と環境近代化論の違いにもかかわらず，どちらも共通して持続可能な社会の成立を目標にしていた．大事なことは，この共通性に惑わされて，両者の違いを曖昧にするようなことがあってはならないことである．問題は依然として両者の相違点，すなわち持続可能な社会や，ブルントラント委員会が提唱した持続可能な発展概念に対する解釈の違いにある．「虹の社会」から見れば，環境近代化論は「持続可能な成長」神話にとらわれ，依然として成長指向型の，非持続的社会から脱していないと認識されている．ジェームズ・ロバートソンによれば，脱産業化の方向は2つある．1つは産業社会からのブレーク・アウト，すなわち技術やテクノロジーを効果的に利用することで産業社会が抱える諸問題をすり抜けていこうとする方向，もう1つは，産業化を徹底することで産業社会を抜け出す代わりに，それとは全く別の方向を目指そうとするブレーク・スルーの方向，すなわち現状を打破する方向である (Robertson, 1978, p. 22)．ニュー・エコノミックス運動は，生態学的領域を経済領域からいったん解放した上で，再びそれを経済領域と統合することで環境問題に対応しようとする環境近代化論に対して，そうした手続きでは産業主義の構造は基本的に変わらず，現状を糊塗したにすぎないと批判する．

図4-2は，デビッド・ピアスとR.K.ターナーの研究にしたがって，環境経済学 (environmental economics) と生態経済学 (ecological economics) の出自の違いを描いている (Turner and Pearce, 1992, p. 5)．本章の課題に関係するかぎりでこの図が指摘している大事なことは2つある．1つは，ブルントラント委員会報告からニュー・エコノミックスに至る2つの道である．この図によれば，ブルントラント委員会報告は，リカードなど相対的稀少性を主張する古典派経済学者から発展して，1970年代の『成長の限界』に対する批判や，それを継承した新古典派経済学の流れの線上にあること，それに対してマルサスが主張する絶対的稀少性理論から『成長の限界』に受け継

```
          リカード              マルサス              マルクス
            │                    │                    │
       相対的稀少性          絶対的稀少性           社会的限界
            │                    │                    │
┌───────────────────┐   ┌───────────────────┐         │
│1970年代の「限界」の│   │成長の限界          │         │
│経済的批判          │   │(1970年代前半)     │         │
│技術的進歩          │   │ローマクラブ        │         │
│代替性              │   │(ネオ・マルサス主義)│         │
│市場シグナル        │   └───────────────────┘         │
│(ネオ・リカーディアン)│       │                     │
└───────────────────┘        │                       │
                   ┌──────┬──┴───┬──────────┐        │
                制度派経済学 定常経済学 共通経済学   成長の社会的限界
                カップ      H. デリィ  ノーカード   ハーシュ, シトボキィ
                ガルブレイス (非成長経済 (フィードバックメカニズム ミシャン
                (権力がゼロサムを防ぐ) エントロピーの制約) :太陽の惠み) (道徳資本の) 枯渇
```

┌─────────────┐
│サイモン／カーンの│
│「資源豊かな地球」に│   ┌─────────────┐
│示される「2000年の│   │アメリカ大統領への│
│地球」批判   │   │西暦2000年の地球(1980)│
└─────────────┘   └─────────────┘
豊穣主義（経済と環境のデカップリング）   │
技術中心主義   ▼
                         ┌─────────────┐
┌─────────┐   │ブルントラント委員会報告(1987)│   ┌─────────┐
│環境経済学│◄────────►│持続可能な経済発展   │◄────────►│生態経済学│
│   │   │地球的規模での環境の相互   │   │   │
│個人的選好価値│   │依存性とシンクの限界   │   │価値とのエラルキー：社会的選好│
│効率的資源配分│   └─────────────┘   │：循環的相互依存│
│安定均衡 │   │   │不確実性「驚異」│
│伝統的倫理│   ▼   │不安定   │
└─────────┘   資本としての環境   │適応性, 再生能力│
                     資本資産不変のルール   │「規模」の問題│
                     (部分的デカップリング)   │物理倫理 │
                          │   └─────────┘
                    ┌─────┴─────┐
                  弱い持続性   強い持続性
                      │   │
                  費用・便益分析 予防原則

(出所) Turner and Pearce (1992) p.5.

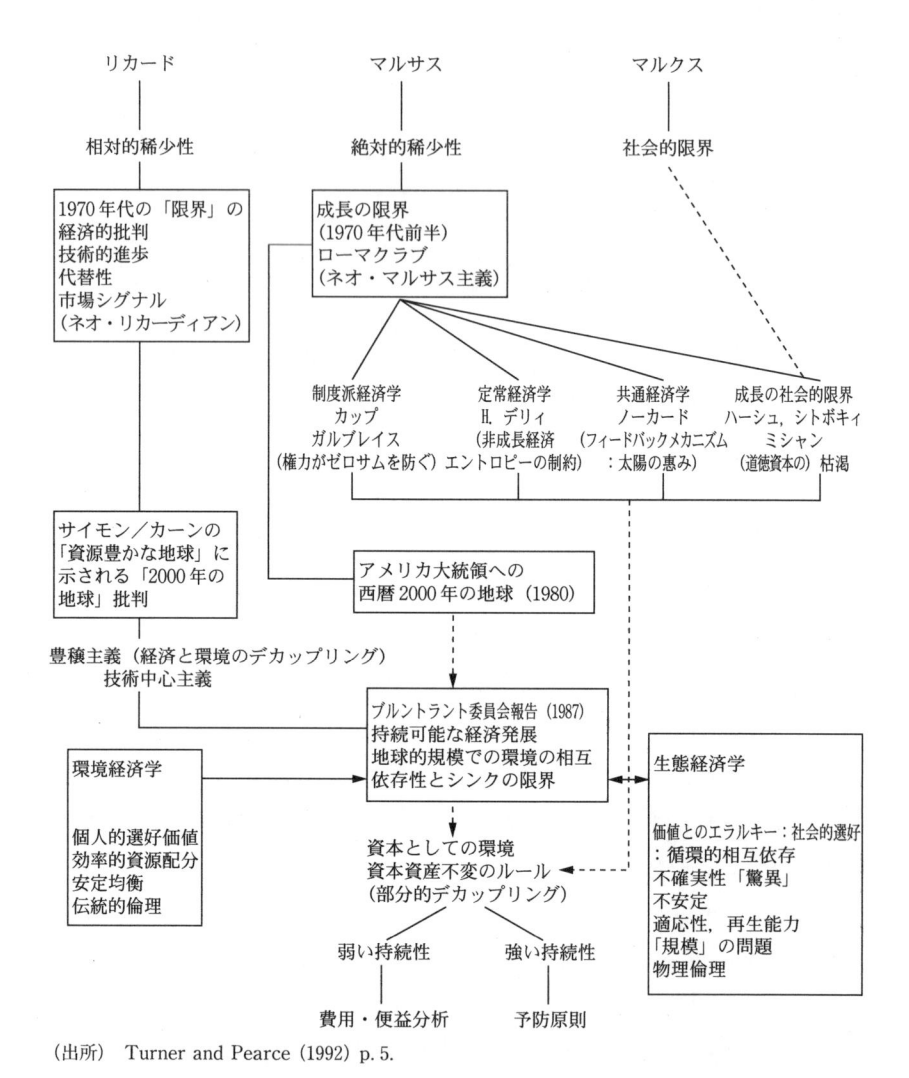

図 4-2 環境経済学及び生態経済学の発展

がれ，『西暦 2000 年の地球』に至る流れはブルントラント委員会報告と直接結びついていない．図 4-1 に重ねて考えるならば，前者は環境近代化論に，後者は「虹の社会」の流れに結びついたものと言うことができよう．もう 1

つは，経済学による環境問題への取り組みも，ブルントラント委員会に至る2つの流れに沿って，環境経済学と生態経済学という2つの経済学に分化していることである．大づかみに言えば，環境近代化論は環境経済学を，「虹の社会」は生態経済学を指向しているといってよい．ニュー・エコノミックス運動は，ブルントラント委員会報告から分化してくる経済学のうち，明らかに生態経済学の流れに沿うものであった．1988年に設立された「国際生態経済学学会」(International Society of Ecological Economics, ISEE) がハーマン・デリィやロバート・グッドランド，ロバート・コスタンザなど，定常経済論者によって主導されていたことからもわかるように，ニュー・エコノミックス運動は定常経済論を下敷きにし，その立場から経済学の基礎的タームに新しい解釈を与えようとしていた．ニュー・エコノミックス運動の課題の1つは，ブルントラント委員会報告を越えることであった．

　第3に，「虹の社会」は持続可能な社会の構築を目指しているものの，必ずしもイデオロギー的に統一された一枚岩的な社会なのではなかった．「虹の社会」は，赤，青，緑の極にそれぞれ吸引される形で，エコ社会主義，エコ自由主義，エコ急進主義に分化し，それぞれが自らの理念を主張しつつ，同時に共存するといった，多元主義的な社会でしかなかった．こうした雑居地帯の中から発生したニュー・エコノミックス運動は，主にエコ急進主義に根ざして運動を進めていた．TOES が当初イギリス緑の党の主導で組織化されたように，ニュー・エコノミックス運動は「虹の社会」を構成するイデオロギーのうち，エコ急進主義に依拠して展開せざるをえなかったのである．このことは，ニュー・エコノミックス運動がエコ社会主義やエコ自由主義から批判される要素を抱え込んでいたことを意味している．「虹の社会」が持続可能な社会の構築を目指しているとは言っても，具体的にそれがどのような社会なのかを明確にしなければならない以上，「虹の社会」内部のイデオロギー的対立は非常に激しいものがあった．エコ急進主義とエコ社会主義の対立を例示するために，2人の人物の主張を挙げておこう．1人は，緑の党の指導者であり，環境保護団体「地球の友」の前専務理事として TOES の

設立に関わったジョナサン・ポーリットである．

「世界経済が負債や失業に苦しみ，軍拡競争で歪められ，有限な環境の中で実りのない無制限な成長を続けるなど，浪費的で，破壊的で，相当陰鬱な状態になっているにもかかわらず，通常の人々は，伝統的経済学に驚くほどしがみついている．正確に言えば，健康や環境の質など，人々の現実的問題を伝統的経済が一貫として考察することができなかったために，成長指向型の資本主義や社会主義よりも，現実の人間のニーズを充たすことを目的としたオールタナティブな経済理論を開発し始めた経済学者は，少数ではあるが，確実に増大してきている．すべての環境運動のどこにでも見出せるように，この仕事は，1つの革命的目的を持っている．というのは我々が富について考える全体的プロセスを基本的に変えようとしているからである」(Porritt and Winner, 1988, p. 33)．

この指摘の重要な点は，「環境運動の中心的経済テーマの1つは，我々が直面している主な経済問題が資本主義経済でも，統制経済でもなく，産業主義である」ということにある．他のすべてのイデオロギーを覆っている産業主義というスーパーイデオロギーに闘いを挑み，それを克服すること，これがポーリットが考えるニュー・エコノミックス運動の基本的課題であった．こうしたポーリットの基本的認識は，資本主義と社会主義を同列に置き，両者を産業主義という言葉でひとまとめにしていると批判されることになる．例えば，『エコロジーと社会主義』を書いたエコ社会主義者マーチン・ライル．

「緑の経済政策は資本主義についてとくに語ろうとはしないこと，また社会主義的オールタナティブを提起していないという明確な理由から社会主義者によって批判される．こうした批判は概して，TOESの仕事に具体化されている，イギリス緑の党の経済政策が引き出した理論や議論にあてはまるものである．緑のレトリックは全体として経済的実態を拒否する一方，具体的な政策提案は部分的な環境，あるいは社会改革しかないという点で，基本的構造改革をにらんでいないと社会主義者は批判する」(Ryle, 1988, p. 41)．

ライルの指摘に貫いているのは，持続可能な社会の建設を妨げているのは産業主義ではなく，資本主義であり，したがって社会主義こそが持続可能な社会に至る道であるという信念である．「緑の運動は，成長批判の論理と，活動家の意識の両方において，反資本家運動であるにもかかわらず，社会主義がアジェンダにのぼってこない」(Ibid., p. 42) という不満は，ライルにかぎらず，ゴルツやバーロなどのエコ社会主義者（ゴルツ，1985：バーロ，1990）やイギリス労働党の環境問題活動家によって組織された「赤―青研究グループ」などに共通する認識であった．こうした認識は相当根が深い．何故ならこの認識の底には，社会制度を通じて自然と向かい合う人間の存在を見失い，そのために「エコロジー的な危機の社会的原因から注意をそらす」誤りを犯していると批判するソーシャル・エコロジー（ブックチン，1996）と，生命中心主義やエコロジー中心主義を主張するディープ・エコロジーとの対立があるからである (Naess, 1973, pp. 95-100).

だが「虹の社会」が内包したイデオロギー対立をことさら強調することは，ニュー・エコノミックス運動の可能性に水をさすことになりかねない．一方で社会主義が急進的環境主義の批判を受け入れる中でエコ社会主義を生み出し，他方でディープ・エコロジーが人間と自然との二元論に陥っているというソーシャル・エコロジーの批判を受け入れ，ディープ・ソーシャル・エコロジーに変貌しようとしているように（小原，1995b，239-64頁），「虹の社会」の多元的構造を受け入れ，それぞれの立場から持続可能な社会の建設に向かう可能性を追究することが大事である．「虹の社会」の構想は，持続可能な社会と非持続的な社会との対立図式に基づいており，けっして社会主義を排除しようしていたわけではない．TOESが進めようとしたのは，「持続可能な経済秩序が成長指向型の経済秩序に変わらなければならない」という認識に基づいて，「経済世界の全体的概念に，科学的で，急進的改革」を行ない，オールタナティブな経済戦略の開発を促進する努力を系統的に行なうことであった (Vincent, 1996, p. 232)．アンドリュー・ビンセントが指摘したように，「持続可能な秩序を構成するビジョンは多様である」．何故ならそ

のビジョンは「虹の社会」を構成する横断的な急進主義的環境主義によって形成されているからである．例えばそれは，「分権的で，共同体的で，農業的な，非国家秩序」かもしれないし，「技術的に洗練された，豊かな生態的国家秩序」かもしれない（*Ibid.*, p. 232）．世界各地を見渡せば，こうしたビジョンにとらわれない試みも沢山あるはずである．TOES に代表されるニュー・エコノミックス運動は，脱産業社会のこのようなバリエーションをイデオロギー対立を理由に排除し，それぞれが持つ豊かな構想を摘み取ろうとは決してしてこなかった．むしろニュー・エコノミックス運動にとって大事なのは，マイケル・ジェイコブスが述べたように，「緑の価値と他のイデオロギーを総合する新しい枠組み」を通じて，現代が直面している様々な問題を解決する糸口をつかもうとする努力にある（Jacobs, 1991, p. 49）．我々が評価しなければならないのは，こうした多様な経験をすくい上げ，人間の顔を持った，等身大の経済学を確立しようとするニュー・エコノミックス運動の意図である．

(2) ニュー・エコノミックス運動と緑の党

　TOES 開催を最初に提起したのはイギリス緑の党であった．当時緑の党の党首を務めていたサラ・パーキンは，『緑の党』の中で次のように述べている．

　「たぶん党が行なった最も重要な提案は，もう1つの経済サミットの設立であった．消費に基づいた経済をストックの経済に転換することを訴えた『持続可能な社会に向けての宣言』を発表して以来，党は，環境，社会，平和政策に関する一貫した枠組みを提供する新しい経済理論や活動の必要性を強く意識するようになっていた．圧力団体や他の組織の党に対するそれまでの冷淡な態度の教訓に学んで，緑の党のメンバーは独立した1つの組織として TOES の設立を提案した」（Parkin, 1989, p. 225）．

　この指摘からもわかるように，TOES 開催の最初のきっかけは，イギリス緑の党の綱領にあたる『持続可能な社会に向けての宣言』を具体化する新

しい経済理論の確立であった．イギリス緑の党は，早くから『宣言』を発表していたものの，定常経済論にあたるストックの経済の具体的な課題や，それを実現する道筋を明示することができないでいた．緑の党は「毎年開催される'公式'の経済サミットと並行して行なわれる一連の会議や，多くの国々の'新しい経済思想'の先駆者の貢献を通じて，緑の党が必要としていた経済理論や手法の開発」を TOES に求めようとしていた (*Ibid.*, p. 225)．『宣言』では，「緑の党はフローではなくストックの経済である定常経済論を支持している」と述べた上で，「限られた資源消費に基づいた定常経済システム論は成熟途中」にあり，その具体化が求められていると指摘している．ここで重要なことは，定常経済が，「我々の現在の社会的，政治的，経済的システムの性格に関する伝統的考えへの1つの挑戦」，すなわち「独立した政党が行ないうる急進的挑戦」であり，「主な政治闘争は伝統的意味における左翼と右翼の闘争ではなく，定常経済の支持者と成長経済の支持者との闘いである」と認識されていることである．新古典派経済学やケインズ経済学はもちろん，マルクス経済学も，産業主義に依存しているかぎり，伝統的経済学の1つにすぎないと一括されている (Green Party, 1995, PB 101, 102)．

　TOES はこのようにイギリス緑の党の主導の下に開催された．しかし TOES 自体は緑の党の政治的意思とは別に，世界のグラスルーツな市民運動の経験と直面した課題を持ち寄り，それを理論的にまとめ上げることで「緑の経済」のイメージを浮き彫りにし，運動の発展につなげていくという「本質的目標を支持する人々の集団によって組織」された国際会議の場であった．ジェームズ・ロバートソンが指摘するように，「TOES の目的の1つは，広範な市民の利益や市民の問題から見た新しい経済学を目指す国際協力の場を作ることにあった」(Robertson, 1991, p. 1)．伝統的経済学に代わる新しい経済理論を追究する TOES は，最初から市民運動の性格を持って登場した「新しい社会運動」であった．

　TOES の組織化が 1980 年代前半の時期であったことは，世界の環境議論の趨勢から見て，必然であった．その必然性には2つの意味がある．

第1に，この時期が急進的環境主義に対する批判が強化されていた時期であったからである．急進的環境主義に対する批判は，『世界環境保護戦略』(1980年) やパメラ報告，ブラント報告を経て，ブルントラント委員会が提唱した持続可能な発展概念に辿り着いた．TOESの課題はまず，ブルントラント委員会報告に具体化された持続可能な発展概念を批判的に克服することにあった．

　第2に，1970年代に形成された環境議論はその基本的理念と大きな枠組みを提示したものの，必ずしも細部にわたる理論化とそれを実現する道筋を示すことができないでいた．新自由主義の影響が広がる中で，戦後世界経済の歩みに対して形成された対抗文化は片隅に追いやられ，突破口を見つけることができずに苦悩していた．イギリス緑の党がTOESに求めたのは，こうした欠点の克服と，新しい運動の理念とスタイルであった．

　しかし緑の党が定常経済システムの具体化を指向していたからといって，TOES自体は全体としてそれを必ずしも支持していたわけではなかった．世界の広範な市民運動の活動家や研究者が集まる議論の場である以上，定常経済論をあらかじめ想定し，その前提の上に議論を積み重ねるという方法をとることは民主的な議論を放棄することになりかねない．TOESは市民運動の創造力と経験を持ち寄る議論の場であって，そこで得た知見はそれぞれの活動分野に持ち帰って実際に生かされなければ意味はない．その意味で定常経済論はTOESが取り上げた議論の一部でしかなかった．このことはTOESの議論が，様々な意見が出されただけの，まとまりのないサロンであったことを意味しない．大事なことは細部にとらわれず，市民運動の発展につながる大きな枠組みと共通項を確認し，それを積み上げていくことで公式のサミットへの対案を作ることのできる力量を確実に増やしていくことである．

5. ニュー・エコノミックスの基本的視座

　そこで，ニュー・エコノミックス運動が，伝統的経済学に対してどのような新しいパラダイムを提起しようとしていたのかを見てみることにしよう．エキンズが述べたように，ニュー・エコノミックスという表現に異議を唱える人は多数いるかもしれない．しかし問題は，伝統的経済学の現状からは，脱産業化の時代の新しい経済学が生まれてくることはないということにある．ニュー・エコノミックスは混沌としてはいるが，脱産業化の時代の経済学として新しい枠組みを示す野心にあふれている．ここでは，ニュー・エコノミックスの枠組みを代表するものとして，ジェームズ・ロバートソンの「健康で，人間的で，エコロジカルな」(sane, humane, ecological，以下SHE) 将来像を検討してみることにする．

　ロバートソンはすでに1978年に『健全なオールタナティブ　1つの将来の選択肢』を発表し，SHE経済が21世紀に向けた新しい将来像であることを主張していた．この主張は後に発表された『未来の富』や『依存性を超えて』でもさらに具体的に追究されている．彼によれば，選択肢はこの他に，通常のビジネス (Business As Usual)，崩壊 (Disaster)，権威的統制 (Authoritarian Control)，超拡大 (The Hyper-expantionist, 以下HE) の4つがある (Robertson, 1978, pp. 10-29)．前掲図4-1にしたがえば，通常のビジネスは青の極，権威的統制は赤の極，HEは金の極，そしてSHEは緑の極に対応するものと考えられる．ロバートソンがこうした選択肢を挙げるのは，5つの選択肢のうち，SHE経済とHE経済の対立軸こそが脱産業化時代の特徴を物語っていると考えているからである．

　「SHEの経済的道筋は，人間のニーズ，社会的正義，生態的持続性を優先課題として転換していくということにある．それはゼロ成長ではなく，癌に冒された成長に代えて，健康な状態の成長を目指そうとするものである．それは持続可能な活動を選ぶという意味で均衡状態あるいは定常状態経済学を

目指している」(*Ibid.*, p. 36).

　SHE経済では，経済学の基本的概念が再検討され，再定義される．例えば，人間を「利己的諸個人」と見なす古典派経済学の人間像に対して，「権利と義務，リスクと報酬のシステムとして組織しようとする」SHE経済では，利己心と同時に共通善に導かれ，「利他心やお互いに助け合おうとする人々の能力を育み，より良い社会や世界の創出に寄与する」人間像が設定される (Robertson, 1989, p. 25)．したがって「21世紀の経済秩序において，経済学は価値から自由な客観経済学ではありえない」(*Ibid.*, p. 25)．この主張は，「他人の自由を侵害したり，万人が依拠するエコシステムの破壊を防ぐ一方，自由な人々が自らの経済的運命を直視できる人間諸制度の枠組みの発展」(*Ibid.*, p. 26) によって実現される．「21世紀の経済秩序は，自由な人々の活動，人間相互の関係，自然世界との関係を律する，等しい権利と義務との関係として，人間的に構想されなければならない」(*Ibid.*, p. 26).

　権利と義務の相互関係として社会を捉えようとするのは，市場を媒介とした契約関係を基礎にした社会を縮小し，自立と相互援助が可能な社会を拡大すること，言い換えれば「依存性文化を越える」(Robertson, 1998) ことによって，多様なレベルからなる分権社会の構築を目指しているからである．ロバートソンは「SHE経済において，自立性と地域自給の拡大は，家族，近隣，地方レベルでの相互援助と相互依存の重要性の拡大と結びついている」と述べている (Robertson, 1978, p. 40)．国家や国際的機関といったより高度な経済単位は，自立した，分権社会の安定を側面から支える補完的組織と見なされ，仮にそのような組織になっていない場合は，組織原理の見直しと，機構改革が行なわれることになる．

　ロバートソンは，世界経済を「あらゆるレベルにおいて自立的な，しかし相互に依存し合った構成部分を持つ多重構造」(Robertson, 1989, p. 16) と見なした．したがって世界は1つであるが，それは世界各地の自立した，独立性の強い分権的社会が，地域社会から，国民国家へ，そして世界経済へと下から積み上げられた，構造的に多重な経済によって構成されている．その

ために世界を均質化するグローバル化は,多様な文化に基づいて地域の人々が自ら選び取った分権社会を破壊する傾向として,徹底的に批判される.この点をもう少し詳しく見ていこう.

(1) 価値のバランス

図4-3は,TOES事務局長を務めたポール・エキンズが,人間が営む生活空間を4つの頂点から構成されるピラミッドを例に描いた概念図である.生活空間は,社会,経済,エコロジー,倫理から構成される頂点を結んだ立方体の内部にある.世界の様々な地域の人々が営む生活空間は,それぞれの頂点との距離で測られ,その距離に応じて,その特性が刻印されることになる.エキンズは,この立方体を,それぞれの要素のバランスを保つことで持続可能な社会の建設が可能になる例示として描いた.

この立方体で特徴的なことは,「生命系の経済学の最初の任務は経済を人間生活全体の中に位置付けること」,すなわち伝統的経済学と違って,「経済

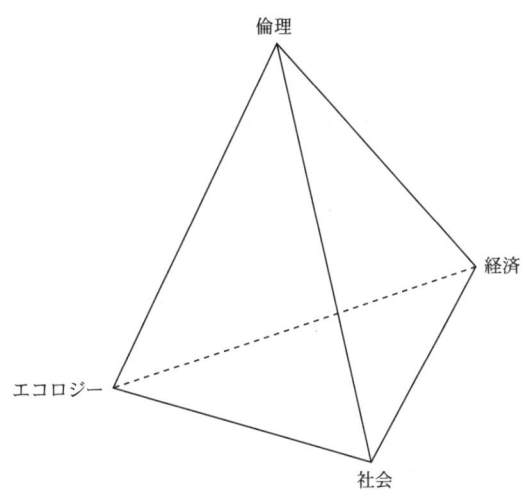

(出所) 中村尚司(1993)177頁.

図4-3 4つの次元の生活空間

が生活活動の全体から離れて自律的に展開するということを自明の理とはみなさない」という立場から，経済を他の座標軸に対して優先させようとする経済中心主義を拒否していることである（中村，1993，175頁）．エキンズによれば，「近代産業社会において，そして世界の残りの地域においてもますます，経済は公共政策の唯一最も重要な側面として取り出されている．経済はまた生活の倫理的，社会的，そして生態的側面から切り離されてきた．経済は社会の一部でしかないにもかかわらず，それから独立し，拡大する消費によって「良い生活」が生み出される大きな機械と見なされている．経済領域が最優先されるとともに，近代世界が社会的，生態的価値の破壊が生み出す富に特徴づけられるようになることは驚くにあたらない．こうして産業に基づいた人間性は，富の限界の概念に気づく前に娘を金に変えてしまった王ミダスのごとく振る舞うようになる」（Ekins, 1992, p. 40）．

　こうした近代社会のフレームワークは，人類の長い文明史からみれば，特定の段階に見られるだけの歴史的制度であった．カール・ポランニーが強調したように，「経済システムは社会システムに吸収されている」状態が人類史においては普通であり，近代社会のように，「社会の中に分立した経済システム」が独自に存在することは，それ自体が異常であった．しかも経済が自己調整的市場によって支配されてくると，社会構造は大きな転換を迫られることになる．18世紀まで見られた統制的市場が，産業革命を経て自己調整的市場へ移行するようになると，市場はその機能によって，社会の利害対立さえも調整し，「社会が経済的領域と政治的領域とに分離」することすら要求するようになる．こうした状態において，「経済的秩序は，それを包み込む社会秩序の一機能である」ことを止め，経済秩序が社会秩序を包み込むというように，両者の関係は逆転することになる（ポランニー，1975b，27頁）．経済学において価値自由が叫ばれるのは，市場で向かい合う経済主体の利害が対立しているにもかかわらず，稀少性を克服するために最も合理的な手段選択を市場自らが行なってくれるからである．経済はこうしてイデオロギーさえも包み込むようになる．

しかしポランニーの指摘は，これだけだと不十分である．なぜなら図4-3の立方体には，経済と社会の他に，エコロジーという領域が含まれているからである．たしかにポランニーは，人間が労働力商品となって販売されること，また土地は本来「自然の別名」でしかなく，人間によって生産されたものではないという意味で外在的所与であることを指摘してきた（同，29頁）．しかしこの指摘は，労働や，土地，そして貨幣さえも，擬制化されて商品になるという，市場との関連で問題にされているにすぎず，自然そのものが考察されていたわけではなかった．ここで大事なことはポランニーの指摘を進めて，経済と社会の他に，エコロジー要素を組み入れることで倫理を内在化した生活空間を作ることである．持続可能な社会を支える生活空間において，擬制的市場を通した非人格的な経済論理を機能させるには，社会やエコロジーといった他の要素との適正なバランスと，それを保つ倫理観が必要となる．エキンズは，「倫理的規範は，経済的，社会的，エコロジカルな影響に対応して変化するとはいえ，すべての人間活動は倫理的考慮によって導かれている」と述べている（Ekins, 1992, p. 41）．

(2) 経済の全体性

図4-4は，エキンズの指摘にしたがって，経済全体の構造を図示したものである．

この図は，地球を描くことで，生命維持システムとしての生態系によって支えられている経済の姿を示唆しながら，貨幣を使用せずに成立している社会的経済と，それを使用することで成立している貨幣経済とに2分されることを示している．伝統的経済学は，貨幣経済のフローしか描こうとしない点で経済全体の理解には決定的に不十分である．自己調整的市場は財やサービスをすべて価格で表示することによって，非貨幣的な社会的経済を排除しようとする．こうして社会的市場の役割は無視される．しかも無視されているだけではない．貨幣経済領域だけを一方的に取り出し，貨幣や資源のフローを描くことで経済全体を概観することは，貨幣経済が経済全体を支え，社会

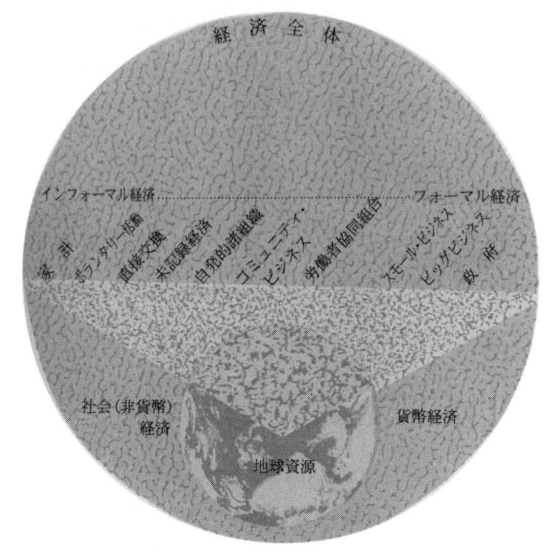

(注) Ekins (1992) p. 39.

図 4-4 経済全体の構図

的経済はそれを補完するだけであるという認識に基づいている．ニュー・エコノミックス運動はこの関係を逆転させようとする．エキンズは，補完的役割しか与えられていない社会的経済の方が貨幣経済より基本であると指摘している．こうしてエキンズは「〈補完的な経済〉を排除することによって，既成の経済学は，水面に浮かぶ氷山の一部しか見なかった」と批判した（中村，1993，179頁）．

図 4-4 はさらに，経済全体を，インフォーマル経済からフォーマル経済に連なる連鎖によって映し出そうとしている．家計，ボランタリー活動，モノの直接的交換，統計上現れてこない経済，自発的諸組織，コミュニティ・ビジネス，労働者協同組合，スモール・ビジネス，巨大企業，政府というインフォーマル経済からフォーマル経済へのつながりは，非貨幣的経済から次第に貨幣経済が顔を出すプロセスでもある．このように，我々の経済はフォーマル経済とインフォーマル経済からなる二重経済である（Robertson, 1978,

p. 46).産業社会の発展は,インフォーマル経済を縮小し,フォーマル経済へと駆り立てるプロセスであった.伝統的経済学は,貨幣尺度で表現されていないことを理由に,インフォーマル経済を学問対象から排除してきた.しかし,フォーマル経済が市場という制度化された構造を持ち,それが経済分析にとって都合のよいものであったとしても,その分析で経済全体の構造が明らかにされたわけではない.ロバートソンは「フォーマル経済が提供する貨幣,雇用 (job),ソーシャル・サービスへの依存性を少しずつ減らしていく方法を見つけること」,すなわち「フォーマル経済からの脱植民化」を遂げることによって,「フォーマル部門とインフォーマル部門の正しい関係を作り出すことが決定的に重要になる」ことを強調した (*Ibid.,* p. 46).

それでは何故,インフォーマル経済の役割がこれほどまでに強調されるのか.それは,新しい経済秩序において,人々の自立と自己発展を可能にする能力の開発と,経済システムの機能上,自然環境の保全が必要であるからである (Robertson, 1989, pp. 12-5).この2つの原理が機能するには,依存性の経済から離れることが求められる.何故なら,伝統的な経済発展は,フォーマル経済を拡大することで,貨幣に依存した生活を人々に強制してきたからである.

(3) 富と効用

伝統的経済学は貨幣経済しか取り上げないために,富と効用の認識もひどく狭いものに限定されている.伝統的経済学では,生産要素としての土地,労働,物的資本を効果的に組み合わせることで財やサービスを生み出し,それを消費することを通じて効用を獲得しようとする.伝統的経済学では効用は消費を通じてしか発生していない.

それに対してニュー・エコノミックス運動では,効用は消費ばかりでなく,廃棄物からも,環境サービスからも,そして生産を行なう経済過程からも発生している.さらに効用は環境資本や人的資本の存在自体や社会的組織資本からも発生する.効用発生が多岐にわたっているのは,存在,所有,行為,

関係というように効用発生が4つの経験様式に分類され，それぞれの機能が強調されているからである．存在は環境の質や廃棄物の量，所有は獲得した財の消費，行為は生産行為，関係は社会的かつ組織的な構造というように，効用はそれぞれの機能から発生する．効用発生を消費に限定することは，その他の機能を捨象することで，環境の悪化，貧困，労働環境など，社会生活の重要な問題が効用観念から排除される結果を招くことになる（この点の詳細は第6章を参照）．

6. ニュー・エコノミックスの基本的概念

(1) 富と「豊かさ」

『ニュー・エコノミックスとは何か？』を書いたデビッド・ボイルは，「ニュー・エコノミックスの最初の仕事は成功を再定義することだ」と述べている．成功を仮に富の獲得と考えるなら，それが増えれば増えるほど成功したことになる．ボイルが成功を再定義することが必要だと考えるのは，「貨幣勘定は必ずしも成功したかどうかの最良の判断方法ではない」という指摘に見られるように，成功や豊かさを物的富だけで測ることができないからである（Boyle (n.d.) p. 6）．エキンズは，「最近の経済政策はもとより経済理論までも，増大するGNPで示される経済成長の追求に躍起になっている．……成長はそれ自体が善であり，高いほどよいという既成観念がある．それはあたかも癌という病気などいままでに一度も聞いたことがないのと似ている」と指摘している（エキンズ，1987，3頁）．ボイルもまた，アメリカの巨大都市ニューヨークを引き合いに出して，「ニューヨークは，そこに住んでいるすべての人間の富を計算すれば豊かだということになるのかもしれない．しかし町は汚れ，危険に満ち，汚染され，そして人々は大量にそこから脱出しようとしている――もっとも彼らは西側世界の諸都市から脱出しようとしているのであるが」と指摘している（Boyle (n.d.) p. 6）．

ニュー・エコノミックスの主張は，本当の富や「豊かさ」を測るために，

その指標を拡大するということである．しかしそれはリストにこれまでなかった指標をたんに追加するということではない．そこにはボイルが指摘するように，「真に豊かな経済のビジョン」，すなわち「富に関する新しいパラダイム」を描くことが前提となっていなければならない（Ibid., p.5）．ジェームズ・ロバートソンは「富が"経済的"な産業及び商業活動によって生み出されなければならないという考えは，産業時代の形而上学の一部」にすぎないこと，「我々はすでに脱産業社会の未来の基礎の上にいる」のだから，この時代に合った新しい富の概念，新しい経済的，社会的「豊かさ」(wellbeing）の形態を発見すべきである」と主張している（Robertson, 1979, p. 68）．ロバートソンにとって「豊かさ」とは"welfare"ではなくて，"well-being"である．こうして我々は「豊かさの本来の意味である"富"という言葉に返っていかなければならない」と主張する（Ibid., p.69）．

エキンズは「すべての富はその性格上経済的ではない」と述べている（Ekins, 1989, p.2）．それはもちろん，経済的富を排除するということではない．富と「豊かさ」が一対の概念である以上，富には経済活動を通じて発生した財やサービスの享受と並んで，そこから抜け落ちた健康，教育，安全，良質な環境など，全人格的な発展を促すすべての要素が含まれていなければならないはずである．これらのほとんどは本来貨幣的評価になじまないものである．バーバラ・ブラントが「人間の豊かさは個人を全人格的な人間として扱い」，肉体，精神，感性，社会的ニーズ，精神的価値を統合することだと述べたように（Brandt, 1995, p.11），ニュー・エコノミックスは，肉体的豊かさ，精神的及び感性的な健康，社会的人間関係，ニーズを充たす能力など，非貨幣的要素を含んだ諸価値を総合的に扱おうとする．

(2) 欲望 (wants) とニーズ (needs)
TOES第1回大会でチリのマンフレッド・マックス・ニーフは「身の丈の経済—来るべき挑戦」と題した報告を行ない，人間的なニーズの概念について検討している．彼は，基本的ニーズの概念を正しく理解するために，

「既成の経済成長の論理体系から手を切ること」，すなわちニーズを経済主義的な観点だけから考察することを止め，相互に作用し合う「1つの体系」として多面的に把握することを主張している（エキンズ，1987，58-60頁）．ここで言う「1つの体系」とは，長生き（生存），保護，愛情，理解，参加，余暇，創造，自己認識，自由という，どれ1つとして欠かすことのできない人間の基本的欲求のすべてである．こうしてニーズは人間を取り巻くすべての関係，すなわち自分自身との関係，他者との関係，自然環境との関係といった，関係概念として捉えられている．しかも，ニーフは「人間の基本的ニーズは，すべての文化とすべての歴史段階に共通である．時代や文化を通じて変わっていくのは，これらのニーズを充足する形態と手段である」と述べて（同，59-60頁），どの時代，どの地域をとっても，基本的ニーズのあり方は変わらないことを強調している．

ニーフによれば，人間的ニーズは経済成長のパラダイムと両立しないという．自然の恵みを奪い取って大量の財を生産し，それを消費し続けることによって，自然を破壊し，貨幣経済に依存することで自由が奪われ，人間的な絆を失っていくならば，たとえ欲望や，経済的ニーズは充足できたとしても，それは経済主義的なニーズによって厚化粧されただけにすぎない．

欲望は大量に生産された財を，大量に消費しようとする無制限の意欲に他ならない．欲望は産業社会を規定で支える人間の内的心性である．エキンズは，豊かさを実現しようと思えば，「欲望の充足ばかりでなく，その減少からも生じる」と述べている（Ekins, 1992, p.31）．大事なことは稀少性の論理を越えようとする努力である．「緑の経済学（ニュー・エコノミックス：筆者註）は十分性の経済学である」と言われるのは，ニーズを「1つの体系」として捉えているからに他ならない（*Ibid.*, p.31）．

(3) 発　　　展

ニュー・エコノミックスにおいて，経済成長（economic growth）と経済発展（economic development）は厳密に区別される．したがってニュー・エ

コノミックス運動は，伝統的経済学が求めてきた経済成長の功罪を明らかにし，それに代えて経済発展の意義を追究しようとする．経済成長と経済発展の違いを理論的に明らかにしたのは，ハーマン・デリィによって主張された定常経済論である．

ハーマン・デリィは，『成長を超えて』の中で，「持続可能な発展」概念とは成長経済から定常経済へのラディカルな転換を意味すると述べ，理論的，実践的転換の内容を具体的に探求することが必要だと述べた（Daly, 1996, p. 31）．デリィにとって経済成長批判は持続可能な発展概念を豊富化する上で不可欠な課題であった．

定常経済論が伝統的経済学と違うのは，スループット概念を理論に組み込み，その極小化を求めようとしていることにある．スループットとは，自然環境から取り出した原材料の投入で始まり，続いてそれを商品に転化し，最後に廃棄物として処理される物質のフロー概念である．定常経済論は，自然から取り出されるスループットがエコシステムの再生，吸収能力の範囲に止まることを求める．デリィによれば，「持続可能な発展の全体的考えは，経済的サブシステムが，それを含んでいるエコシステムによって恒久的に維持されるか，支えられる規模を越えていってはならない」ことにある（*Ibid., p. 28*）．したがって定常経済論にとって問題なのは，経済の最適規模である．定常経済論のように，経済は，有限で，閉鎖的なエコシステムに囲まれた開放サブシステムにすぎないと考えるならば，成長を続けることによって経済を拡大していけば，必ずエコシステムと抵触せざるをえない．

経済はそれ自体1つの孤立系であり，永久に動く巨大な機械と考えている伝統的経済学にスループット概念は存在しない．したがって環境は無視されるというより，存在しないものである．もちろん，環境から資源を引き出し，廃棄物を捨て去る行為が経済活動に欠かせないことは誰でも知っている．しかしこの自明の行為を伝統的経済学が理論化できないのは，稀少性を運命づけられた人間がそれを克服するために，無限に拡大する欲望を充足させる成長を追い求めようとするからである．資源が無限であればそれも可能だった

かもしれない．しかし資源が有限であるかぎりこれでは説明になっていない．奇妙なことに伝統的経済学は依然としてこの説明を成長理論の枠組みの中で果たそうとしていた．

伝統的経済学にしたがえば，成長とは財とサービスの増大を意味する．定常経済論にしたがえば，発展とは最も少ないスループットで維持された最適水準のストックによって得るサービスの極大化を意味する．ストックとは，人口と，人工物を指している．最適水準にあるストックとは，人口が一定に維持され，人工物は減価償却分だけが更新されるという意味であり，ストックの量が増大しないことが理想となる．この場合ストックは不変であっても，知識，技術，デザイン，倫理的基準は社会の進展とともに変化していく以上，その変化を取り入れた更新ストックが生み出すサービスは拡大していくことになる．したがって成長と発展とは根本的に異なっている．成長とは量的増加であり，発展とは質的改善である．持続可能な発展とは，その意味で発展概念であり，成長概念ではない．デリィは，「人間の経済をサブシステムとして組み込んでいる地球が発展はしても成長はしないように，量的変化という意味で成長概念を使用するなら，定常経済は発展することはあっても成長はしないことになる」と述べている（Daly, 1992, p. 17）．

ニュー・エコノミックス運動は，こうした発展概念に基づいて，それを実践するために，「もう1つの発展」の具体化を提起している．「もう1つの発展」は，人間の基本的ニーズを充たす発展であること，当該集団の自発的発想と創造力に基づいた内発的発展であること，「自分自身の力と資源に依拠し，他を当てにしない」自立的発展であること，エコシステムの潜在能力と制約を考慮した上で，生物界の諸資源を合理的に利用するエコロジー的に健全な発展であること，構造的な改革に基づいた発展であることを特徴としている（エキンズ，1987, 51-3頁）．1993年TOES川崎大会で報告したベルヘルストは，経済成長と生産至上主義に陥った経済学に代わる新しい経済学は社会的厚生，自助，環境責任といった概念を優先課題とすべきだと提唱した上で，持続可能な発展が主張する，経済的持続性，エコロジカルな持続性，

社会的持続性という持続性の3つの領域を統合する文化の意義を強調した.彼は,持続可能な発展という概念自体が,欧米の先進工業国が編み出したものであり,途上国や,あるいは世界全体の文化的多様性に基づいた内発的で,自立的な発展に結びつくものではないと指摘している(ベルヘルスト,1993).

(4) GDPと「豊かさ」を測る指標

ニュー・エコノミックス・ファウンデーションの研究者ビクター・アンダーソンは『もう1つの経済指標』の中で,「反成長論者が攻撃する成長と成長支持者が守ろうとする成長が同義ではなかったために,成長論争自体,議論が噛み合わない結果にしか終わらなかった」と述べている(Anderson, 1991, p. 14).一方はエコロジーの立場から,他方は経済学の立場から行なわれた成長論争は,結局は依拠する立場の違いのために,すれ違いに終わったというのである.アンダーソンによれば,環境運動は今後,「成長率の高さはそれ自体環境破壊の指標だ」という自明と考えられてきた命題を,理論的かつ具体的に論証していく必要があるのだと言う(*Ibid.*, p. 14).

GDPは,経済成長と「豊かさ」の,2つの意味で使われてきた.しかしこの2つが一致しないことは明らかになってきている.TOES大会でジョン・リントットが指摘したように,GDPは本来ケインズ経済学の核心をなす有効需要を測定する概念でしかなかったにもかかわらず,第2次世界大戦後成長を表す概念として使用されると同時に,それを人口数で割ることによって1人当たりの生活水準,すなわち「豊かさ」を表す概念としても使用されてきた(エキンズ, 1987, 39頁).

GDPとは,当該年にある国で生産された財と提供されたサービスを価格で表示した総額である.アンダーソンはこの概念が持つ問題点を列挙している.第1に,価格で表示する以上,すでに述べた貨幣経済と非貨幣経済(社会的経済)のうち,前者しか対象としていない.したがって貨幣支払いの対象となっていない家事,育児などの家庭で行なわれる様々な仕事や,贈り物

も含めた家庭の外で行なわれる直接交換，例えばチャリティやボランティア活動は含まれていない．仮にこれらに貨幣支払いが行なわれていたとしても通常は記録がとられていない．第2に，GDPは財とサービスの総額にすぎないから，所得分配の不平等や，地域ごとのニーズの相違などは反映されていない．第3に，GDPはフロー概念にしかすぎないために，ストックとフローの両面から考察しようとすると問題を発生せざるをえない．例えば，自由財としての環境が持つ富やその悪化，また人的資本としての人間の健康や精神状況，単調な職場でのストレスなどはGDPに反映されていない．逆に環境悪化などにともなう，止むをえない防衛的支出が算入されている．第4に，余暇や職場環境などの役割はこの概念の中に含まれていない（Anderson, 1991, pp. 21-2）．

　GDPが抱える問題点を可能な範囲で修正するために，差し当たり2つのことを行なう必要がある．第1に，GDPに追加すべき項目とGDPから控除する項目を区分し，それぞれを算入することで，調整国民生産（adjusted national product, ANP）概念を活用することである．したがって，GDPから固定資本の減価償却を控除し（国民純生産），家庭内労働や家庭の外で行なわれる直接交換を加算し，環境の悪化分を控除する必要がある．第2に，GDPと「豊かさ」を一致させるために，富の不平等や貧困，教育水準，寿命，犯罪の発生率など社会的要素（social indicator）や，環境汚染，自然破壊，生活環境の悪化などの環境要素（environmental indicator）を加えた，GDPに変わる新しい指標を開発することである．ニュー・エコノミックス・ファウンデーションはこの課題に応えるために，ハーマン・デリィとJ. B. コブが最初に提唱した「持続可能な経済厚生指数」（Index of Sustainable Economic Welfare, ISEW）の開発に取り組んでいる（Robertson, 1991, p. 7）．

7. おわりに

1984年に開始されたTOESが2巡目に入ったとき，ジェームズ・ロバートソンは7年間のTOES運動を回顧しながら，「ニュー・エコノミックス運動において，我々は次世紀に向けてポスト・モダン，ポスト・ヨーロッパ的な世界秩序と世界観の形成に努めなければならない」と述べた．TOESは1998年から3巡目に入り，2000年には沖縄で開催された．グローバル化が進む中でTOESの役割はますます大きくなっていくだろう．

第5章　コミュニティ・エコノミックスの課題

1. コミュニティと経済学

　1980年代中葉から本格的に展開されてきたニュー・エコノミックス運動は，当初からコミュニティの再生を目的の1つに掲げ，そのビジョンの提示や手法の開発，世界各地の経験などを紹介するといった課題を積極的に取り上げてきた．ニュー・エコノミックス運動の先駆けとなる「もう1つの経済サミット」（TOES）は，すでに1984年の第1回ロンドン大会で地域の経済復興をテーマの1つに掲げ，地域の経済的自立の可能性を探っていたし，この動きはその後，市民参加，社会的監査，社会的企業などの新しい概念を取り入れながら，ますますその勢いを増してきた．ニュー・エコノミックス運動がこうした課題に積極的に取り組んできた理由は3つある．

　第1に，経済のグローバル化が進展する中で，世界市場にリンクした地域経済の均質化が求められ，各地の実情に応じて多様な顔を見せていた地域経済は崩壊の危機にさらされていた．第2に，そうした地域経済の崩壊は，コミュニティの構成員全体に均等に押し寄せたわけではなく，グローバル化の進展によって地域経済が崩壊する中で，コミュニティは，人々がいくら懸命に努力しても社会的に上昇せず，勤勉心や進取性を奪い取っていく「社会的排斥」（social exclusion）という新しい貧困問題を抱え込まなければならなくなっていた．第3に，コミュニティの崩壊は，その基盤である地域の環境を破壊し，その再生基盤を奪っていった．したがってコミュニティの再生は，

地域の環境を保全する課題と密接に連動していた．

「もう1つの経済サミット」のアメリカでの母体となっているTOESアメリカは，TOESの成果をまとめた『持続可能なコミュニティの建設　自律した経済改革の手法と概念』(1989年)で，次のように指摘している．

「世界経済は混乱している．貧困と所得不均衡はますます増加し，それは発展途上国においてだけ見られる現象ではなくなっている．所得不均衡が数十年確実に減少してきたアメリカやカナダのような比較的富裕な国でさえ，現在では逆の現象が起こり，それはかつて以上に拡大してきている．失業は第3世界ばかりでなく，先進諸国においても慢性的な問題となっている．公式の失業率では失業の本当の規模はわからない．アメリカやカナダでは，自発的失業労働者が増大しているために，失業率は公式の失業率の2倍，もしくはそれ以上になる場合さえある．彼らは組織された経済の中で雇用を求めることを諦めた人々である．その理由は雇用を見つけることが不可能だからである．諦めた以上，彼らは労働力の一部とは見做されず，したがって失業者としてさえ数えられていない．

増大する失業者はインフォーマル経済によって生計の一部を補っている．物々交換や，統計には現れてこない労働調整など，その経済がどれだけの規模となっているのかは誰にもわからない．しかし主流派経済学者や役人が認めている以上の速さで増大していることは広く認められている．アメリカ，カナダといった先進諸国の経済の現在の傾向は，多くの人々を，主流となっている経済から，それとは別の地域やコミュニティに根ざした経済へ転換しようというものである」(Morehouse, 1989, p. 3)．

ニュー・エコノミックス運動はこのように，貧困，失業，所得不均衡など慢性的な社会病理を解決するために，インフォーマル経済の果たす役割を見直すなど，社会の構造的転換を図らなければならないことを強く指摘してきた．

ニュー・エコノミックス運動の特徴の1つは，コミュニティの再生という課題を取り上げることのできなかったこれまでの経済学に対する批判と反省

から，コミュニティ・エコノミックスという新しい分野の経済学の確立を目指そうとしていたことである．TOES 第1回大会と第2回大会の成果をまとめた『生きている経済』（邦訳『生命系の経済学』）は，「異なった水準での経済活動に関する現在の経済理論は，3つの大きな領域に区分される．スモールビジネスや企業ためのミクロ経済学，国民国家のためのマクロ経済学，そして国際問題を扱う経済学である．しかしこの枠組みでは，ミクロとマクロの間にある村，町，市のコミュニティの経済，すなわち地域の経済が完全に無視されている」と指摘し，コミュニティを対象からはずした経済学のあり方を厳しく批判している（エキンズ，1987，235頁：Robertson, 1999, pp. 52-5）．

コミュニティを取り上げる視座をいつのまにか欠落させてきたという指摘は，経済学が現代市民社会の全体像を取り上げる視野と展望を持つことができなくなっていることにもつながっている．こうした欠落は，「かつては経済過程と生命過程を重ね合わせることのできた経済主体が，人間としての統合力を失い，法人組織や行政機関に分断されているからである」と指摘されているように，経済学が，コミュニティの崩壊を横目に見ながら，この問題を取り込む余地を自ら狭め，意識的に排除してきた結果であった．経済学が取り組んできた地域経済論は，せいぜい国民経済を取り上げるマクロ経済学を地方に移しただけにすぎず，コミュニティの自立という課題を独自に取り上げる視座と方法を持っていたわけではなかった．それだけ経済学は，コミュニティに対する自覚が薄く，危機感に乏しかったのである．

本章は，ニュー・エコノミックス運動が取り組んできたコミュニティ・エコノミックスをめぐる現状と課題を整理することを目的にしている．「もう1つの経済サミット」の結果，その成果を恒常的に研究し，運動として共有することを目的に設立されたニュー・エコノミックス・ファウンデーションは，「コミュニティ・レベルでの目的は，社会的，環境的変化に対して人々を動員し，変化を例証し，公平で，持続的な経済との関わりでアドボカシーを促すことである．プログラムの目的はコミュニティ・レベルでの新しい経

済活動,効果,輪郭を改善することである」と述べ,「その目的の達成に向けて,コミュニティにそのための手立てを提供すること」を課題に掲げた(この点についてはニュー・エコノミックス・ファウンデーションのホームページ参照).それではこれまでどのような試みが行なわれ,どこまで到達しただろうか.それらを具体的に見ていくことにしよう.

2. コミュニティの位置

コミュニティの役割を見直す1つの契機になったのは,1992年6月に開かれたブラジル地球サミットであった.地球サミットで採択されたアジェンダ21では,「アジェンダ21で提起されている諸問題,及び解決策の多くが地域的な活動に根ざしているものであるから,地方公共団体の参加及び協力が目的達成のための決定的な要素になる」と述べ(『アジェンダ21』,1993,363頁),具体的な指針として1996年までに地方公共団体は地域住民と協議し,ローカル・アジェンダ21を策定することを促していた.

問題は,このような協議システムを,コミュニティのニーズに合わせながら,地域住民の主体的な意思で作り上げることができるかどうかである.『ショート・サーキット』を書いたリチャード・ダウスウェイトは,「私が『成長の幻想』(注:彼の前著)から学んだことがらの1つは,経済成長を促すことを意図した政策は,富や権力をひと握りの多国籍企業に集中させ,市民の利益を守るのに不適切な権限しか政府には残さないということであった.こうした集中を弱めるには何がなされなければならないのか,私は自問した」と述べた (Dowthwaite, 1996, p. xi).この書物での彼の関心はコミュニティを発見し,経済的に自立できるようなテクニックから学ぶことであった.その結果ダウスウェイトは,「我々には,ボトム・アップから活動すること以外,別の道を歩む方法は残されていない」と述べなければならなかった (Ibid., p. 32).『地域自立の経済学』を書いた中村尚司も,「私たちの課題は自立一般ではなく,経済的自立である」と指摘し(中村,1993),「生活

過程と経済過程の二重の過程を生き，生身の人間の活動として両者を統合できるのは，生活の本拠をともにする者が協力して，新たに形成する主体である」と述べている（同，30頁）．そうした主体が活躍する場所は，「生活の本拠を前提とする以上，「地域」以外にありえない」というのが中村の考えであった．（同，38-9頁）ここでの地域は，コミュニティと読み替えてもさしつかえないだろう．

　それでは，市民社会においてコミュニティはどのように位置づけられるべきなのか．

　ニュー・エコノミックス・ファウンデーションは1999年に発表した報告書『権力を取り戻す　コミュニティ経済再生の課題』の中で，私的セクター，公的セクター，コミュニティ・セクターの3つのセクターによって構成されている市民社会の姿を描き出している（図5-1）．公的セクターは国や地方自治体などの公的機関を，私的セクターは民間企業を指し，それぞれ第1セクター，第2セクターと呼ばれることもある．コミュニティ・セクターは地

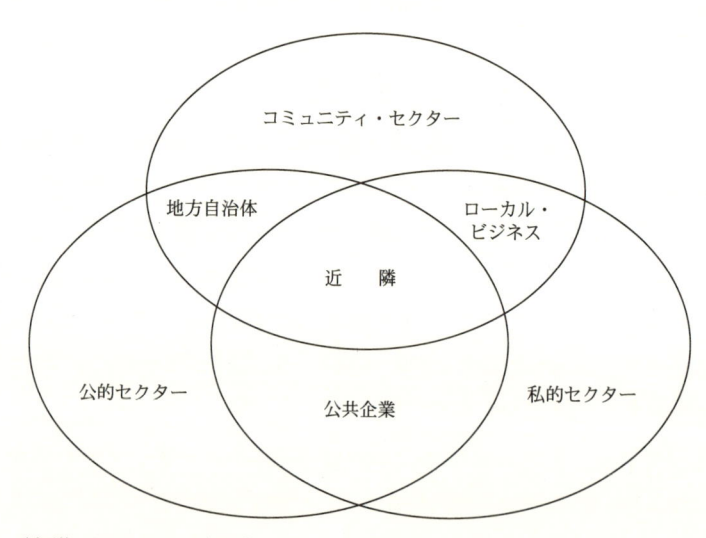

（出所）　Mayo et al. (1999) p. 12.

図5-1　市民社会概念図

第5章　コミュニティ・エコノミックスの課題

域コミュニティを指す空間概念である場合が多いから，市民が自主的に組織するという意味でボランタリー・セクターと呼んだ方がわかりやすいかもしれない．ただし，ボランティアは本来個人の概念であり，市民組織は文字通り組織概念であることにも注意しておく必要がある．ここではコミュニティ・セクターを第3のセクターと呼んでおくことにする（ただし，官民共同出資という意味で，わが国で使用されている所謂"三セク"とは別概念である）．市民社会はこうした3つのセクターが相互に絡み合い，複雑に織りなしている社会である（Mayo et al., 1999, p. 12）．

① 自発的組織

ここで大事なことは，コミュニティ・セクターを，私的セクターや公的セクターを消去しただけの消極的な位置に閉じこめてはならないことである．「非営利団体」（NPO），「非政府組織」（NGO）という表現には，文字通り私的セクターと公的セクター以外という意味しか含まれておらず，いくらこれらを分析してもそれだけでコミュニティ・セクターの新しいイメージを描きだせるわけではない．図5-1が描こうとしているのは，2つのセクターと対等な位置にあるコミュニティ・セクターの役割であって，私的セクターや公的セクターが行なうことのできない行為をすべてコミュニティ・セクターに押しつけようしているのではない．コミュニティは，個人としての市民はもちろん，様々な組織やネットワークによって構成されている．そうした組織やネットワークはコミュニティ・セクターを支える力であり，自らのニーズをまとまった声に束ねる主体である．しかしこれまでの経済学は，前者2つのセクターを取り上げることはあっても，コミュニティを独自のセクターとして認め，その可能性と発展の手法を取り上げることをしてこなかった．正確に言えば経済学はこのセクターを取り上げることが出来なかったのである．個人や，個人がまとまって結成する市民組織の活動は多岐にわたる．ストリート・パフォーマンスや集会，ベビー・シット，身障者などハンディキャップを持っている人々への介護，リサイクル運動，地域が支える農業，自警組織，地域交換・交易システムやコミュニティ・バンクの創設など，世界を見

渡せば市民が行なっている活動は数えきれないほどである (*Ibid.,* p.10).
コミュニティ・エコノミックスは世界で繰り広げられているこうした経験を
すくい上げ、それらから学ぼうとする実践的な学問分野である。これらの活
動は市場経済になじまないものが少なくないだけに、経済学はこれらを事実
上排除し、それらの意義を評価してこなかった。

② 地域近隣の意味

ニュー・エコノミックス・ファウンデーションは,「コミュニティ再生の
出発点はどこか?」という設問に,それは地域近隣 (local neighbourhood)
だと答えた (*Ibid.,* p.6). 地域近隣は,雇用,物価,環境,教育,治安,諸
外国との競争など身の回りで起こる経済的変化をすべて具体的に受け取る場
所であり,同時に問題と答えを発する実験場 (proving ground) でもある.
しかもそれは,「彼ら」と「我々」という境界を越えて,地域の人々が共に
集まり,議論し,合意する場所である. 図5-1からもわかるように地域近隣
は,3つのセクターが重なり合う場である. したがって3つのセクターの課
題がすべてこの場に凝集することになる. その場合注意しておかなければな
らないのは,地域近隣を二重の意味で考えておかなければならないことであ
る.

第1に,地域近隣は文字通り3つのセクターが重なり合う場である. 公的
セクターが行なう様々な分野の政策は,地域近隣で受け止められ,実施され
ていく. 私的セクターが行なう企業活動は,産業立地,資本投下,労働者の
雇用など,地域近隣に大きな影響を及ぼしている. このように2つのセクタ
ーの行為は地域近隣で受け止められ,影響づけられる. しかし地域近隣の中
心はやはりコミュニティ・セクターである. それを構成するのはそこに居住
する住民であり,公的セクターが住民のニーズをサポートしたり,私的セク
ターが住民の経済状況に影響を及ぼすことはできても,それだけでは住民の
意思を直接担う主体として存在することはできないからである. 人々のニー
ズが政策に反映しているかどうかの確認は地域近隣で行なわれる. また企業
活動が住民に利益と合致しているかどうかの判断も地域近隣で行なわれてい

る.

　第2に，地域近隣は，図5-1の円が2つずつ重なり合って形成される公共企業 (public enterprise)，地方自治体 (local government)，ローカル・ビジネス (local business) が寄せ合って形成される場である．とくに地方自治体とローカル・ビジネスはコミュニティ・セクターと重なることで形成されているだけに，この2つをどのように生かしていくのかという課題は，地域近隣の性格を決定づけるだけの重要な意味を持っている．地域近隣が発展するには地方自治体のサポートが非常に重要である．公的セクターからトップダウン的に下ろされてくる行政措置に住民の立場から反撃するには，地方自治の理念を生かし，それを具体的に生かしていく必要があるからである．その意味で地方自治体は公的セクターの意思を住民の立場から作り変えていく場でもある．ローカル・ビジネスはたんなる地域の特性を生かした地場産業という意味ではない．私的利益の追求を直接問題とせず，コミュニティに広範に存在する多様なニーズを掘り起こし，地域の物的・人的資源を活用することで成立する社会的企業とか，コミュニティ・ビジネスと呼ばれるものである．ニュー・エコノミックス・ファウンデーションによれば，社会的企業は，コミュニティの中にある社会的ニーズを実現することを目的に共通の富を創出し，社会資本を建設しながら，人々の生活の質的改善とを直接結びつけようとする新しい企業形態である (Stephen ans Zadek, 1997, p. 17)．

3. 社会的経済 (Social Economy)

　ところでコミュニティには，地域住民が暮らす場所としての地域コミュニティの他に，思想，社会的使命，娯楽，情報交換などを基礎に作られるコミュニティ（メンバーの人格的結合体）も含まれるから，第3セクターとしてのコミュニティ・セクターを概念的に把握する場合，それらをすべて包含し，より包括的にまとめ上げることが必要になる．富沢賢治の一連の研究は，第3セクターを「非営利」という概念で狭く把握するのではなく，個人が自主

的に組織するというように広く把握することによって，NPO，生活協同組合，農業協同組合，ワーカーズ・コープ，各種共済組合などの協同組織も含まれるようになること，したがって非営利・協同組織が担う経済を「社会的経済」，したがってそのセクターを「社会的経済セクター」と呼ぶべきであることを提唱してきた（富沢・川口編，1997：富沢，1999：富沢・川口編，1999：モロー，1996）．ヨーロッパにおいて経済学は19世紀から，富の蓄積や分配を基礎に据えてきた「政治経済学」（エコノミ・ポリティーク）と，社会問題の解決を目標に据えた「社会経済学」（エコノミ・ソシアル）とが古くから対立してきた．社会経済学の主張はその一部をマルクス経済学に，他の一部を福祉国家論に吸収されてしまったために，経済学は19世紀から1970年代まで政治経済学が主流となって形成されてきた．富沢の主張は，近年こうした流れが変化し，社会経済学への関心が高まってきていることを背景としている（富沢・川口編，1997，第1章）．とくに福祉国家の危機論や，社会主義経済の「崩壊」，サプライサイド経済学に対する反省は，社会的経済が台頭する契機であった．本章は，こうしたヨーロッパにおける変化や富沢らによる社会的経済論の主張を受け入れ，それをコミュニティ・エコノミックスに生かそうとする立場に立っている．この立場に立つならば，コミュニティ・エコノミックスは，社会的経済論の重要な一部を構成することになる．

　マンチェスター大学のステフェン・ヤングは，コミュニティを基礎に形成された社会的経済を，市場経済を担う多国籍企業から中小企業までのあらゆる形態を含む企業と，政府，地方自治体などの公共機関の間に位置づけている（Baker et al.(ed.), 1997, pp. 218-22）．ヤングによれば，その形態は労働者協同組合，食料協同組合，コミュニティ・ビジネスなどに代表される協同組合（co-ops），信用組合，地域交換・交易システム，パーマカルチャーなどの相互扶助組織（mutuals），フィランソロピーやチャリティに動機づけられた諸団体（associations, foundations）の3つがある．

　協同組合は，構成員の利益を実現するために組織化されたとはいえ，財や

サービスの取引を恒常的に行なっている点で市場経済に最も近く，利益の追求を排除してはいない．構成員は組合の資格を持つ者に限定されている．他方の極にある諸団体は，利他的要因に動機づけられており，利潤は団体の目的とは考えられていない．ただし収益を社会的に還元するかぎりでは，収益性は否定されていない．構成員は外に開かれており，限定されていない．社会的公益性を実現しようとする点では，公的セクターに最も近い．両者の間に相互扶助組織がある．構成員は地域の居住者に限定されるのが通常で，その基本的動機は利己主義と利他主義の双方を兼ね備えている．

　これら3つの形態はいずれも社会的経済に属するが，コミュニティ・エコノミックスはこれらの形態に該当する具体的組織を活用して，地域経済の再生・活性化，社会的排斥の解決，環境保全などの課題に取り組もうとする．

4. コミュニティ・セクターの形成場所

　図5-2に示されているように，『進歩のパラダイム　経済学を越えた生活』（邦訳『地球市民の条件』）の中でアメリカの市民活動家ヘーゼル・ヘンダーソンは，産業社会の生産システムを2段と，4層に分かれたケーキになぞらえた．上半分は貨幣取引を前提に日常的に広範に行なわれている「公認の市場経済」（フォーマル・セクター），下半分はそれを前提にしていないために，社会の中でしばしば隠蔽された形でしか現れてこない非貨幣経済（インフォーマル・セクター）である．産業社会はこうした2つのセクターが合わさって構成されている（ヘンダーソン，1999，38頁）．ニュー・エコノミックス運動に古くから関わってきたジェームズ・ロバートソンは，「産業主義の全体的流れは，人間の活動をインフォーマル・セクターから追いやることであった」と述べ（Robertson, 1998a, p. 76），インフォーマル・セクターを排除することで成立している経済学の現状を批判した．このように経済学はフォーマル・セクターを理論化することはできても，インフォーマル・セクターを組み入れた理論構成を意識することさえしてこなかった．それは経済学が

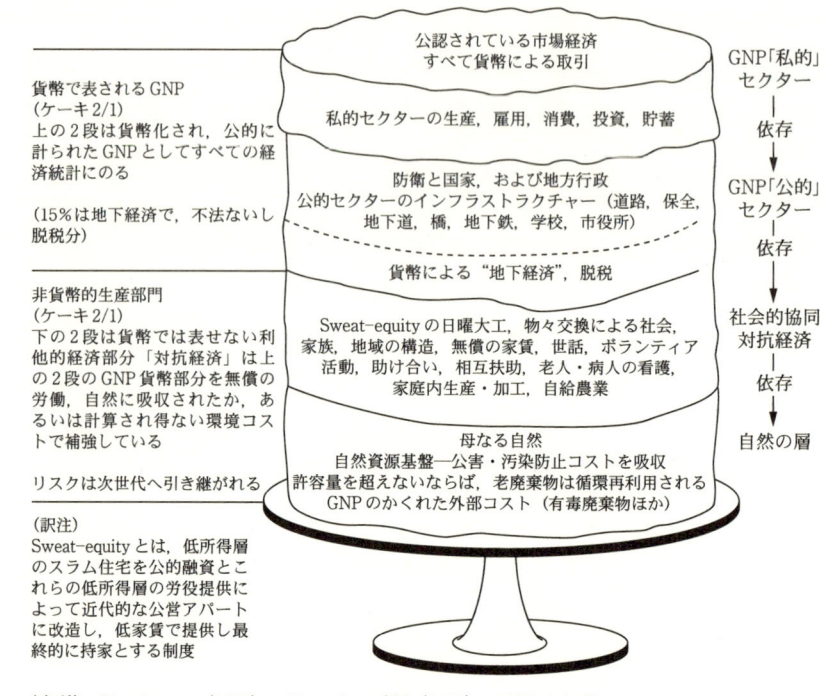

貨幣で表されるGNP （ケーキ2/1） 上の2段は貨幣化され，公的に計られたGNPとしてすべての経済統計にのる (15%は地下経済で，不法ないし脱税分)	公認されている市場経済 すべて貨幣による取引	GNP「私的」セクター ↓ 依存
	私的セクターの生産，雇用，消費，投資，貯蓄	
	防衛と国家，および地方行政 公的セクターのインフラストラクチャー（道路，保全，地下道，橋，地下鉄，学校，市役所）	GNP「公的」セクター ↓ 依存
非貨幣的生産部門 （ケーキ2/1） 下の2段は貨幣では表せない利他的経済部分「対抗経済」は上の2段のGNP貨幣部分を無償の労働，自然に吸収されたか，あるいは計算され得ない環境コストで補強している リスクは次世代へ引き継がれる	貨幣による"地下経済"，脱税	
	Sweat-equity の日曜大工，物々交換による社会，家族，地域の構造，無償の家賃，世話，ボランティア活動，助け合い，相互扶助，老人・病人の看護，家庭内生産・加工，自給農業	社会的協同対抗経済 ↓ 依存
	母なる自然 自然資源基盤—公害・汚染防止コストを吸収 許容量を超えないならば，老廃棄物は循環再利用される GNPのかくれた外部コスト（有毒廃棄物ほか）	自然の層

（訳注）
Sweat-equity とは，低所得層のスラム住宅を公的融資とこれらの低所得層の労役提供によって近代的な公営アパートに改造し，低家賃で提供し最終的に持家とする制度

（出所） Henderson, (1991) p. 30. エキンズ編（1987）41頁より転載．

図 5-2　産業社会の生産的構造（デコレーション3段ケーキ）

コミュニティを理論化することのできなかった理由と同じである．フォーマル・セクターは，民間資本による私的企業の活動領域と，国や地方自治体の活動領域である公的部門に分かれている．最近行なわれている新自由主義をめぐる議論や福祉国家批判は，図5-2に示された産業社会のうち，公か，民かといった，フォーマル・セクターの重点を争う議論でしかない．

図5-2で重要なことは，このケーキがどのような順序で積み重ねられているのかという点である．まず第1にこの図は，フォーマル・セクターがインフォーマル・セクターを土台として，その上に乗る形で描かれている．土台の安定しない建築物が崩れやすいように，産業社会もインフォーマル・セクターという土台が安定しなければ非常に脆いものとなる．経済学がフォーマ

ル・セクターに関心を寄せ，インフォーマル・セクターを排除してきたということは，この土台についての考察を欠落させてきたことを意味している．インフォーマル・セクターは，物々交換，家事，育児などの家内労働，ボランティア活動，労働者協同組合や生活協同組合などの社会的経済など多様な形態をとる．ヘンダーソンによれば，こうしたセクターこそがフォーマル・セクターを支えてきたのである．第2に，この図は「母なる地球」，すなわちエコロジーが産業社会全体を支えていることである．したがってフォーマル・セクターがインフォーマル・セクターを支えていると同時に，「母なる地球」が経済全体を支えていることになる．「母なる地球」は土台の中の土台である．したがって環境を貨幣的に評価し，それを経済学の中に組み込んだとしても，そのことによって問題が解決したわけではけっしてない．ロバートソンが指摘したインフォーマル・セクターからフォーマル・セクターへの転換は，土台を無視し，それを意識的に排除することで，貨幣取引が行なわれているフォーマル・セクターの肥大化を社会の発展と同一視しようとする誤解から発生していた．

　その結果どのようなことが生じたのか．『生きている経済』によれば，ミクロ経済を集計しただけにすぎないマクロ経済は，依然として数量化，貨幣経済化にとらわれているために，それにはなじまないインフォーマル・セクターを結局は排除せざるをえなかった．その結果，「地域的な異同，地域の特質，共同体結合の強弱などはマクロ経済政策が基礎とするマクロ経済の集計過程で蒸溜され，雲散霧消してしまう」ことになる（エキンズ，1987，236頁）．フォーマルな経済では，「最終的な産出のみを目的に生産し，社会的価値に対する配慮はまったくない」．しかし社会的，環境的"産出物"の価値はドルの価値で測れるものではない．そのことは結局，「一般民衆が，個人を越えた経済問題を理解できなかったり，無関心になったりする」結果をもたらした．それは人々の理解が及ばないからでは必ずしもない．「人々の無知は，自分たちの経済生活や地方の個性をコントロールする力の欠如に対応している」にすぎないのである（同，235頁）．したがってコミュニテ

ィの再生は,自助 (self-help) や相互扶助 (mutual aid) を再評価することを含んでいる.

それに対してインフォーマル・セクターを重要視することは,「どれだけの量が生産されたかではなく,どんな方法で,誰のためにが重要なのであり,金銭的用語に直接置き換えてこれを測定するのは不可能である」という立場に基づいている (同, 194-6頁). ロバートソンによれば,産業主義は,経済生活と社会生活の分断,生産と消費の分断,専門化,財の生産とサービスの提供に基づいた経済成長,経済的繁栄に支えられた社会サービスの増大を進歩とみなしてきたにすぎない (Robertson, 1998a, pp. 75-6). インフォーマル・セクターの再生という課題に取り組むことは,こうした進歩観が虚構にすぎないという断罪と結びついている (*Ibid.*, p. 75).

その声が,私的セクターや公的セクターとは別の理念に基づいて,コミュニティ・レベルで,「社会的,経済的,物理的繁栄に実質的改善をもたらす,まだ利用されていない資源を利用した」経済活動に向けられるのであれば,社会的企業 (social entreprenuer) として発展していくことになる (Stephen and Zadek, 1997, p. 17). これはコミュニティ・レベルで行なわれるフォーマル経済である. それに対して,コミュニティ・レベルで設立された「地域交換・交易システム」(LETS) や信用組合 (credit union) などはインフォーマル経済の具体的例である. いずれも,コミュニティの資源とそこに居住する人々の工夫によって発案された経済活動である.

5. 市民の主体的意思

(1) 参　加

マイケル・ジェイコブスは,持続可能な発展概念について,環境と経済の統合,将来性 (futurity),環境保護,(世代内,世代間) 公平,生活の質の向上,参加,の6つのコア理念を指摘している (Dobson(ed.), 1999, pp. 26-7). ジェイコブスによれば,参加は,他の理念と違って,ブルントラント委

員会においても，国際自然保護連合，国連環境計画，世界自然保護基金がまとめた『かけがえのない地球を大切に』においても，目的の実現に向けた手段としか位置づけられていなかったが，1992年地球サミットで採択されたアジェンダ21においてようやくそれ自体に固有の価値があることが指摘されるようになったのだという．アジェンダ21は，「すべてのプログラム分野において各国政府によって合意された目標，政策，及びメカニズムの効果的な実施にとって，すべての社会集団のコミットメントと真の関与が重要である」という観点に立って，さらに「持続可能な発展の達成のために基本的に不可欠な条件の1つは，政策決定への幅広い国民の参加である．さらに環境と開発というより明確な分野では，新たな参加形態が必要になっている．この新たな参加形態には，個人，団体及び組織が環境影響アセスメント手続きに参加し，意思決定について知り，その意思決定に参加することを含む」と述べている（『アジェンダ21』，1993，343頁）．

　このように持続可能な発展にとって市民参加は非常に重要な役割を果たすようになってきた．持続可能な発展が求める世代内公平は，先進国と途上国との公平ばかりでなく，インナー・シティ問題や条件的に不利な農業地域問題など，先進国内部で発生する経済的，社会的格差を是正するために，政策の立案，決定過程に市民が参加し，その声を反映させていくことがどうしても必要となっている．言うまでもなく，持続可能な発展とは社会構造を変革する触媒の役割を果たすだけで，それ自体がある固定された青写真で描かれているわけではない．むしろ持続可能な発展という白いキャンバスがあるだけで，それに色を塗るのは行政，企業，市民といった参加主体である．市民参加は，こうした触媒機能を果たす持続可能な発展概念を動かす力の1つである．

　持続可能な発展は，国際機関や政府，地方自治体といった行政組織，営利を目的とした企業組織，そして市民といった，社会のすべてのステークホルダー（stakeholder）がパートナーであることを確認し，相互認識と相互理解に立って，協力し合う中で実行に移される．パートナーシップが確立するに

は，コミュニティの場にステークホルダーすべてが集まり，それぞれの立場で対等に意見を言い合うことが前提となる．そこでは参加者がすべて平等な構成員であることを認め合うという前提も必要となる．

このことは，行政が定めた政策や計画を市民が受動的に受け止めるしかないといったトップダウン的な参加から，地域のニーズを掘り起こし，それを束ね，具体的な要求にまで高めながら，さらに立案や，決定過程の場にボトムアップ的に参加していく方式へ転換していくことを意味している．そこでは参加者に何らかの制約が課せられるべきではなく，すべてのステークホルダーに開放され，自由に発言する機会が提供されていなければならない．市民もその責任を認識しながら，パートナーシップの重要な一翼を担うことになる．こうした転換によって，参加概念は大きく変わっていくことになる．

第1に，この転換によって，市民は政策や行政計画の実施に参画するだけではなく，理念，目的などの決定にも関わるようになる．行政があらかじめ定めた計画に，形式的な諮問委員会や公聴会に参加するといった参加形式では，市民が理念，目的の設定にまで踏み込んで参加することはできない．それでは「おまかせ民主主義」から抜け出すことはできない（世古，1999，9頁）．民主主義は作るものであって，与えられるものではない．

第2に，こうした転換が可能になるためには，市民の概念が狭い意味での住民概念から脱し，より積極的な「能動市民」(active citizenship) へと変化していく必要がある．市民参加のデザインを強調する世古は，分権は中央政府から地方自治体への分権だけでなく，市民分権もあってはじめて実体的になると指摘している（第3の分権）．そのためには，市民が自己決定権を拡大し，自己責任の原則を確立する必要があると述べている．ジェーン・パーカーやポール・セルモンによれば，能動的市民とは本来自由主義的個人主義にその基礎を持っているものの，個人主義だけでは限界を持ち，生活の質的向上や環境保全に集団的責任を果たすことができるよう，コミュニティ全体を視野に入れた活動領域を広げていく市民であるという．彼らによれば，「諸個人はコミュニティの構成員として参加することによってのみ，完全な

市民になることができるようになる」という (Buckingham-Hartfield and Percy(ed.), 1999, p. 20).

　第3に,もちろんこのような市民は直ちに育成することができるわけではない.そのためには,市民が参加できるようなチャンネルが用意されていると同時に,コミュニティ・ビジョン,合意形成,ラウンドテーブルといった斬新な参加テクニックの開発も必要である.しかもそのテクニックははじめから高度なものであってはならない.大事なことは,市民の意識レベルやコミュニティとの関わり方の程度を尊重しつつ,参加が次第に広がり,かつ高度になっていくような「参加の階段」を用意することである.それがなければ,市民参加はイデオロギーのお仕着せになってしまいかねない.また参加の形式は無理がないようにも工夫されていなければならない.後述するように,ニュー・エコノミックス運動はこの階段を参加テクニックとして開発することに努力してきた (NEF(n.d.), *Community Works !*).しかも「参加の階段」は,ニンビィイズム (NIMBYism),すなわち「私の裏庭でさえなければ」(not in my backyard)——「近くに原発がなければ」,「近くにゴミ焼却場がなければ」,……——といったエゴイズムを克服していくためにも必要である.パーカーやセルモンは,こうした意識自体,それまで参加を認められてこなかった市民の意識の反映 (citizen disenfranchisement) であり,その克服は容易ではないと指摘している (*Ibid.*, p. 21).

(2)　エンパワーメント

　エンパワーメントはより発展した市民参加の形態である.シェリー・アーンスタインは,図5-3のように市民参加の階段を描いている.エンパワーメントは,この図のパートナーシップ,委任されたパワー,市民のコントロールからなる「市民のパワー」の部分に該当する.

　市民はこの階段を下から登っていくにつれて,参加する領域を広げ,発言力や行動力を増やし,次第に市民が行使することの出来るパワーを獲得していく.しかしそれだけではエンパワーメントとはならない.エンパワーメン

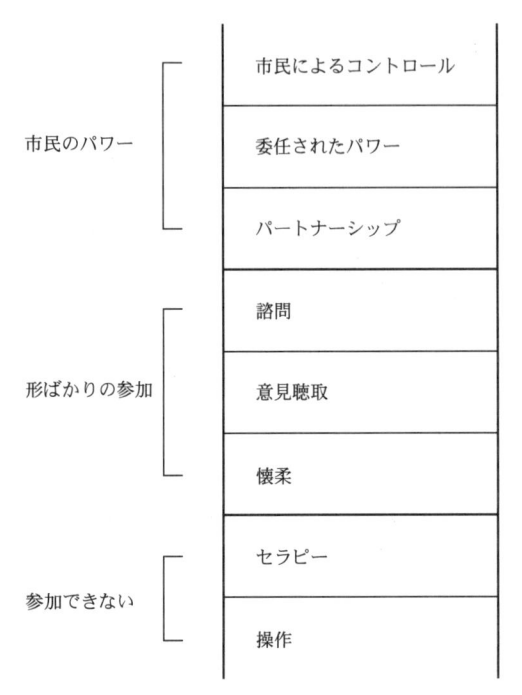

```
            ┌─ 市民によるコントロール ─┐
   市民のパワー │  委任されたパワー    │
            └─ パートナーシップ     ─┘
            ┌─ 諮問           ─┐
   形ばかりの参加 │  意見聴取        │
            └─ 懐柔          ─┘
   参加できない  ┌─ セラピー        ─┐
            └─ 操作          ─┘
```

（出所）　NEF, *Participation Works !*, n.d., p. 2.

図 5-3　市民参加の階段

トとは，他のセクターとの関係概念であるから，他のセクターと交渉する能力（bargaining power）を市民が獲得し，パートナーを組むことによって，コミュニティのために人的，物的資源を動員しながら，市民のコントロールが多方面に及ぶようになる状態を指している．エンパワーメントの獲得は，市民参加という自由な形式をとるだけに，法的に規定されている場合を別にすれば，一般的にその権限の根拠や範囲も不確かなものになりがちである．これを確かなものにするには，獲得したパワーが後戻りしないような手続き上の確認と，さらにそれを引き上げていく展望を持つことが必要になる．

6. コミュニティ・エコノミックスの課題

(1) ニュー・エコノミックス運動の活動領域

ニュー・エコノミックス・ファウンデーションの目的は，持続可能な経済をコミュニティ・レベルで実現し，経済的に自立した地域社会を確立することである．トップダウンの手法で何かを人々に行なうことを発展と見なしてきた地域振興の伝統的なアプローチとは違って，ニュー・エコノミックス・ファウンデーションは創意と工夫を用いた自発的な意思に基づいて人々自身が行なう発展のあり方を模索していた．そのためには伝統的アプローチに代わる新しい手法が開発される必要がある．ニュー・エコノミックス・ファウンデーションが目指していたのは，地域発展のビジョンとともに，その手法の開発である．ニュー・エコノミックス・ファウンデーションは，その手立てを動員と行動の2つの領域に分け，それぞれの領域で課題を挙げている．動員のための手立ては，地域経済の実態を認識し，市民の参加を促すための情報提供を目指すと同時に，新しいコミュニティの方向や理念を明らかにすることを課題としている．行動のための手立ては，動員のための手立てを踏まえて，それを実際に生かしていく具体的な分野を明らかにすることを課題としている．表5-1は，この2つの領域について，ニュー・エコノミックス・ファウンデーションが現在取り組んでいる7つの活動分野を示したものである．そこで，それぞれについて詳しく見ていくことにしよう．

表5-1 ニュー・エコノミックス・ファウンデーションの活動分野

A 動員のための手立て
1 コミュニティ・インディケーター
2 コミュニティ・ビジョン
B 行動のための手立て
3 第3セクターの社会的監査
4 発展のための資金
5 地域通貨
6 コミュニティにおける経済行動
7 社会的企業

(出所) ニュー・エコノミックス・ファウンデーションのホームページより．www.neweconomics.org

(2) 動員のための手立て

① コミュニティ・インディケーター

　コミュニティが持続的であるには，地域経済の活性化，社会的ニーズの充足，環境保全の増進の3つが同時に実現されていなければならない．そのためには，それぞれがどの程度実現され，コミュニティが持続可能な地域社会となっているかどうかを知る必要がある．「コミュニティで何が起こっているのか？」，「教育システムはどうなっているのか？」，「犯罪は増加しているのか？」，「環境に問題はないのだろうか？」，「地域経済はうまくいっているのか？」……．こうした疑問に答えてはじめて，コミュニティの実態がうまく把握される．ニュー・エコノミックス・ファウンデーションはそのためにコミュニティ・インディケーターの開発に取り組んでいる．インディケーターは，コミュニティの実態を，コミュニティに関わるステークホルダー全員が知る情報伝達の手段であるから，実際に活用されるようにするには，複雑で，解釈が分かれるといったものであってはならない．一目で分かるように洗練され，できるだけ単純なものが相応しい．

　ニュー・エコノミックス・ファウンデーションは，コミュニティの実情を的確に把握できるインディケーターを1998年に発表された報告書『コミュニティ・カウント！』の中で詳細に検討している（NEF, 1998, p.9）．その

表5-2 コミュニティ・インディケーター作成の理由

① 人々にとって何が重要であるのかに関心を集中させる．
② 人々が協力して活動できるようにする．
③ コミュニティの長所，及び短所に対する自覚を高める．
④ 人々が意思決定に関わる機会を増やす．
⑤ ニーズに合った適切な解決策を発見するコミュニティの能力を創る．
⑥ 実践的行為を起こすコミュニティの能力を高めることによって，隠れた潜在能力やエネルギーを開発する．
⑦ すべての年齢層に対して学習機会を創る．
⑧ 官僚制度，既存の意思決定プロセスを打破し，情報公開を行なう．
⑨ 意思決定者に幅広く影響を与える．
⑩ 帰属意識や関心を増やす．

（出所）　NEF（1998）p.11．

第5章　コミュニティ・エコノミックスの課題　　　　167

中で，コミュニティ・インディケーターを作る理由が指摘されている（表5-2）．

② コミュニティ・ビジョン

ピーター・センジは『第5の原則』の中で，コミュニティは現実とビジョンの双方で引き合うゴム紐のようなものだと述べている．緊張を解くには，ビジョンの方向に現実を引っ張るか，現実の方向にビジョンを引っ張るか，どちらかしかない．どちらが選ばれるかは，我々が確実なビジョンを持っているかどうかにかかっている，と述べている．ビジョンとはコミュニティの現実を変化させようとする試みであるから，変化に対する抵抗を克服するには，次のような定式が成立していなければならない．

$$D \times V \times F > R$$

　　　ただし，Dは現実に対する不満（Dissatisfaction），Vはビジョン（Vision），Fはビジョン実現のための第一歩（First Step），Rは抵抗（Resistance）を指す．

D，V，Fのいずれかがゼロであれば，左辺もゼロとならざるをえない．このうち最も欠けがちな要素はビジョンである．したがってコミュニティ・ビジョンを持つことは，コミュニティのあり方を検討していく上で最も重要な論点となる（NEF, 1997, p. 6）．

ニュー・エコノミックス・ファウンデーションは，1997年4月に「コミュニティ・ビジョンセンター」を内部に設立し，地域社会の将来を展望するコミュニティ・ビジョンの開発に本格的に着手し始めた．センターの目的は，「社会改革の手法として出来るだけ広範囲にコミュニティ・ビジョンの活用を広げること」にある．センターは，その設立に先立ってすでにコミュニティ・ビジョンを活用するためのマニュアルを発表していた（*Ibid.*）．

(3) 行動のための手立て

行動のための手立ては,コミュニティ再生のためにニュー・エコノミックス・ファウンデーションが具体的に取り組んでいるプロジェクトを列挙したものである.コミュニティ・ファイナンスと地域通貨についてはそれぞれ第7章と第8章で詳しく論ずることにして,ここでは社会的監査(NEF(n.d.), *Social Auditing for Small Organisations*),社会的企業(町田,2000)について見ることにする.

① 社会的監査

社会的監査とは,「企業がその社会的目的に関わるパフォーマンスを説明し,そのパフォーマンスについて報告する過程である」.社会的目的に関わる情報を収集する「社会的簿記」(social book-keeping) と,それを多面的に分析する「社会的判断」(social accounting) とを全体として検討した過程である.社会的監査の結果は対内的に,対外的に公表されなければならない (Pearce(n.d.), p.5).

本来企業は,財務状況についての説明,監査は求められるが,社会的パフォーマンスについての説明責任は法律上求められていない.ニュー・エコノミックス運動は,法的な説明責任はないものの,法人組織が社会的存在であり,様々な社会的影響を有している以上,説明や監査を道徳的責務とすることを求めている.ニュー・エコノミックス・ファウンデーションは,民間企業ばかりでなく,コミュニティ・レベルで活動を行なうボランタリー組織についても社会的監査の実施を求めてきた.後述するように社会的企業は,利潤を追求する営利性を持つと同時に,社会的目的の実現を目指してもいる.したがって本来このような組織は,社会的便益を極大化すると同時に,市場経済の中で競争に伍して生き残っていかなければならない.しかし両者はえてしてトレード・オフの関係になる場合が多い.営利を追求するばかりに社会的目的が希薄になったり,逆のケースが生じる場合もある.したがって,両者のバランスを保つことが必要となる.その場合「持続性」がバランスを維持する際の鍵を握っている.

第5章　コミュニティ・エコノミックスの課題　　　　169

　社会的監査は4つの目的を持っている．第1に，組織のパフォーマンスを効率的にモニタリングする方法であること，第2に，すべてのステークホルダーの行動に指針を与えること，第3に，収集した情報に基づいて当該年度の目標値の達成度を明らかにし，報告すること，第4に，組織が目標にしていた社会的，文化的，環境的諸目的の実現についてすべてのステークホルダーが判断できるようにすること，である（*Ibid.*, p. 7）．

　こうした目的を実現する社会的監査には7つの原則がある．①すべてのステークホルダーの意見を取り入れる多面性（multi-perspective），②監査結果の公開（disclosure），③組織パフォーマンスが有するすべての側面を対象にした包括性（comprehensive），④定期的かつ周期的な実施（regular and iterative），⑤同様の他組織との比較（comparative），⑥既得権を有していない第三者による確認（監査 verification），⑦これらを総合した結果としての社会的責務の改善（improved social responsibility）である（*Ibid.*, p. 8）．

　社会的監査の試みは古くは1950年代前半から行なわれてきたが，バルデーズの原則の確立や，環境管理・監査システムの実施を契機に，1980年代後半から90年代にかけて本格的に実施されるようになった．ニュー・エコノミックス・ファウンデーションは，1990年代から社会的監査の基本モデルの策定に着手し始め，1999年には自らの社会的監査を実施するようになっている．

② 社会的企業

　コミュニティは，グローバル化が進む中で一見華やかに見える現代社会の陰で見落とされてきた様々な問題――経済的，社会的，環境的――が縮図のように発生する場所である．確かにグローバル化の進展によって，経済規模は拡大し，多くの人々が物質的富を享受することができるようになった．しかしその一方，地域経済は衰退し，学校は荒廃し，犯罪の多発やホームレスの増大など，「社会的排斥」と呼ばれる新しい形態の貧困問題が生じている．ニュー・エコノミックス・ファウンデーションが開発した「持続可能な経済厚生指数」（ISEW）によれば，1980年代に入って主要な先進国の経済厚生

指数は確実に下がってきており，貧富の格差の増大も含め，生活の質は悪化している．こうした問題に苦しむ現場であると同時に，その解決も具体的に模索しなければならないのがコミュニティである．

しかし，1990年代に入って民間企業の発展や公的セクターが主導したプログラムの実施だけでは，コミュニティの再生を果たせなくなってきている．このことは第2次大戦以後の大量生産・大量消費システム（産業主義）や，それを支えてきたケインズ主義，そしてそれを批判した新自由主義的経済政策が有効に機能しなくなってきていることの反映である．すなわちデマンド・サイド，サプライ・サイド双方のアプローチといった取り組みでは問題が解決することができなくなっている．今問われているのは，こうした諸問題に新しい視点とアイデアで，新しい手法を用いながら接近していくことである．

ニュー・エコノミックス・ファウンデーションは，現代を「企業の時代」と位置づけた上で，「この概念は金銭的利益を求めるといったものではなく，理性のための新しい試みを行なっている人々にも広げられるべきである」と指摘し (Stephen and Zadek, 1997, p.14)，その具体化として社会的企業を提唱している．わが国でもコミュニティ・ビジネスとして社会的企業が注目されるようになってきている（細内，1999：同編，2001）．ニュー・エコノミックス・ファウンデーションがまとめた『実践的な人々　見事な運動』は，社会的企業について次のように述べられている．

「社会的企業は個人のための富を創出しようとするのではない．社会的企業は広範なコミュニティのための富を創出する．それらは社会的結果を促進するために社会的資本を建設する．それらはその行為を，労働力やサービスを提供する人々の生活の質的改善に結びつけようとする．それらは財政的，組織的，社会的，環境的に持続的な解決策を生み出そうとする」(Stephen and Zadek, 1997, p.14)．

ここでの要点は，社会的企業は，個人ではなく，コミュニティ及びそこに居住する市民の利益に結びついた企業活動を目指していること，そのために

第5章　コミュニティ・エコノミックスの課題　　　　171

はそのための社会資本の整備も行なうなど，総じてその活動は持続可能なコミュニティの発展を展望した他の分野の活動と連携していることである．社会的企業は，こうした目的を実現するために，少なくとも3つのことを行なわなければならない．第1に，コミュニティの中にある社会的ニーズの発見である．コミュニティには，私的セクターや，公的セクターでは実現されることがなく，そのために表に出てこなかったニーズが数限りなくある．そこには意識されていたニーズもあれば，意識の外に追いやられているニーズもある．社会的企業はそのニーズを掘り起こし，企業として成立させなければならない．第2に，社会的企業は，コミュニティの中にある資源を積極的に活用することを優先し，コミュニティの外から導入することを極力避けるものでなければならない．コミュニティにはそれまで埋もれて，あまり活用されてこなかった資源や経験，アイデアが相当にある．それらはただ活用する場所がなかっただけで，社会的企業といった新しいスタイルの企業の創出によって陽の目を見ることができるものである．第3に，社会的企業によって創出された富やサービスは，コミュニティの中で循環し，再生産のために活用されるように工夫されなければならない．

むすびに代えて

『権力を取り戻す』によれば，コミュニティをめぐる選択肢は2つあるという．1つは，自由主義パラダイムを継続し，成長を約束しながら，福祉サービスと資源の配分を通じてコミュニティを分断してきた道，もう1つは，地域経済の衰退を理由にコミュニティを犠牲者と考えてきた認識を転換し，むしろ再生の担い手であるという立場に立って新しいパラダイムを作り上げようとする道である（Mayo et al., 1999, p. 1）．私たちの心の置き所はどちらの道なのだろうか．
　コブとともに『共通善に向けて』を書いた定常経済論者ハーマン・デリィは，アダム・スミス以来の個人主義に基づいた経済学では社会を個人の集合

体としてしか見なさず，人間をコミュニティの中の個人として認識する視座を失った結果，集団的な善（collective good）を考える余地を自ら奪ってきたと指摘した．デリィは，「基本的に人間は社会的存在であり，経済学はそうした現実の認識に基づいて再び確立されなければならない．我々はコミュニティの中の人間といった，新しいホモ・エコノミカス概念に基づいて経済学を再検討しなければならない」（Daly and Cobb, 1989, pp. 7-8）と述べている．これまで経済学は，人間を類的・社会的存在と考えてきたマルクス経済学を除いて，集団の中に人間を位置づけることをしてこなかった．市場を媒介とした人間諸関係を対象とするばかりに，経済学は人間を個人に還元し，その結果，経済を対象とすることはできても，社会を対象とすることを事実上閉ざしてきた．コミュニティを対象とする経済学は，研究分野をこれまで扱われてこなかった分野にまで拡げたということを意味するのではない．コミュニティ・エコノミックスには，人間を社会的個人として認め合い，経済学のパラダイム転換の可能性が秘められていることこそが重要である．

ニュー・エコノミックス運動に当初より関わってきたジェームズ・ロバートソンは，福祉国家とは「産業主義に統合された一部にすぎない」と述べ，「福祉国家の後に来るものは何か？」と問題提起した上で，その解答として，地域経済の再生を経済システム全体の改革に組み込んだ社会改革に求めた（Robertson, 1998a, p. 75）．こうした改革に取り組むには，「合理的な説明が不可能な諸制度や経済変化の遠心力から人々の生命や生活の権限を取り戻し」，自立した地域経済の確立が必要になる（Robertson, 1998b, p. 35）．そのためには，コミュニティが持っている知恵や技術，経験を持ち寄り，それらをコミュニティ再生の資源として活用する（involvement）と同時に，パートナーシップに基づいた市民参加を促しながら（participation），多くの地域がそれぞれの責任で多様な戦略を構想し（decentralization），将来ビジョンにつなげていく努力が必要になる．ニュー・エコノミックス運動は1980年代から，世界各地の経験を持ち寄り，こうした課題に具体的に取り組んできた．この取り組みはまだ始まったばかりである．

第 6 章　豊かさを測る
―持続可能な経済厚生指数の意義―

1. 新しいインディケーターの必要性

『パラダイムの中の進歩』(邦訳『地球市民の条件』)を書いたアメリカの市民活動家ヘーゼル・ヘンダーソンは,「この変革の時代にとって,認識の転換こそ,根本的に重要である.すなわち,何が重要か,何に価値があるのか,追求すべき目標は何か,この目標に向かう全体的な進歩を測定する方法は何か,という認識が根本から問い返される.新しいパラダイムから出現しつつあるスローガンによって,経済の進歩,産業の近代化,成長するGNP,といった古いスローガンが挑戦を受けている」と述べた(ヘンダーソン,1999,10頁).ヘンダーソンによれば,GNP(国民総生産)は稀少性(scarcity)に苦しむ時代を克服しようと進められてきた産業主義と一体となって,産業主義の進展自体を量的に測る指標として開発された.しかしGNPは経済指標にとどまらず,例えば1人当たりGNPに見られるように,「人間生活の総合的な向上を示す指標」としても用いられてきた.GNPを開発したクズネッツ自身,「国民の厚生は国民所得の測定からでは推し量ることはできない」と述べている(Jackson and Mark, 1997, p. 1).今求められているのは,GNPに代わる新しい指標を開発することによって,豊かさの構造や多様性を表現し,社会の健康状態や進歩を明示することである.GNPは経済の規模が拡大したことは表現しても,社会の成功を表現しているわけではけっしてないからである.

第2次世界大戦後，主要な先進国は経済政策の目標をGNPやGDP（国内総生産）を指標とする経済成長（economic growth）におき，それを経済活動の規模を「理解する道具」として用いると同時に，豊かさを測る「判断の道具」としても使用してきた．後に指摘するように，その理由の1つは，「GDPの上昇と国民の豊かさの上昇が相関していた」という現実があるからである．GNPとは，GDP，すなわち当該年に生産された財とサービスを貨幣価値で評価した総額に，海外からの要素所得を加え，海外に出ていく要素所得を控除した集計値である．GNPは生産された財とサービスが市場で取引された規模を貨幣で表示するから，経済活動の規模と方向を理解する経済分析の道具として用いることは間違ってはいない．しかしだからといってこのことは，豊かさを測る「判断の道具」としてGNP統計を使用する合理的根拠になるわけではない．ヘンダーソンが指摘するように，社会の目標が稀少性の克服から多様な価値観に支えられた生活の質的向上へと転換していくならば，「産業社会の成功を測るための傑出した尺度」であったGNPは「毎日のように挑戦を受けなければならなくなる」のは当然である（ヘンダーソン，前掲書，101頁：Friends of the Earth, 1998, pp. 61-3：Moffiat, 1996）．しかしGNP神話を崩すには，GNPを批判すると同時に，それに代わる新しい指標を開発する必要がある．GNPが依然として使用され続けているのは，「それに代わるより適切な指標を提供する単一の尺度がない」ということも一因となっている（Jackson and Mark, 1997, p. 1）．今大事なことは，「社会的，経済的，環境的問題を1つの単一の持続的指標を統合する」方法を発見することである（Zadek (n.d.), p. 2）．

　新しい指標を開発する試みはこれまでも行なわれてきた．トービン・ノードハウスによる「経済厚生尺度」(MEW)，それをわが国に適用した純国民福祉指標（NNW)，ゾロタスによる「福祉の経済的側面」（EAW Index）などはそうした試みの1例である．しかし本章で明らかになるように，こうした指標では依然として豊かさの構造や多様性を的確に表現することはできない．第1に，高度成長期にその「ひずみ」として発生した公害が依然として

解決できていないどころか，地球の温暖化，オゾン層の破壊，酸性雨など，地球的規模での環境破壊が進む中で，そうした新しい事態を，指標で示す項目の追加が必要になっている．福祉の指標が人々の生活実態を正確に映し出すものであるならば，社会の変化に応じて新しい項目が追加されるのは当然である．第2に，1987年に「国連環境と開発に関する世界委員会」（通称ブルントラント委員会）が提起した「持続可能な発展」概念を積極的に受け止める必要がある．この問題提起を生かすには，新しく開発される指標の中に，伝統的な国民所得概念に代わる「持続可能な所得」概念が含まれていなければならない．環境運動をはじめとする市民運動や，その一環として展開されてきたニュー・エコノミックス運動が豊かさを測る新しい指標として「持続可能な経済厚生指数」（Index of Sustainable Economic Welfare, ISEW）の開発に努めてきたのは，環境問題を引き起こした，行き過ぎた経済成長を批判すると同時に，持続可能な所得という，1980年代以降の環境運動の経験と成果に基づいて，それを具体化する指標の必要性を痛感し始めたからである．

　最初にISEWを提唱したのは，ハーマン・デリィとJ.B.コブがまとめた『共通善に向けて』の補論においてであった．デリィらは，GNPより適切な指針を提供する経済指標の必要性を訴え，その観点から，GNP統計はもとより，持続性を視野に入れていないゾロタスの「福祉の経済的側面」や，環境問題が考慮されていないノードハウス・トービンのMEWに代わる指標としてISEWの開発を訴えていた（桂，1997）．アメリカでは，コブらの努力によって「真の進歩指標」（Genuine Progress Indicator, GPI）という名称で1990年代からこの指標の具体化作業が進んでいるが，イギリスについてもストックホルム環境研究所を中心に戦後のISEWの推移を明らかにする研究が進んできた．これまでイギリスのISEWの調査結果は，ストックホルム環境研究所が1950年から1990年までを対象とした第1回報告（*Measuring Sustainable Economic Welfare—A Pilot Index : 1950-1990*, 1994）と，ニュー・エコノミックス・ファウンデーションが1950年から1996年までを対象とした第2回報告（*Sustainable Economic Welfare in the UK 1950-*

1996, 1997) で詳細に発表されている．

　今のところ ISEW は不完全な経済厚生指数である．指数（index）とは，データ（data），統計（statistics），指標（indicator）へと，下から上へ積み上げられた「情報ピラミッド」の頂点に位置する，単一の指標である．生のデータは分析，加工されて統計になる．統計は，伝達のために単純化されて指標となる．指数は高度に洗練された指標である．すなわち指数とは，異なる複数の指標を，貨幣価値という共通の尺度で1つの数字にまとめ上げることで，本来比較することの出来ないものを比較可能にする知恵である（WWF and NEF, 1997, p.4）．生活の豊かさは様々な要素によって構成されている．異なる10の種目を競技してポイントを争う陸上の10種競技のように，走り幅跳びと，100メートルのスプリント競技を比較することは本来不可能である．しかしあらかじめ決められたポイントに換算し，合計スコアで順位を争うことは人間が持つ能力を総合的に測る1つの工夫である（Jacobs, 1991, p.238）．ISEW もそうした工夫の1つである．本章は，ISEW が開発された背景と，この指数が持つ問題点と限界を指摘しつつ，その意義についてイギリスを素材に明らかにすることを課題としている．

2. ISEW の国際比較

　ISEW の内容を明らかにする前に，この指標が適用されたいくつかの国を比較してみることで，本章が取り上げる課題にどのような問題が含まれているのか，まずその所在から確認してみることにしよう．

　図6-1は，アメリカ，スウェーデン，ドイツ，オーストリア，オランダ，チリ6カ国の1950年代から90年代までのISEW の推移を示している．この図からわかることは，第1に，各国のISEW が1950年代から1970年代，あるいはスウェーデン，ドイツのように1980年代までGDPとほぼ並行して推移していることである．このようにほぼどの国も共通して経済的厚生が経済成長とともに上昇していることがわかる．しかし第2に，こうした両者

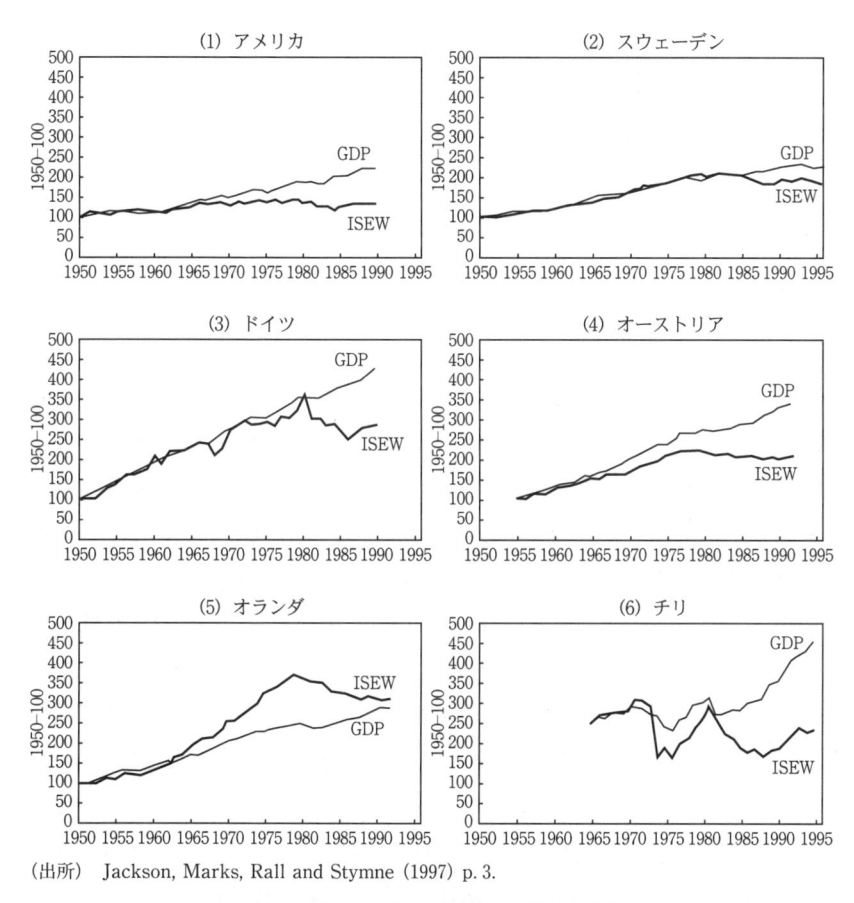

(出所) Jackson, Marks, Rall and Stymne (1997) p. 3.

図 6-1　各国の「持続可能な経済厚生指数」

の一体的推移はアメリカ，オーストリア，オランダは1970年代から，その他の国は1980年代から乖離し始め，経済成長が必ずしも経済的厚生の上昇を伴うものではなくなっていることを示している．マックス・ニーフが「境界仮説」(threshold hypothesis) と述べた，ある時点を境にした経済成長と経済厚生の乖離は，先進国，途上国にかぎらず，ほぼどの国も共通して経験してきたことであった．マックス・ニーフは「すべての社会で，伝統的に測定されてきた経済成長は生活の質的改善をもたらす時期があるかもしれない．

しかし，それは境界点に達するまでであって，その地点を越えると，経済成長が続いたとしても，生活の質は再び下降し始める」と述べている（Jackson and Mark, 1997, p. 2). 第3に，このような乖離に対して，ドイツのように，両者の乖離を縮めることが出来ないまでもその拡大を食い止めている国や，チリのように，再び ISEW を上昇させている国もある．

ここで注意しておくべきことは，福祉国家を批判する新自由主義も，それをこれまで支持してきたケインズ主義も，福祉国家に対する基本姿勢という点で異なる立場に立っているように見えても，福祉国家が経済成長によって支えられているという点で共通の基本的認識を持っていたことである．経済成長は，認識するとしないとにかぎらず，どちらの立場からも経済的厚生を考える場合の政策的目標と考えられていた．これでは成長神話は崩せない．ISEW の国際比較は，少なくともこの十数年の間に，GDP と ISEW が乖離し始め，経済的厚生の拡大にとって GDP の成長が不可欠な要素とは考えられなくなっていること，あるいは GDP の成長のために経済的厚生が低下するようになってさえいることを明らかにしている．たとえ経済が成長したとしても，そのことによって経済厚生が拡大するという必然性はもはや存在しない．ISEW が重要なのは，「経済成長が福祉の改善につながっていくというこれまで受け入れられてきた考えが根拠を持っていない」ことを示しているからである．「これが何故 ISEW に対する関心が高く，今も高いのかを説明する主な理由の1つである」(*Ibid.*, p. 2). それは福祉国家の危機というより，1970 年代以降新たに現れた福祉そのものの危機なのであった．

経済成長は，社会民主主義，混合経済と並んで，戦後の福祉国家を支える重要な構成部分であった．戦後の福祉国家は経済成長，混合経済，社会民主主義という，3つの構成要素が一体のものとして存在することによって成立していた．その場合，この3つの構成要素のうち，経済成長が福祉国家の土台と位置づけられていた．公共部門の拡大と財政支出などケインズ主義的経済政策を通じて有効需要を喚起し（混合経済)，安定した経済成長によって大きくなった経済的パイを，社会民主主義的思潮によって平等かつ公平に分

配することを福祉国家は求めてきたからである．福祉国家は，経済成長と経済的厚生の拡大を同時に併存させる補完物と考えられてきた．しかしこのことは経済が成長することを前提に，これらを一体のものとして組み込むことで，大きくなった財やサービスを適正に分配する機能しか福祉国家が果たしていなかったことを意味している．戦後の世界経済がパックスアメリカーナのもとで，順調に発展することができたかぎり，福祉国家も同時に発展することが可能となった．MEW の推移を見ても，高度成長期に福祉が確実に上昇してきたことがわかる．

　しかし，第1次オイル・ショックを契機に，世界経済が低成長の時代を迎え，国家財政が逼迫してくると，十分な社会保障サービスを行なうことが難しくなり，安定しているかのように見えた福祉国家もその基礎が揺すぶられ始めた．1970年代から台頭した新自由主義は，停滞した経済成長によって惹起された福祉国家の危機を，福祉国家の存在によって効率性が低下し，経済成長が抑制されているというように，逆転した因果関係を主張し始めた．こうした新自由主義の主張は，福祉国家を支えたケインズ経済学に対する批判でもあった．1970年代から本格的に「福祉国家の危機」が台頭し始めたのは，高度成長が終焉し，低成長，あるいは安定成長の時代に，これまでと同じ水準の経済的厚生を保障することが事実上不可能になっていたからである．しかし ISEW の国際比較が示しているように，経済成長にもかかわらず，福祉水準自体がどの国も共通して低下しているとき，再び成長を求めるというだけでは，問題の解決にはならなくなっている（ピアソン，1996：田端，1988）．

　サリー大学のティム・ジャクソンやニュー・エコノミックス・ファウンデーションは，こうした経済成長神話を克服し，新しい視座から新しい指標を開発することの必要性を訴えながら，それを戦後のイギリスに適用しようとしてきた．それが本章で取り上げる ISEW である．地球の友やニュー・エコノミックス・ファウンデーションが指摘するように，「成長に関して議論すべき中心的論点は，"いかなる成長なのか？"ということにある．どんな医

者だって癌が良いことだと考えてはいない」(NEF and FOE, 1998, p.1).癌細胞の成長を成長と呼ぶなら，そのように表現する指標とは何であるのか？　大事なことは，ISEW が成長神話を批判し，それを克服する試みを通じて，人々の生活実態を正確に映し出す新しい指標を生み出そうとしていることである．

3. 富の創出過程と福祉

新しい指標を開発するには，富と効用・福祉についての新しい理解が必要となる．

『現実生活の経済学』(*Real-life Economics*, 1992) を書いたポール・エキンズとマックス・ニーフは「富の創出過程，経済的進歩の性格双方について一定の理解に達したので，どのように進歩が示されるべきなのか，また経済の健康状態を示し，政策指針を与えるためにいかなる尺度がとられるのかといった問題を取り上げることが可能になった」と述べている (Ekins and Max-Neef, 1992)．ここで彼らが述べているのは，これまでとは異なるモデルを描き，それに基づいて，富の創出過程と，効用や福祉が発生するメカニズムについて新しい理解を行なおうとしていることである．図 6-2 はこれまでの伝統的な富と効用の創出モデルを，図 6-3 はそれに代わる新しいモデルを描いたものである．

図 6-2 は，土地・労働・資本の 3 要素を効果的に組み合わせる経済過程と，その結果生み出された財やサービスの消費を通じて効用や福祉が発生するプロセスを描いている．この図では効用や福祉は消費を通じてしか発生しないことになっている．生産された財やサービスが，土地・労働・資本の 3 要素に分類され，それが消費や投資などを通じて支出される一連の過程の本質的特徴を描こうとしている点で，この図は新古典派経済学のモデルを的確に指摘している．しかしこの図を正しく評価するには，この図から抜け落ちた複雑な富の創出過程と，多面的な効用や福祉の発生源についての理解が必要と

第 6 章　豊かさを測る

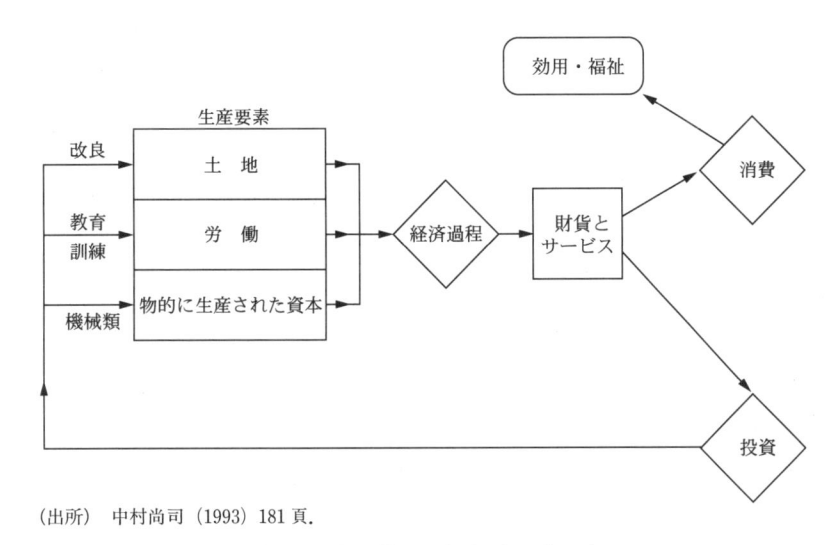

```
改良 ──┐     生産要素
        │  ┌──────────┐                              ┌─────┐    ┌──效用・福祉─┐
教育    │  │  土　地  │──┐                          │     │ ──→ ◇ 消費
訓練 ──→│  ├──────────┤  │    ┌──────┐   ┌──────┐  │     │
        │  │  労　働  │──┼──→ ◇経済過程 →│財貨と│ ─→│     │
機械類  │  ├──────────┤  │    └──────┘   │サービス│
     ──→│  │物的に生産│──┘                └──────┘         ↓
        │  │された資本│                                      ◇ 投資
        │  └──────────┘                                       │
        └──────────────────────────────────────────────────────┘
```

（出所）　中村尚司（1993）181 頁．

図 6-2　富と効用の創出（モデル 1）

なっている．ポール・エキンズ等は「そうしたモデルがストーリーのほとんど重要な部分を描いていない」と批判し，効用概念をより広義に解釈することの必要性を訴えた（*Ibid*., p. 147）．

図 6-3 の特徴は，モデルが複雑になっていると同時に，図 6-2 と比較すると，基本的認識の点でも違いが見られることである．その違いは以下の点にある．第 1 に，図 6-2 で描かれた生産の 3 要素をより包括的な概念として組み替えていることである．土地はたんに生産の場を提供するだけではなく，資源の提供，直接的な環境サービスの提供，廃棄物など，多様な機能を果たす環境資本として想定されている．労働は，物象化された労働主体としてというより，知識，熟練，健康，動機を備えた生命力を持った人的資本として描かれている．第 2 に，経済過程や消費から発生する廃棄物が新たな項目として追加され，効用や福祉，あるいは環境サービス・アメニティにも影響を与える存在として描かれている．第 3 に，新たに社会組織資本が富を創出する必要な制度として重要視されている（中村，1993）．

さて効用や福祉は，図 6-3 にしたがえば，消費ばかりでなく，その他多く

図 6-3　富と効用の創出（モデル 2）

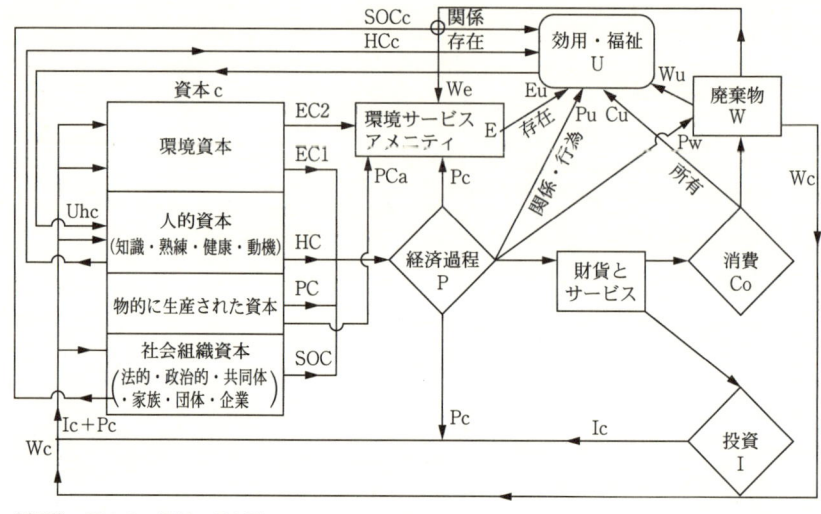

（出所）　図 6-2 に同じ，183 頁．

の源泉を持っていることがわかる．その源泉は経験上，存在（being），所有（having），行為（doing），関係（relating）の 4 つの様式に分類されている．ここで重要なことは，多くの所得を持つことによって消費支出も多くなるというように，これまで消費から発生するだけだと理解してきた効用・福祉を所有概念として理解する一方，環境を効用や福祉に影響を与える存在概念として，また経済過程での人間関係（あるいは階級関係）や労働観もまた重要な影響を及ぼすという点で関係・行為概念として理解するなど，多面的に把握しようとしていることである．とくに環境を存在概念として理解することは，効用や福祉をフローとしてだけではなく，ストックとしても理解することの必要性を求めている点で，これまでのモデルの前提を崩す意義を持つものである（同，186 頁）．環境を国民経済計算に組み込むことを目標にローマクラブに提出された『自然を測る』では，「経済的厚生とは，ストック，フロー，生産に関連した諸過程，社会的，経済的，環境的結果の関数である」と述べている（Dieren (ed.), 1995, p. 78）．

効用や福祉の発生源を消費に限定しようとするならば，その算定には加算方法しかありえなくなる．しかし図6-3のように，存在，行為，関係といった新しい発生源を加えて総合的に理解しようとするならば，加算方法の他に，効用や福祉の水準を引き下げるものを控除することも併せて考える必要がある．

　第1に，上で述べている所有から発生する経済厚生についても再検討する必要がある．ロバート・アイレスは『ターニング・ポイント』の中で，「多くの社会科学者が提起している問題は，福祉は多かれ少なかれ，知覚された幸福感に等しいということである．多くの国で行なわれている幸福度調査によると，福祉は富あるいは所得とそれほど一致しているわけではない」と述べている（Ayres, 1998, p. 104）．その理由としてアイレスは，家計には任意的支出と非任意的支出があると述べた上で，後者が前者を上回って支出されているなら，所得が上昇しているからといって，そのことが直接福祉の増大に結びつくわけではないと指摘している．このように，支出をその性格に応じて分類しようとすれば，支出の増大は必ずしも効用・福祉の増大につながるものではないことがわかる．その意味で，所得や支出を福祉の合理的尺度と考えてきたピグーの議論は受け入れることができなくなっている（林，1997, 1頁）．クリスチャン・レイパートは防衛的支出として，環境資源の略奪にともなって発生する環境保護費用，生産の集中，都市化などにともなって発生する通勤，住宅費用，犯罪，事故など増大する現代社会のリスクにともなう費用，交通事故などの外部不経済効果，不健康な消費，劣悪な労働環境や居住環境などから発生する費用を挙げている（Daly, 1996, p. 101）．

　第2に，環境の存在が効用や福祉に重要な影響を与えている．次節で述べるように，環境資本の減少は環境サービスの低下を招き，効用や福祉の水準を引き下げていくことになる．ここで大事なことは，こうした低下が消費を通じた福祉の水準と直接は関係を持たず，独立して行なわれていることである．したがって消費の拡大による福祉水準の上昇を上回って，環境サービスの低下による福祉水準の低下が起こる可能性がある．このことは廃棄物の量や質

においてもあてはまる.

　実は,効用や福祉の水準を正確に捉えようとすれば,本来考慮しなければならない要素であるにもかかわらず,図6-3にも含まれていない問題がある.

　第1に,分配の公平性である.図6-3は,富の創出過程を描いてはいても,創出された富の分配状況,すなわち分配が公平に,平等に行なわれているのかどうかは示していない.デリィやコブが述べるように,これまで経済学者は一般に分配上の平等問題を重要と考える一方,それを経済厚生の増大とは異なる別の個別的な問題と理解してきた (Daly and Cobb, 1989, p. 401).

　第2に,無償の家庭内労働やボランティア活動など,直接市場取引が行なわれていない場合の非市場的諸要素が反映されていないことである.GNP統計はこれまで市場を前提としたフォーマル経済だけを対象としてきた.しかし,生産のかなりの部分はフォーマル経済の外,すなわちインフォーマル経済においても行なわれており,それはまた経済厚生の重要な構成要素となっている.こうしたGNP統計の限界は,「生産境界」概念を拡張し,フォーマル経済とインフォーマル経済の垣根をできるだけ取り払いながら克服していく必要がある.私的セクターと公的セクターの2部門で富の創出と分配を把握してきたこれまでの伝統は,第3セクターとして「市民」が直接,間接に関わる領域分野が拡大するにつれ,再検討をしなければならなくなっている.こうした富の創出過程から抜け落ちた闇の部分は,すくい上げなければならない.

4. 持続可能な所得

　富や効用・福祉の創出過程を新しい観点から描こうとする試みは,現在の豊かさの水準や実態を正確に把握しようとするばかりでなく,将来の持続性を正しく認識しておくためにも必要である.

　ヒックスは,『価値と資本』の中で,所得を「彼が1週間のうちに消費し得て,しかも週末における彼の経済状態が週初におけると同一であることを

期待しうるような最大額」と定義している（ヒックス，1951，249頁）．本来所得とは時期を限定したフロー概念である．しかしヒックスの所得の定義は，こうした所得を生み出す条件，すなわち資本ストックにまで踏み込み，現在の福祉ばかりでなく，将来の福祉を生み出す資本ストックの能力までを視野に入れて行なおうとしているところに特徴がある．このように，「福祉の尺度と将来における消費の可能性の指標とを合体させる必要がある」(Jackson and Mark, 1997, p. 4) というのがヒックス概念の本質である．ブルントラント委員会が強調した持続可能な発展には，世代間公平という形で時間概念が含まれており，所得を生み出す諸条件を，現在世代ばかりでなく将来の世代にも継承していく必要性を訴えている．ジェイコブスは「経済的に成功したかどうかは，所得フローと並行して，資本ストックによって測定されなければならない」と述べている (Jacobs, 1991, p. 224)．こうした所得概念を，ここでは「持続可能な所得」(sustainable income) と呼んでおくことにする．豊かさは，本来，狭義の所得ばかりでなく，所得の持続性を可能にする条件といった広義の意味も含んでいることに注意しておかなければならない．

　こうした観点から，人工資本の消耗分をGNPから控除した国民純生産 (Net National Product, NNP) を算出する試みがこれまでも行なわれてきた．消耗分を正確に評価することが困難であるという問題や，計算上消耗が年々コンスタントに行なわれているといった静態的仮定をせざるをえず，経済成長がGNPに与える影響を無視しているなど難点があるものの，そうした点に配慮するならばNNPは持続可能な所得概念に一応は一致していると言ってよいだろう．問題は人工資本の消耗分は控除されても，自然資本の消耗や枯渇の問題がこれまで無視されてきたことにある．ハーマン・デリィは「減価償却の原則を自然資本ストックの消費にまで対象を拡大すること」を求め，防衛的支出の控除と併せて，「持続可能な社会的国民純生産」(SSNP) を算定することの必要性を訴えている (Daly, 1996, p. 100 : Atkinson, 1995)．数式で表すと次のようになる．

持続可能な社会的国民純生産 ＝ 国民純生産(NNP)－防衛的支出(DE)
　　　　　　　　　　　　　　－自然資本の償却分(DNC)

　ジェイコブスは「国民純生産のポイントは将来の所得の可能性を測定することにある．経済の自然資源ベースの枯渇や悪化が資本消費形態をとっているという認識がなければ，そのことは行なわれないことになる」と指摘している（Jacobs, 1991, p. 225）．ここでジェイコブスが述べているのは，「環境的に調整された国民純生産」（environment adjusted product, EAP）を算出することである．「環境とは経済的成功の基礎である．経済が所得を発生させる資本の一部と考えられなければならない」からである．すなわち，「資本が枯渇するなら所得はすべてなくなることになる」（*Ibid.*, p. 224）．新古典派経済学やケインズ経済学はこれまで，自然や環境を所与のものと仮定することで，物的資本と労働を生産要素とした生産関数を描いてきた．たとえ生産関数に自然を組み込んだとしても，それは静態的にしかとらえられてこなかった．

　ここで忘れてならないことは，持続可能な所得は時系列的な所得水準の維持を意味してはいても，直ちに持続可能な水準に環境資本が維持されていることを意味しないということである．したがって持続可能な所得概念は，直接，持続性の尺度とはなるわけではない（*Ibid.*, p. 235）．環境持続性（ecological sustainability）は本来，物的に（physically）測定されなければならないものであり，貨幣タームで測る持続可能な所得では不可能である．ブルントラント委員会が提起した持続可能な発展は，環境が持つ収容能力の範囲内で経済成長が行なわれることを求め，経済成長の質的転換の必要性を訴えた．その意味でこの概念は環境保護を目指した主体的な概念であった．しかし持続可能な所得は，たとえ環境が悪化したとしても，増大することが可能な概念である．EAPが人工資本と環境資本の消耗分をGNPから控除することで算出されるかぎり，控除を上回るGNPの成長があれば，EAPの成長も論理的には可能となる．たとえEAPが上昇したとしても，経済の成長様式

が非持続的であるのならば、どこまでもそれは非持続的である（*Ibid.*, p. 236）。したがって環境持続性は、経済厚生の指標によって直接測定することができない。それを可能にするのはあくまでも当該環境に独自に設けられた指標によってでしかない。経済厚生を測定する指標が果たすことの出来るのは、環境パフォーマンスの評価ではなく、GNPがもたらす外部不経済効果をデフレートするだけである。

こうした議論をそのまま延長していくならば、単一の指標で経済厚生を測定することはできないという結論に到達するであろう。アンダーソンのように、福祉を、その構成要素にばらして、それぞれの指標を組み合わせることで総合的に測ることが最適であると考えた方が良いかもしれない。しかしここではそのような立場をあえてとろうとはしない。福祉の単一尺度にたとえ様々な難点を抱えていたとしても、GNP統計を福祉の尺度として用いてきた現実を克服するために、それに代わる指標を、それが抱えている問題点を考慮に入れながら、開発していくことの実践的な意義を追求することが重要である。

5. ISEWを構成する諸項目

1998年11月労働党内閣は、『持続性を測る』と題して豊かさを測る経済指標について提案を行なった。この諮問文書の中に、ISEWについて次のような指摘が行なわれている。

「こううした考えのいくつか（注：ISEWを含む）は豊かさの認識を喚起する手段として有効である一方、依然として科学的に確実で、技術的に定まっているわけではなく、したがって信頼できるやり方で年々の進歩を測定するために用いるということはできない。構成要素や、ウエイトのとり方は非常に主観的である。構成要素やウエイトについて別の方法が選ばれれば異なった結果が出る可能性があるし、したがって誤りを招くことになってしまう。さらに、多くの構成要素をとろうとすれば、それだけその尺度は平準化され

てしまう．こうした指標の最も重要な難点は，その指標を大衆が容易に理解することができないために，持続可能な発展がどのような意味を持っているのかを人々に理解させる目的を達成できず，また諸個人が彼らの行動が各構成要素にどのような影響を及ぼすのかについて認識することができなくなってしまうというところにある」(DETR, 1998, para. 6.2)．

経済厚生を構成する要素やその分析が主観的で科学的な合理性でないために，集計結果も信頼できず，多くの人々に混乱を招く結果となるというのがここで行なわれている批判の要点である．こうした指摘には2つの意味がある．第1に，こうした指摘を待つまでもなく，構成要素の取り扱いやウエイトの付け方が主観的であってはならないことは言うまでもない．したがってISEWにそうした危険性がないのかどうかを厳しく検討し，分析の妥当性を常に点検する必要がある．しかし第2に，こうした危険性を持っているからといって，ISEWをはじめとするGNP統計に代わる経済厚生指標の開発の意義が損なわれることはないということである．分析上の不備や難点は，今後解決すべき問題であって，それを理由に新しい指標の開発に躊躇すべきではない．

表6-1は，ISEWを構成する諸項目を加算項目と控除項目とに分類したものである．加算項目は6，控除項目は13ある．ISEWは各項目を合計した結果産出された数値を人口数で割って算出されている．それを式で表すと次のようになる．

ISEW ＝ 個人消費－所得不均衡による損失＋家内労働＋非防衛的政府支出
　　　－防衛的個人支出＋資本調整－環境悪化費用－自然資本の減耗

今のところ人的資本の形成に関わる諸要素はISEWに含まれていない．これはISEWがこの要素を排除しているということではない．人的資本のストック変化を促す諸要素は多数あり，健康，教育などは本来，経済厚生を構成する重要な要素でなければならないはずである．ISEWは，これらのために支出された貨幣額が直接人的能力の変化を表示しているわけではない

表 6-1 「持続可能な経済厚生指数」の諸項目

コラム	項　　目	調　　整
B	消費者支出	
C	所得不均衡	アトキンソン指数
D	調整された消費者支出	B * (1−C)
E	家内労働のサービス	+ve
H	健康及び教育に対する公共支出	+ve
I−F	耐久消費財の支出とサービスフローの差異	−ve
J	健康及び教育に対する個人支出	−ve
K	通勤費用	−ve
L	個人汚染防止費用	−ve
M	交通事故費用	−ve
N	水質汚染費用	−ve
O	大気汚染費用	−ve
P	騒音防止費用	−ve
Q	自然植生の減少費用	−ve
R	農地減少費用	−ve
S	非更新性資源の枯渇	−ve
T	気候変動費用	−ve
U	オゾン層破壊費用	−ve
V	純資本成長	+ve(−ve)
W	国際地位の純変化	+ve(−ve)

（出所）　図6-1に同じ，p.6.

ことを考慮し，この問題の取り組みを今後の課題として残している．

またレジャーも含まれていない．これも今後の検討課題として残されている．

以下，第2回目の調査報告にしたがって，各項目について大事な点を指摘しておこう（Jackson and Mark, 1997, pp.4-27）．

①消費者支出：コラム B

ISEW は個人消費支出をベースにしている．図6-3に描かれている多様な効用・福祉の発生源のうち，ISEW は個人消費支出をベースに構成されている．この点では新古典派経済学が描く効用理論と変わりがない．ただし，福祉尺度の基礎として消費を用いることには多くの難点がある．例えば，消費が拡大しても，それに比例して福祉が同率で拡大していくわけではないこ

とである．福祉が消費の拡大とともに逓減していくことは消費支出をたんに集計しただけでは経済厚生を測定したことにはならない結果を招くことになる．所得分布が不均等な状態にあるならば，不均等の度合いが拡大するにつれ，経済厚生の総合値は減少していくことになる．

②所得の不均等：コラムC

こうした問題を解決するために，コラムBの消費者支出は，所得の不均衡を考慮して修正されなければならない．最初のISEW調査では，個人消費支出データはジニ係数で除することで算出されてきた．したがってジニ係数が高ければ，個人消費支出の相対価値は低いことになる．しかし，第2回目の調査では，ジニ係数に代えて，均衡分配等価所得を測定しようとするアトキンソン指数が採用されている．その理由は，第1に，ジニ係数では，1950年と比較した所得不均衡の相対的傾向しか示していないこと，第2に，ジニ係数で修正した消費者支出では，1950年と比較した所得分布の変化によって決められた所得水準の相対的調整しか行なっていないために，ジニ係数によって修正した消費者支出と現実の消費水準との相違を，理論的に説明する余地が残されていることである．

③修正された消費者支出：コラムD

図6-4は修正された消費者支出を示している．ここでは所得分布の不均等に対して社会の受容性を表すパラメーター ε の数値は0.8とおいている．

④家内労働サービス：コラムE

家内労働に関しては，市場取引が行なわれていないことを理由に，これまで経済厚生を測る項目に入っていなかった．しかし，国連の「女性の10年」のナイロビ会議において無報酬の家事労働をGDPに含めることが提唱されたり，1992年に地球サミットで採択されたアジェンダ21において「家事と呼ばれる労働を含む無償労働の価値の資源計算メカニズムへの統合」(『アジェンダ21』，1993，347頁)が提唱されるなど，家事労働が経済厚生に寄与することは少しずつ認められるようになってきている．この調査報告では，影の賃金率(shadow wage rate)にもとづいて家内労働サービスを計算して

第6章　豊かさを測る

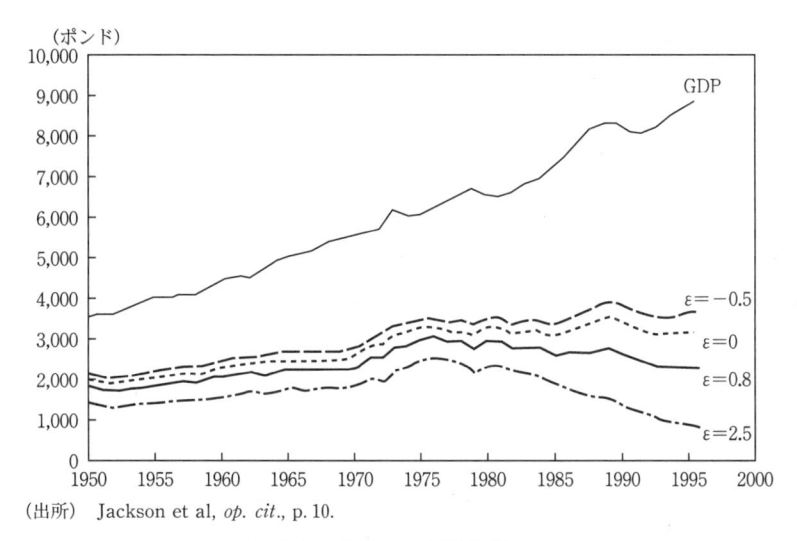

図6-4　修正された消費者支出
（出所）Jackson et al, *op. cit*., p.10.

いる．
　⑤耐久消費財のサービス：コラムF
　　　耐久消費財—支出とサービス価値の差：コラムI
　耐久消費財は，その性格上，当該年にすべて消費されるわけではなく，その支出もその年に限定されているわけではない．経済厚生を算定するには，耐久消費財の支出を控除する一方で，純ストックが提供するサービスを加算し，その差額を算出することが必要になる．コラムFは加算額を，コラムIはその差額を示している．
　⑥公道のサービス：コラムG
　政府支出の中には，防衛的支出にあたるものと，非防衛的支出にあたるものとがある．公道サービスは後者に該当し，ISEWに含める必要がある．しかしイギリスの場合，道路は通行税やガソリン税などによって建設されているために，二重計算を避ける意味から，個人消費者支出からその部分を控除し，政府支出によって建設される公道サービスのフローを加算する手続きをとっている．

⑦健康及び教育への政府支出：コラム H

GNP統計では通常，健康や教育に対する政府支出を消費支出に含めている．問題はこの支出を経済厚生に含めるのかどうかである．ISEWはこの支出を人的資本の育成につながるものと考え，その一部を加算項目に入れている．健康や教育に対する政府支出は，一面で国民の健康管理や教育水準の向上につながっている．他面，政府支出は防衛的な場合もある．デリィやコブはこうした二面性を考慮に入れ，防衛的支出と考えられない健康や教育に対する政府支出のみを加算することを基本に，全医療費の半分と高等教育支出の半分を加算することを提案した．イギリスの場合でもこの前提で集計されている．

⑧健康及び教育への防衛的支出：コラム J

コラムHと同様に，個人消費者が健康や教育支出のうち，防衛的と考えられる支出については控除する必要がある．ここでは医療費の半分，高等教育の半分が非防衛的と見なされ，残りの半分を控除している．この項目の正確なデータは存在しないので，家計支出調査から推計する方法がとられている．

⑨通勤コスト：コラム K

通勤費用も，都市化，定住様式から生じた防衛的支出とみなされ，個人消費支出から控除される．費用の算定は，鉄道，電車，バスなど通勤の各様式の全費用に距離を乗じて行なわれる．したがって，費用は距離に比例するという仮定が前提である．各人で通勤費用は異なるが，集合することでこの前提は不合理とはならないと認識されている．

⑩個人的な汚染防止費用：コラム L

この項目には，例えば大気汚染や水質汚染の濾過装置の設置など，汚染防止や管理のために個人が支出する防衛的費用が含まれる．この調査では，1990年の全環境費用400億ポンドのうちの5%が家計から支出されたものと仮定した．それ以後の時期については，1988年から90年までの環境費用の伸び率と同じ率を前提に算定した．

第6章　豊かさを測る

⑪交通事故費用：コラムM

　この項目は，交通事故費用を評価し，それを防衛的支出として個人消費支出から控除する．ただし，コラムH及びJで通院，治療費用などがすでに算定されているので，ここではそれ以外の費用を対象としている．

⑫水質汚染費用：コラムN

　この項目は，1958年以降定期的に行なわれている河川水質調査に基づいて算定されている．1958年以前のデータは存在しないので，それ以後の水質状況の傾向から遡って推定されている．内水や運河についてはデータの不備のために取り上げられていない．また地下水汚染も，硝酸塩汚染や農薬汚染など，人々の健康に重大な影響を及ぼしているが，データの不足のために本格的に取り上げられていない．

⑬大気汚染費用：コラムO

　この項目では，大気汚染が引き起こす環境悪化によるサービスの低下を算定する．これまでGNP統計では全く取り上げられてこなかった項目である．汚染物質の対象となっているのは，黒煙，硫黄酸化物，窒素酸化物，炭酸ガス，揮発性有機化合物である．調査では，これらの各汚染物質量を1950年を基準に時系列的に指数化し，限界汚染費用を乗じることで費用合計を算定している．

⑭騒音費用：コラムP

　騒音にともなう費用の算定は非常に困難である．騒音に関する全国調査が実施されておらず，騒音の時系列的な傾向を明らかにしたデータも不足しており，また騒音に対する対応も主観的にならざるをえないといった事情があるからである．

　イギリスでは，1980年代以降，汚染防止法（1974年），民間航空法（1982年），地方政府法（1982年）などで騒音規制が行なわれてきたものの，道路やビルの建設，解体，交通量の増加などによって騒音苦情が増大する傾向にある．この調査報告では，マジソンらが行なった交通騒音調査をより所に試算が行なわれている．

⑮自然植生の喪失：コラムQ

1930年のイギリスの自然植生面積は荒蕪地，未耕地など200万ヘクタール以上であった．1980年代にその面積は半減し，1990年代中葉には53万ヘクタール，すなわち1930年の4分の1にまで減少している．この項目では，こうした減少の費用を算定する．この調査報告では，王立鳥類保護協会の調査と，ウィリスらが1994年にサウス・ダウンズ地区で行なった支払い意思額調査に基づいてヘクタール当たり2,000ポンドと見積もっている．

⑯農地の減少：コラムR

この項目では，都市化の進行と土壌劣化の2つの視点から，農業生産力の低下を検証している．データの不足といくつかの制約条件があるために，正確な算定は不可能であるが，農漁食糧省とイングランド農村保護協議会などの調査に基づいて減少してきた農地の費用算定を行なっている．

⑰非更新性資源の枯渇：コラムS

非更新性資源の枯渇は自然資本の減少を代表するものであり，将来の消費の可能性を奪うものである．この調査報告では非更新性資源として石油を取り上げ，その置換費用として1988年の価格£49/バレルを基準に，年3％の価格上昇率を想定して全体費用を算出している．

⑱気候変動費用：コラムT

この項目では，化石燃料の使用など温室効果ガスの蓄積による長期的な環境破壊について，気候変動（とくに地球の温暖化）を中心に，その費用を算定しようとしている．算定にあたっての基本的考え方は，費用は温室効果ガスの蓄積量に比例して増大していくことを前提に据え，温室効果ガスの中心的役割を果たしている炭酸ガスの社会的限界費用をトン当たり11.4ポンド（1990年基準）として，それに蓄積量を乗じることである．

⑲オゾン層破壊費用：コラムU

この項目では，フロンガスなどによるオゾン層破壊といった長期的な環境ダメージ費用を算定しようとしている．モントリオール議定書では，代替フロンを含めたすべてのフロンガスが規制の対象となっている．ここでも

CFCs 11, 12 だけでなく，代替フロンを含む 5 つのフロンガスが取り上げられている．そうしなければ CFCs 11, 12 の生産減少と代替フロンの増加の関係が見失われてしまうからである．この調査報告では，当該年度のオゾン層破壊の全費用を，フロンガスの生産量でなく，実際の消費量にフロンガス 1kg のコスト 30 ポンドを乗じることで算出している．

⑳資本成長：コラム V

この項目では，持続可能な所得概念にもとづいて，資本の純増分を算定しようとする．その場合，資本の純増分を算定するという目的から，労働力の増加（あるいは減少）によって必要とされる資本の増減を引くことで，公共資本と民間資本の変化だけを取り上げている．デリィやコブによるアメリカの ISEW の算定では公共資本の増加を取り上げていないが，イギリスの場合には民営化の進展によって公共資本の民間資本への移転が進んでいるという状況から，両者を含めて算定されている．

6. イギリスの ISEW

以上の諸項目を集計して，1950 年から 1996 年までのイギリスの ISEW の推移を図示したのが図 6-5 である．この図には第 1 回目の調査結果も初期調査として描かれている．いくつかの時期で減少することがあるものの，全体として 1 人当たりの GDP は戦後上昇してきたことがわかる．表 6-2 に示されているように，この 46 年間に 1 人当たり GDP は 153.5% 上昇している．それに対して 1 人当たり ISEW は，1970 年代後半まで上昇しているものの，その後，1980 年代が 10.3%，1990 年代が 14.4% というようにむしろ下降している．マックス・ニーフが指摘した「境界仮説」はイギリスにおいてもあてはまる．全体を通してこの時期を見ても，24.5% しか上昇していない．このように GDP と ISEW の格差は広がりつつあり，GDP が上昇していたからといって，人々の生活は豊かになっているどころか，逆に豊かさを奪われてきているのである．ニュー・エコノミックス・ファウンデーションは，

(ポンド)

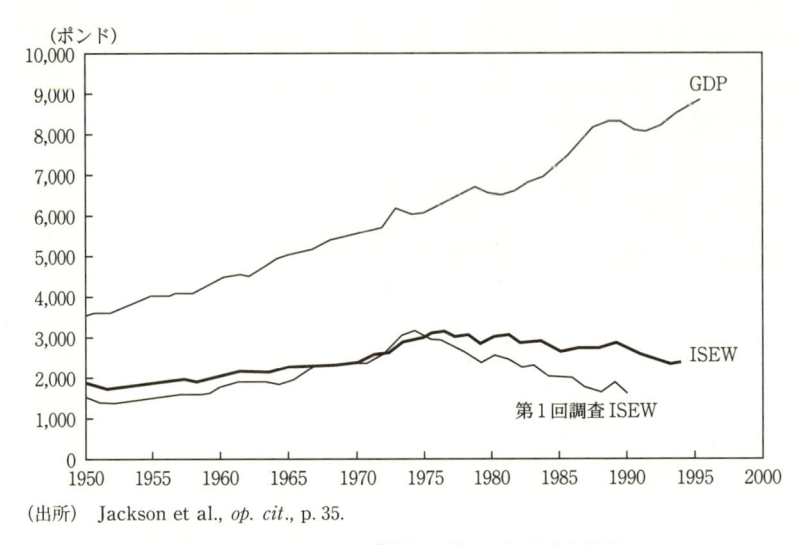

図6-5 イギリスの「持続可能な経済厚生指数」

(出所) Jackson et al., *op. cit.*, p. 35.

表6-2 経済成長率と持続可能な経済厚生指数

(単位:%)

	GDP	ISEW		GDP	ISEW
1950-60	25.2	12.0	1950-60	25.2	12.0
1960-70	25.9	14.3	1950-70	57.7	27.9
1970-80	18.2	26.8	1950-80	86.5	62.2
1980-90	26.8	−10.3	1950-90	137.9	45.5
1990-96	6.6	−14.4	1950-96	153.5	24.5

(出所) Jackson and Mark (1997) p. 29.

「経済成長は生活の質の向上と同じではない」と述べている (NEF *Indicators Update*, 1997, p. 1)．こうした集計結果に基づいて報告書は次のように述べている．

「これらの結論は，伝統的インディケーターと，調整された厚生尺度との著しい格差が生じているということを示している．もしその結論に間違いがないのなら，GDPは持続可能な経済厚生の貧しい指標にしかすぎないことになる」(Jackson and Mark, 1997, p. 28)．

第1回目のISEW調査と比較すれば，若干第2回目の調査結果の方が全

体として上方に位置しているが，これはパラメーター ε を0.8と仮定しているために生じた結果である．しかしいずれの調査も，ISEWの推移にほぼ大きな変化はないとみてよいだろう．

(1) 加算項目の集計

そこで次に，ISEWの集計結果を，すでに見た表6-1の加算項目と控除項目とに分けて，それぞれの推移を見てみることにしよう．

図6-6は，1人当たりISEWの加算項目を図示したものである．まず明らかなことは，個人消費者支出がGDPとほぼ並行して上昇していることである．興味深いことは，家事労働の役割が非常に大きくなりつつあり，個人消費者支出の傾向がかなり修正されなければならなくなっていることである．経済厚生統計はこれほど大きな役割を果たしている家事労働をこれまで排除してきたことになる．健康や教育に向けられる政府支出の割合は全体的にそれほど大きくはない．

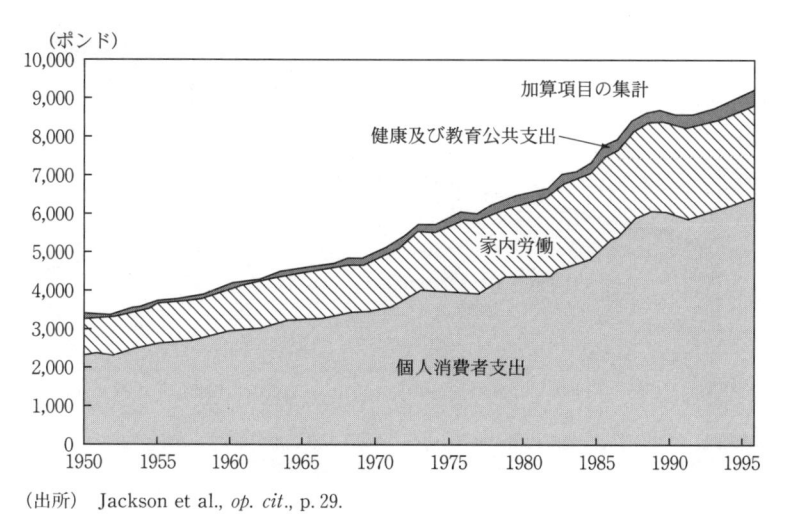

(出所) Jackson et al., *op. cit.*, p. 29.

図 6-6 「持続可能な経済厚生指数」の加算項目集計

(2) 控除項目の集計

次に，控除項目の集計結果を見てみよう．図6-7は，1人当たりISEWの控除項目を図示したものである．図中の一番上の折線が1人当たりGDPを，一番下の折線がすべての控除項目を引いた1人当たりISEWを示しており，その間に控除項目が分類されて図示されている．この図からもわかるように，最も大きな控除項目は長期的なダメージである．次いでそれとほぼ同じ割合で，自然資本の喪失が大きな位置を占めている．現在のダメージはあまり変化せずに推移している．防衛的支出も若干増大しているだけである．注目すべきは，所得の不均衡がとくに1970年代後半より拡大していることである．また，資本調整も，1960年代から70年代前半にかけて控除額は減少していたのに対して，それ以降とくに1980年代に入って急速に増大してきている．

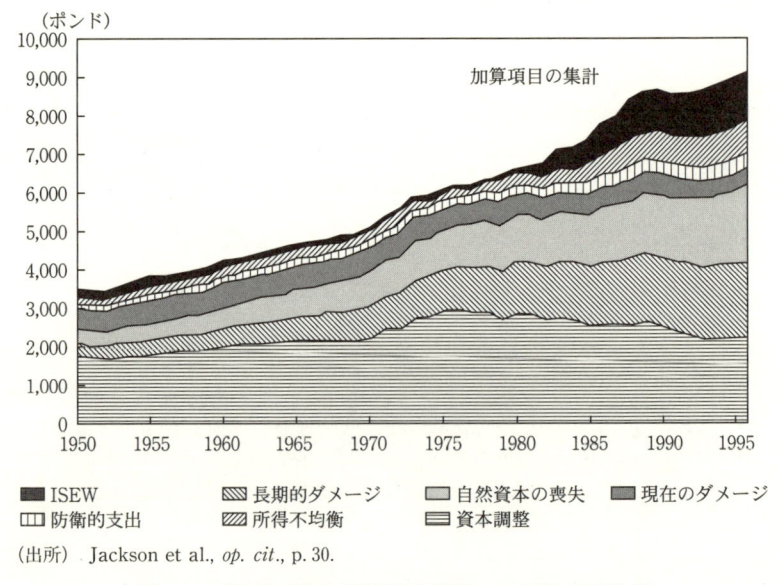

(出所) Jackson et al., *op. cit*., p. 30.

図6-7　「持続可能な経済厚生指数」の控除項目集計

(3) 小　　括

　ISEWには多くの不確実な要素が含まれており，今のところ非の打ち所のない，完全な経済厚生指標というわけにはいかない．大事なことは，この指標の欠点を指摘するだけで，GNP統計や，すでに開発されている経済厚生指標の問題点を克服し，より適切な指標の開発に向けて前進する試みに水を差すことがあってはならないことである．ISEWが不確実要素を抱えていることは，第2回目のISEWの研究調査でも，調査結果をまとめたT.ジャクソンらによって指摘されている．第1に，データが限られていること，第2に，データを集計するにあたって，あらかじめ決めておいた基本的前提についていくつかの疑問が残っていること，したがって今後もデータ集計の技術的見直しを必要とする場合があること，第3に，経済厚生を理論的に解釈する基礎について再検討する必要があることである（*Ibid.*, forward）.

　現在のISEWがこうした不確実要素を抱えている以上，図6-5で示されているISEWの推移も確定した調査結果ではない．図6-8はデータを集計する際の前提を変更することで算定されたヴァリエーションを図示したもの

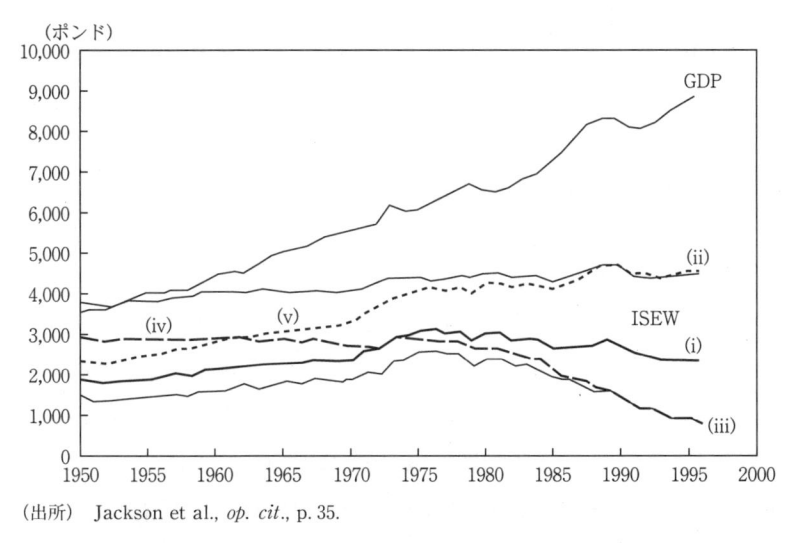

（出所）　Jackson et al., *op. cit.*, p. 35.

図6-8　「持続可能な経済厚生指数」のヴァリエーション

である．

(i)は図6-4で示されている ISEW と同じものである．

(ii)は家内労働の影の賃金率（shadow wage rate）が 1990 年と比較して変化がないこと，気候変動費用は累積ではなく，年単位で計算されること，パラメーター ε を 0 として所得不均衡はないこと，をそれぞれ仮定することで描かれている．

(iii)は所得不均衡のパラメーター ε を 2.5 と仮定して描かれている．

(iv)は(iii)と同じ仮定で，なおかつ家内労働の影の賃金率を 1990 年と比較して変わらないものと仮定している．

(v)は気候変動費用を年単位で計算し，かつ ε を 0 と仮定している．

(i)を含めたこうした 5 つのグラフは，(i)より改善された(ii)，(v)と，悪化した(iii)，(iv)とに分かれている．言うまでもなく，(i)は残り 4 つのグラフの中心をとっているわけではない．(i)を採用している理由は，経済厚生の理論的解釈として最も妥当と考えられているからである．大事なことは，この 5 つのグラフとも，GDP より下回っていることである．このことから見ても，「GDP は持続可能な経済厚生指数の貧しいインディケーターでしかない．GDP の成長はそれに伴った厚生の成長を保証するものではない」ことがわかる（*Ibid.*, p. 36）．

7. むすびに代えて：ISEW の意義

第 2 回目の ISEW 調査結果を発表するにあたって，ニュー・エコノミックス・ファウンデーションのインディケーター部門の総括責任者アレックス・マクジリブルは，「そうしたインディケーターの開発は緊急を要しているばかりでなく，全く実現可能なのだ」と述べた（*Ibid.*, p. 1）．ISEW の開発が緊急を要しているのは，1997 年総選挙においてジョン・メジャー首相（当時）が経済成長を引き上げることで生活水準の向上を目指していたように，依然として成長神話に呪縛されているからである．こうした神話は，総

選挙後政権についたトニー・ブレアが率いる労働党内閣のもとでも基本的に変わっていない．第2回調査結果が発表された直後，地球の友の専務理事チャールズ・シークレットは，「ジョン・メジャーも，トニー・ブレアも，どちらが経済成長を達成するのかについて競い合っている．そのようなレースは意味がない．彼らがすべきなのは，生活の質的改善を目指して最善を尽くすことなのだ」と述べた（FOE Press Release, 1998, Nov. 23th）．イギリス政府は保守党政権下の1994年に『持続可能な発展　イギリスの戦略』を発表して以来，労働党内閣に移ってもそれを継承し，1998年2月『改革のための諸機会』の発表など，次々と持続可能な発展概念の具体化に着手してきた．1998年11月労働党政権下で環境，交通及び地域省（以下環境省と略記）が『持続性を測る』と題して，経済厚生を測る新しい指標の開発を目指した諮問文書を発表し，関係諸団体に配布して意見を求めたのもそうした流れの一環である．しかしこの諮問文書を見るかぎり，「経済成長は生活の質の改善など，高い生活水準や諸個人の繁栄につながっている」と明言しているように（DETR, 1998, sec. economic growth），労働党政権においても成長神話は続いていると見なさざるをえない．確かにこの文書はその後で，「これまで経済成長は資源消費やサービス需要の拡大を意味してきた．長期的に持続可能な発展を達成するためには，汚染や廃棄物の量を抑制しながら，経済成長が資源の効率的利用とともに進んでいくことを保証する新しい方法が求められている」と述べている（*Ibid.*）．環境効率性の追求によって新しい型の経済成長が可能になるという指摘は，労働党が環境近代化論の延長でこの問題を考えていることを示している．しかしすでに別稿でも指摘したように，環境効率性の追求は直ちに環境負荷の絶対的な削減を保証するわけではない．環境効率性を経済厚生指標に具体化していくには，ISEWの場合でさえ，非更新性資源の枯渇に限定されていた資源の消費問題を，すべての資源に拡大し，モノ作りの場でのエコマテリアル革命の実態を正確に映し出していく必要があるだろう．この点でISEWの内容はさらに充実させていく必要がある．

第7章 社会的排斥
―金融排斥を中心に―

1. 課　　題

　1997年5月に行なわれた総選挙で18年間続いた保守党内閣が倒れ，トニー・ブレアを首班とする労働党内閣が結成された．労働党内閣は，重要な政策の柱に福祉政策の改革を挙げ，内閣官房に省庁横断的な組織として「社会的排斥ユニット」(Social Exclusion Unit) を設立するなど，社会的排斥問題に本格的に取り組むことを明らかにした．このように，社会的結合，コミュニティ，ステークホールディング，社会的内包 (social inclusion) などの政治的言語は，労働党内閣の政策を理解する上で決定的に重要となっている．
　ここで重要なことは，これまで貧困概念を中心に構成されてきた社会政策を社会的排斥概念を中心に組み立て直すことで，社会政策の理念が大きく転換し始めたことである．すでにEUでは，1980年代後半から社会的排斥問題に取り組み始めていた．1998年のEU連合設立条約（アムステルダム条約）は，社会憲章 (1989年) や社会政策協定 (1992年) など，1980年代後半から90年代前半にかけて行なわれてきた社会政策に関する議論の成果を盛り込み，これまで手薄であった社会政策分野の充実を図る姿勢を明確にしている (Room(ed.), 1995：Room, 1995)．社会的排斥への関心が増大してきたのは，市場統合，通貨統合など経済統合の進展とともに社会的格差が拡大し，社会的統合を進めようとするEUの理念と合致しなくなってきていることと，既存の福祉国家論によるアプローチではこの格差を十分に解消すること

ができなくなっていること，さらに脱工業化やIT革命など労働市場の構造的変化に対して社会政策が適切な対応を行なうことができないといった事情があるからである．

こうしたEUの動きに呼応して，イギリスでも1990年代の後半になってようやくこの問題への取り組みが本格化し始めた．労働党内閣がこの問題に取り組むようになったのは，失業者やホームレスの増大，離婚による片親世帯の増大，コミュニティの崩壊，荒廃した教育現場，犯罪の多発，若年層の薬物中毒や妊娠など，貧困概念には当てはまらない社会問題が顕在化し，こうした諸問題を包括的に取り上げることの出来る社会政策理念が求められていたからである．労働党内閣の取り組みは，これまでの社会政策では対応することが難しかった政策領域を取り上げることを可能にしたという点で積極的な意味を持っていた．もちろん，労働党内閣が狭義の貧困概念から離れ，社会的排斥問題に本格的に取り組むようになったからといって，それだけでイギリスの社会政策を手放しで評価するわけにはいかない．社会的排斥が多義的内容を持った概念であるだけに，この問題に対する取り組みにも多様な方法がある．大事なことは，労働党内閣が採用している方法を明確にし，それを批判の俎上にのせることである．労働党内閣の取り組みは，失業者を労働市場に吸収するというように，社会的内包を労働市場への統合といった観点からしか考察しておらず，サッチャー/クリントンオーソドキシーを継承するといった，特定のイデオロギーや政治的スタンスに基づいて行なわれたものでしかなかった（Powell(ed.), 1999）．

市民運動の一環として1980年代から展開されてきたニュー・エコノミックス運動は，社会的排斥問題に取り組み始めた労働党内閣の姿勢を評価する一方，その方法に限界があることを指摘してきた．本章の課題は，社会的排斥問題に取り組む労働党内閣とニュー・エコノミックス運動を対比し，その違いを浮き彫りにすることにある（Rogaly et al., 1999）．EUがこの問題に取り組むようになってから10年以上，そして労働党内閣が社会的排斥ユニットを設立してから4年近くが経過しており，この問題への取り組みを小括

することが可能な時期にきている．

なお本章では，様々な広がりを見せる社会的排斥問題のうち，金融排斥 (financial exclusion) を中心に取り上げる (Report of PAT 14, 1999 : Conaty and Mayo, 1997 : Conaty and Fisher, 1999). 社会的排斥問題を発生させた原因は多様であるが，その背景に経済問題が潜んでいることは言うまでもないだろう．金融排斥とは社会的排斥の経済的側面に他ならない．ニュー・エコノミックス運動の金融排斥への取り組みは，コミュニティ・ファイナンス・イニシアティブ (community finance initiative, 以下 CFI) の意義を強調する運動となって広がりを見せ始めている．ニュー・エコノミックス運動から見れば，いくら努力しても報われることがなく，社会からとり残されて沈んでいく人々をすくい上げることは重要な課題の1つである．金融排斥に対するニュー・エコノミックス運動の試みは労働党内閣の取り組みとどのように違うのであろうか．

2. 貧困と社会的排斥

(1) 定　　義

ECは，1970年代中葉から反貧困プログラムを設け，4次にわたる貧困対策を行なってきた．第1次 (1975-80年)，第2次 (1986-89年) のプログラムと，第3次 (1990-94年)，第4次 (1995-99年) のプログラムとの間には，貧困問題から社会的排斥問題へという，社会政策理念の転換が見られた．第1次，第2次反貧困プログラムが，イギリスに根拠を持つ19世紀的な新自由主義的貧困観に基づいて行なわれていたのに対して，第3次，第4次プログラムは，大陸ヨーロッパ，とくにフランスのデュルケム社会学に起源を持つ集団的秩序観に基づいて実施されていた．グレアム・ルームが指摘するように，19世紀的な新自由主義的貧困観では，社会を市場で競争する諸個人の集合体とみなし，貧困への対応は生活に必要な資源を給付するといった分配論が中心となるのに対して，集団的秩序観では，社会を道徳的秩序に基づい

た人々の権利と義務の相互性からなる集合体と考え，排斥を不適切な社会参加，社会統合の不足，権力の喪失から生じる関係概念として理解していた (Room, op, cit.). 1990年代に入ってEUが社会的排斥に関心を寄せたのは，貧困概念では現代社会に突き付けられている様々な社会問題に効果的に対応することができず，それに代わる新しい概念とアプローチが必要になっていたからである．

イギリス労働党系のシンクタンク「公共政策研究所」(Institute for Public Policy Research, IPPR) の社会政策担当の上席研究員ケアリィ・オッペンハイムは，貧困，剝奪，社会的排斥の定義とそれぞれの対応策を整理している (表7-1).

この整理によれば，貧困が物的資源の不足，剝奪が衣食住やサービス，アメニティの不足といった，いずれも人びとの生活水準が標準以下になっているという静態的概念であり，その解決策として最低限の生活を保障する必要性が指摘されているのに対して，社会的排斥とは「経済的，社会的，政治的及び文化的生活に効率的に参加することのできる能力の欠如」(Oppenheim (ed.), 1998, p. 13) といった動態的なプロセス概念であり，その解決策とし

表7-1 貧困，剝奪，社会的排斥の定義及び解決策

ターム	定義	解決策
貧困	物的資源，とくに所得の不足	適切な最低所得
剝奪	物的水準（衣食住など）及びサービス，アメニティ（レクレーション，教育，環境，社会の）の不足	所得，サービス，アメニティなど，適切な最低の生活水準
社会的排斥	経済的，社会的，政治的，文化的生活に効率的に参加する能力の欠如，主流の社会からの疎外及び距離 個人やグループが社会的資源を生産あるいは分配する主要な社会的メカニズムから孤立するプロセス a 労働市場，b 非公式ネットワーク，c 国家など，主なメカニズムの1つあるいはそれ以上から疎外された状態	社会的内包，共同シチズンシップ，共同構成員 雇用，所得及び他の社会的資源へのアクセス，家族支援，社会的資本の開発，分権化，民主化

（出所） Oppenheim (ed.) (1998) p. 13.

て排斥された人びとの社会への内包（参加，エンパワーメント）やシチズンシップの行使が強調されている．比喩的に言えば，貧困や剥奪が所得の多寡による上下の社会階層を問題にしているのに対して，社会的排斥は社会に張り巡らされた様々なネットワークへの参加能力を横の人間関係で問題にしていると言ってよいだろう（Oppenheim(ed.), 1998, pp. 11-25)．

　もちろん，貧困と社会的排斥とは互換的概念である．しかしここで言う互換的とは同義という意味ではない．貧困に該当しない多様な社会現象を包摂するという意味で，社会的排斥は貧困の上位概念である．EU委員会は現在，「貧困と社会的排斥の非貨幣的指標」の開発を目指した研究を進めているが，その中で「貧困と社会的排斥は代替的（alternative）ではなく，補完的（complementary）な概念」という立場をとっているのも，社会的排斥が貧困の上位概念であると理解しているからである（EU Commission, 1999, p. 17)．

　しかしここで注意すべきことは，社会的排斥が貧困の上位概念であるとはいっても，貧困概念に当てはまらない多様な社会現象を包括する概念が求められているというかぎりのことであり，社会的排斥の取り組みによって貧困の原因をすべて取り除くことが出来るという意味ではない．貧困（経済的貧困）は多様な社会的排斥現象を生む主要な原因であり，社会的排斥問題に取り組むことが重要になっているからこそ，貧困への取り組みはなお一層強調されなければならないはずである．ルース・レビタスが強調するように，「排斥が貧困以上のものであるという認識が，貧困を直接取り上げないことを正当化する根拠となっている」（Levitas, 1998, p. 149) のだとすれば，それは社会政策の後退を示すものでしかない．両者を混同することは，福祉国家や社会政策の歴史，そして社会保障を求める市民活動の意義を見失うことにもなりかねない．その意味で社会的排斥問題への取り組みは，社会政策の成果を台無しにする危険性をともなっている．イギリス労働党の取り組みにそうした危険性はなかっただろうか．

(2) 社会政策とシチズンシップ

すでに見たように，社会を権利と義務の相互性からなる道徳的集合体と見なし，そこから排除されることを社会的排斥と考えるならば，シチズンシップ概念は非常に重要な意味を持つことになる．社会的排斥とは，何よりも権利と義務をめぐる関係概念だからである．ピーター・ゴールディングは，貧困問題に取り組む市民団体「児童貧困アクショングループ」（Child Poverty Action Group）が発表した小冊子『排斥社会　シチズンシップと貧民』（ルース・リスター著，1990 年）の緒言で，「貧しいということは条件付きのシチズンシップに耐えることである」（Lister, 1990, forward）と述べている．彼は，新自由主義が台頭する中で，世界は巨大なスーパーマーケットとなりつつあり，諸個人は市民としてより，バラバラに分離された顧客（消費者）としてしか見なされなくなっている，こうした傾向に歯止めをかけるには，完全な形でシチズンシップを実現することが重要であると指摘している．ここでシチズンシップが強調されるのは，戦後の社会政策の発展が，シチズンシップの拡張，とくに社会権の発展とともに行なわれたからであり，新自由主義による福祉国家批判がシチズンシップの形骸化と結びついていたからである．

T.H. マーシャルは，『シチズンシップと社会階級』（1950 年）の中で，社会政策とシチズンシップとの関係を整理している．マーシャルによれば，シチズンシップは 3 つの権利から構成されている．

「3 つの部分，あるいは 3 つの要素を，私は市民的，政治的，社会的と呼ぶことにする．市民的要素とは，個人の自由，表現・思想・信仰の自由，財産を所有し，確実な契約を結ぶ権利，正義に対する権利など，個人の自由にとって必要な諸権利から構成されている．最後の正義に対する権利は，他者との平等や，法の適正な手続きによって自己の権利を守り，主張するものという点で，他とは異なるものである．このことは市民の権利と直接結びついた制度が正義の裁判所であることを示している．政治的要素によって私は，政治的権威のある機関のメンバー，あるいはそうした機関のメンバーの選挙

人として，政治権力へ参加する権利のことを考えている．社会的要素と私が考えるのは，経済的繁栄や保障に対する権利から，社会的遺産を完全に分け合い，社会の基準に照らして市民的生活を営む権利にいたるすべての範囲に及んでいる．それと最も結びついた制度には，教育制度や社会サービスがある」(Marshall, 1950, pp. 10-1).

マーシャルの指摘で重要なのは，3つの権利の関係である．社会権は，権力や資源を不十分にしか得ることができず，社会的に不利な立場にいる人びとの，市民的，政治的権利を経済的に支える補完的権利であり，労働力を市場で販売することでしか生活できない人びとの生活水準を，その市場価値から切り離し，脱商品化を進める上で必要な前提である．マーシャルが指摘する市民的，政治的，社会的権利のうち，前二者はすでに19世紀までに一定の前進を見ていた権利であった．20世紀の特徴は，経済的貧困状態に陥った場合に国から何らかの保障を受けるなど，社会的に認められた適切な水準の生活を営む権利（社会的権利）へとシチズンシップが拡張していることである．20世紀の社会政策，とくに第2次世界大戦後の社会政策は，社会権の拡張を前提として発展してきた．こうしたマーシャルのシチズンシップの考えに依拠して戦後のイギリス社会政策を構成しようとしていたのがティトマスであった．アラン・ディーコンは，福祉改革に取り組む過程でイギリス労働党は，マーシャルとティトマス・パラダイムに直面しなければならなかったと指摘している．ティトマスは，福祉給付を，市民に無条件に与えられた普遍的権利として認識していた（Deacon, 2000, pp. 5-18).

シチズンシップは，市民が獲得した権利と，市民に課せられた義務から構成された対立概念である．したがって，シチズンシップは権利の方に傾くこともあれば，義務の方に傾くこともあり，方向と程度によって，その内容は著しく異なることになる．マーシャルもシチズンシップにこうした2つの側面があることを指摘していた．しかしマーシャルの時代には完全雇用が社会政策の中心理念として据えられていたために，労働義務は市民の自発性に委ねられるというように一般的性格を持つものでしかなかったのに対して，高

い失業率が恒常的に続く不完全雇用の時代では，労働義務は強制的性格を持ち始める．その結果，福祉に対する普遍的権利も，義務の性格の変化に応じて変わらなければならなくなっていた．ピーター・ゴールディングが述べる条件付きシチズンシップとは，ティトマスが強調する普遍的権利の実現が困難になっていることを表現したものであった．

　ルース・リスターは先の小冊子の中で，社会的排斥問題が取り上げられるようになったのは，「シチズンシップが対立した性格を持つ中で，権利の議論から義務の議論へと支配的パラダイムが転換してきた」からだと指摘している (Lister, *op. cit*.；1997, p. 22)．リスターはさらに議論を進めて，シチズンシップの意味が社会的内包を実現する根拠から，逆に社会的排斥を発生させる根拠へと変化してきているとも指摘している．後に述べるように，労働義務，とくに有給労働への従事が，不平等な社会的，経済的構造や権力関係をそのままにし，それを前提にして主張されるだけに終わるならば，低賃金労働や恵まれない職種の人びとと社会的上層との経済的格差は縮小するどころか拡大してしまうことになる．リスターは，権利が強調されることで社会的内包のベクトルが強かった1970年代までの社会政策と違い，1980年代以降義務が強調されることで排斥の力が強くなっていると指摘している．保守党時代にダグラス・ハードを中心に提唱された「能動的市民」(active citizenship) はその具体的現れであった．このようにシチズンシップは，権利の普遍的要求と，それが排斥をもたらすという矛盾を常に抱え込むヤヌス的性格を持つ対立概念なのであった．労働党の取り組みは保守党内閣のそれと訣別することなく，むしろその延長で行なわれようとしていた．

　こうしたことを考えるならば，「シチズンシップが義務の言葉で再定義されようとする」時代に社会的排斥問題が取り上げられるのは当然のことであった (*Ibid*.)．イギリス労働党の取り組みは，こうした時代文脈の中で，基本的にはサッチャー／クリントンオーソドキシーの問題提起を受け止めつつ，ブレアが提唱する「第三の道」を具体化しようとするものであった (Giddens, 1998：Blair, 1999)．ニュー・エコノミックス運動がこの道に対抗する

には，シチズンシップが持つ権利の側面をボトム・アップの視点から再構成し，労働党とは異なる社会的排斥問題への取り組みを強めていくしかない．そのためには権利を社会政策上の権利に終わらせることなく，アマルティア・センの「潜在能力アプローチ」のように，人間の基本的ニーズを満たす幅広い概念へと再構成していく必要があった（セン，1999）．

3.「第三の道」

(1)「第三の道」

ブレアが執筆した『第三の道　新世紀に向けた新しい政治学』によれば，旧左翼とニューライトの対立を乗り越え，社会民主主義を現代の状況変化に合わせて再評価する（「近代化された社会民主主義」），新しい政治の方向が第三の道である．ブレアにとって大事なのは，自由主義者が市場経済の中で追求してきた個人的自由主義と，社会民主主義者が追求してきた社会正義を統一させることである．この課題を達成する上で重要なのは，「近代国家の補足（代替ではなく）として市民の活動を促進し，合意された規範の範囲で寛容を促しながら，多様で，内包的な社会」（Blair, 1999, p. 12）を建設することである．

ブレアは1997年の総選挙の1年半前に，ステークホルダー社会の構想と，この構想の一部として，社会的排斥問題の重要性を訴えていた．

「私たちは，企業の中ばかりでなく，社会の内部においても，信頼関係を築き上げる必要がある．信頼という言葉によって，我々がともに働き，その中で我々すべてが利益を受けるといった相互目的を認識することだと考えている．機会がすべての人びとに与えられ，発展がメリットを通じて行なわれ，そこからどのグループや階級も無視されたり，排除されたりしていないのがステークホルダー経済である．このことが公平で強靱な社会に向けた，社会的結合の経済的正当性の理由である」（Levitas, 1998, p. 115）．

ステークホルダー社会とはこのように，社会に関わる人びとすべてがとも

に働き，ともに利益を受け，そこから排除されることがない社会である．ブレアはそのために社会に対する義務と，社会から与えられている権利の相互関係としてステークホルダー社会を構想していた．しかし実際のイギリス社会の現実はどうだろうか．社会的排斥ユニット構想を最初に打ち上げたピーター・マンデルソンは，1997年8月フェビアン協会主催の講演で，この構想が，ステークホルダー社会とイギリス社会の現実との乖離にあることを率直に述べていた．

「現代の世界はある者に豊かな報酬を，そしてより多くの人びとに幅広い機会を提供している．これらが真面目な取り組みと創造的なダイナミズムの結果であるならば，新生労働党が反対するものはない．しかし，現代世界はまた，広範な大衆にとって多くの不確実性を抱え込んでいる．労働市場の周辺部におかれ，社会階層の底辺にいる相当数のマイノリティにとって，その結果は社会的排斥でしかない」(Mandelson, 1997, pp. 7-9)．

それでは社会的排斥への取り組みは1990年代の時代文脈の中にどのように位置付けられるべきなのか．『第三の道』を書いたアンソニー・ギデンズは，「平等を包含 (inclusion)，不平等を排除 (exclusion)」と定義した上で，「最も広い意味での包含とは市民権の尊重を意味する．もう少し詳しく言うと，社会の全構成員が形式的にではなく，日常生活において保有する市民としての権利，義務，政治的な権利，義務を尊重することである」と述べている（ギデンズ，1999，173頁）．ここで重要なことは，アンソニー・ギデンズが，「福祉国家の改革がセーフティーネットを残すだけに終わってはならない」と述べていることである（同，181頁）．ギデンズはこのように，社会的排斥をシチズンシップの問題と結びつけて考察していた．しかし労働党の試みは歪められた形でしかギデンズの指摘を生かしていなかったのである．

(2) 「第三の道」の時代文脈

ハートレィ・ディーンは労働党の社会的排斥問題への取り組みの意義を明らかにするために，平等主義から階層主義へつながる分配概念を縦軸に，内

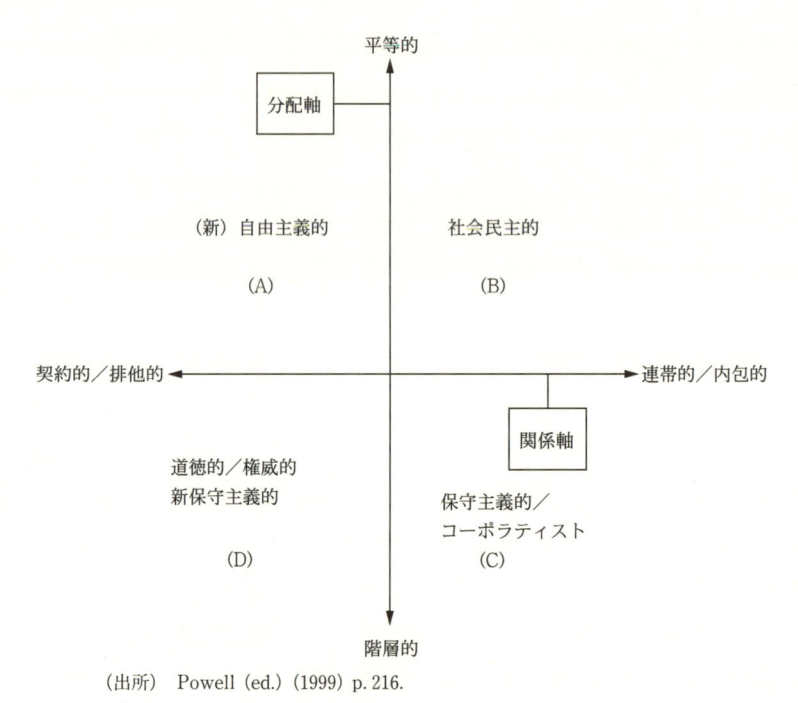

```
                    平等的
                    ↑
              ┌─────────┐
              │ 分配軸  │
              └─────────┘

      (新) 自由主義的     社会民主的

          (A)              (B)

契約的／排他的 ←─────────────┼─────────────→ 連帯的／内包的
                              ┌─────────┐
                              │ 関係軸  │
                              └─────────┘
      道徳的／権威的        保守主義的／
      新保守主義的          コーポラティスト

          (D)              (C)

                    ↓
                  階層的
```

(出所) Powell (ed.) (1999) p. 216.

図 7-1　政治議論と福祉体制の分類

包から排斥へつながる関係概念を横軸にして，福祉制度のあり方を類型化している（図7-1）．ディーンによれば，第2次世界大戦以前の福祉制度は，C象限に位置する保守的・コーポラティスト的体制に，戦後のそれはB象限のケインズ/ベヴァリッジモデルを前提とした社会民主主義に基づいていた．図が示しているように，戦後の社会民主主義的な福祉制度は，平等な分配と社会的内包を基本的目標としていた．1980年代に入って社会民主主義的な福祉制度は，A象限の新自由主義や，D象限の道徳的権威主義（新保守主義）といった，ディーンがサッチャー/クリントンオーソドキシーと呼ぶ陣営から批判されるようになってきた．

① **新自由主義からの批判**

図7-1で注意しておかなければならないのは，B象限の社会民主主義も，

A象限の新自由主義も,縦軸(分配軸)で見た場合,プラスの平等に位置づけられていることである.しかし両者の平等観念は全く異なっている.社会民主主義の平等とは,市場競争をくぐり抜けた後の「結果としての平等」であり,不平等に対しては,所得再分配などの措置によって平等に近づけるイデオロギーを内在させていた.したがって平等には社会的内包を実現しようとする価値観がともなっていた.新自由主義にとって,社会の構成員すべてが競争に参加できる機会を平等に保持することが重要で,結果としての平等は本質的ではない.福祉給付は自由市場経済の前提を確保するかぎりで行なわれているにすぎず,福祉制度は本来排他的性格をもっていた,と主張されている.

　新自由主義の平等観は,権利に対して何らかの義務を付帯条件として加えることを社会政策に求めた.社会民主主義がティトマス・パラダイムのように,無条件の福祉給付を求めるのに対して,新自由主義は給付を受け取る要件として義務を付け加えた.ここでの義務とは,社会的排斥問題との取り組みとの関連で言えば,労働,とくに有給労働(paid work)に従事することである(Hirsh, 1999).ブレア内閣の社会的排斥問題の取り組みはこうした新自由主義の主張を受け入れるところから出発している.ディーンによれば,ブレアはこの点をアメリカのクリントン内閣が進めてきた「労働福祉国家」論から学んだのだという.W.ジョーダンによれば,ブレア/クリントンオーソドキシーは,①労働貢献が社会福祉に対する恒常的な要求の根拠を提供する,②最悪の社会的不正形態は他人の労働に対するただ乗りである,③すべての社会的権利は他人の財のために労働する義務を意味する,ことを内容としている(Powell(ed.), 1999, p. 224).ブレア内閣が推進してきた「労働のための福祉」(welfare to work)政策は,こうしたオーソドキシーの具体化であり,「ケインズ的な福祉国家からシュンペーター的な労働福祉国家」(Ibid., p. 225)への転換を示唆するものであった.ケインズ的福祉国家が総需要管理を通じた完全雇用と中央集権的なフォーディズム・モデルに基づいた普遍的な福祉給付を求めるのに対して,シュンペーター的労働福祉国家は,

供給サイドの経済運営とポストフォーディズムに基づいた選別的な福祉給付を求める．軽蔑的な語感のために公式には「労働福祉国家」という表現を用いていないが，ブレア労働党内閣の福祉改革は権利と義務の共存（正確に言えば義務への重点移行）に基づいて，有給労働を福祉給付の前提としていた．

レビタスは労働党のこうした試みを社会的統合論と呼んだ (Levitas, op. cit., chap. 1)．社会的統合論の意図は，社会的排斥を「有給労働 (paid work) からの排斥」と限定的にとらえ，有給労働の従事を通じて社会への統合を図ろうとしていることである．レビタスによれば，この考えは1990年代の多くのEU委員会の資料に見られるという．1994年にEU委員会が発表した『成長，競争，雇用』では，社会的排斥と有給労働からの排斥は同じ意味を持つ互換的概念と認識され，労働者の労働市場からの排斥こそがまず問題とされている (Levitas, 1998, pp. 23-4)．したがって社会的統合を進めるためには，失業者を現役に復帰させること，すなわち教育制度の充実や職業訓練を通じた適切な技術の習得によって社会復帰を図ることが重要となる．

② 新保守主義からの批判

新自由主義からの批判は，福祉給付を受けながら，労働義務を果たそうとはしない社会階層に対する道徳的批判を含んでいた（福祉への依存批判）．その批判は新自由主義というより，それと並行して行なわれた新保守主義からの批判となって現れた (Green, 1998：Field, 1996：Novak, 1998)．レビタスは，こうした議論を道徳的低階級論と呼んだ．道徳的低階級論が問題にするのは，道徳，行動様式，心性といった，人びとの文化のあり方である．社会的排斥は，貧困に陥っている者の文化が主流文化と隔絶し，両者は同化することなく，その溝が拡大していることから発生していると考えられている．不登校，家庭内暴力，薬物中毒，犯罪といった社会的排斥現象の原因は，道徳心の低下である．貧民がしばしば「低階級」(underclass) と呼ばれるのはそのためである．問題として取り上げられるのは，文化の多様性より，文化の紊乱である．したがって問題は社会の構造的特質ではなく，人びとの行

動様式であり，福祉への経済的依存といった「依存性文化」である．こうしてこの立場は社会的排斥を生み出す根拠として，福祉国家への依存を批判することになる（*Ibid.*）．

4. 排斥の実態

(1) 所得推移
① 所得変化

図 7-2 は，1979 年から 94/95 年までの実質純所得変化を示している．この間，平均所得は 40%（住居費控除前の数字，控除後は 42%）上昇した．しかしその上昇率は，最貧層から最富裕層まで 10 に分類した階層別で見ると，最貧層が 10% 程度であるのに対して，最富裕層は 60% となっており（いずれも住居費控除前），上層にいくにしたがって上昇率に格差が生じている．

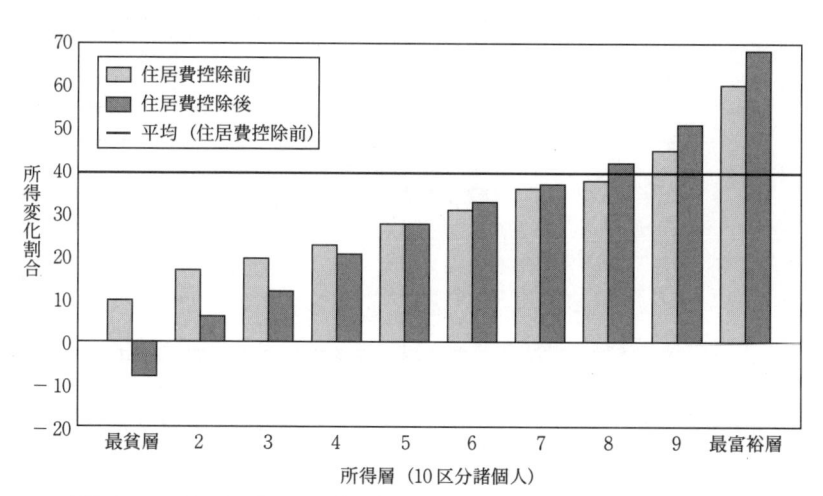

出所：Dept. of Social Security (1997) p. 11.

図 7-2 実質純所得変化，1979-94/95 年

② 所得格差の形成

図7-3は，この格差がほぼ1980年代に形成されたことを示している．1961-79年及び1991/92-94/95年は，両時期に上昇率の違いがあるとはいえ，

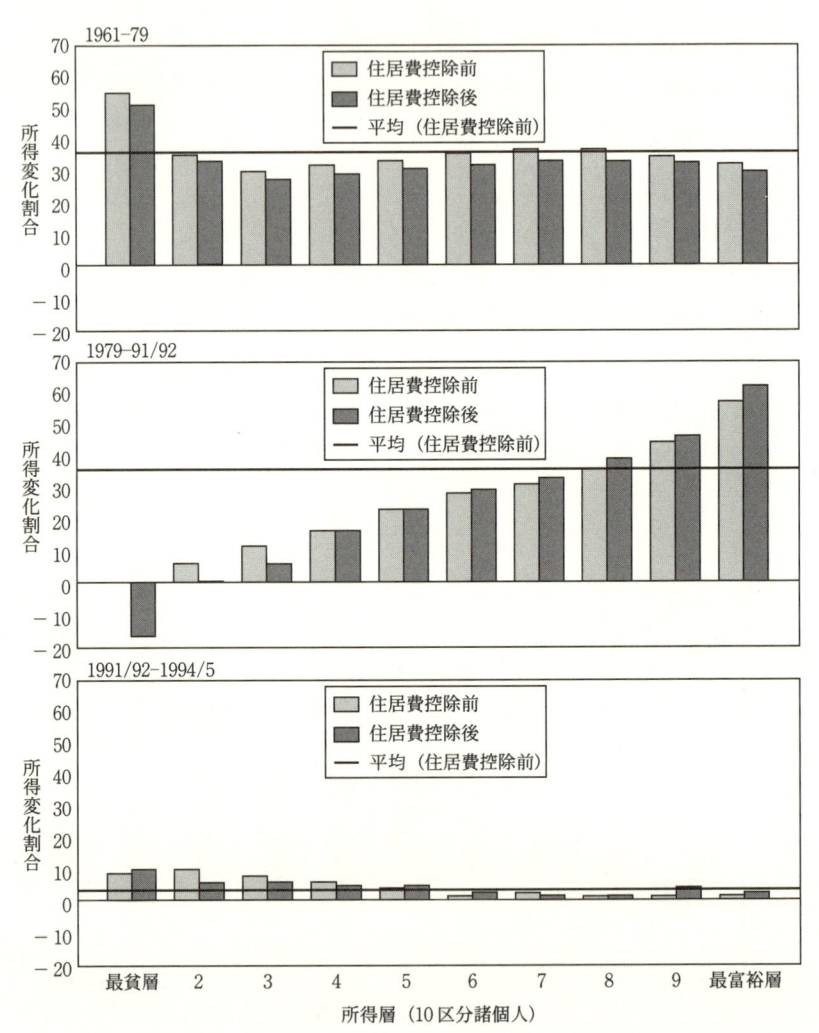

出所：Goodman and Webb (1994), DSS (1994) and DSS (1997).

図 7-3　実質純所得変化

最貧層をはじめ下層の上昇率が高いのに対して，1979-91/92年は上層にいくにしたがって上昇率が高くなっているからである．しかもこの時期は最貧層の上昇率がマイナスとなっている．前二者の上昇率に階層間の格差があまり見られないのに対して，1980年代には著しい格差が生じているのも特徴である．このように新自由主義が台頭した1980年代に所得格差が顕著になった．

③ 階層別所得分布

表7-2は，1979-94/95年の階層別所得分布を示している．この表から，上層の割合が高くなっているのに対して，下層のそれが低下していることが明らかである．例えば1979年の最貧層の所得割合は4.3%であったが，1994/95年には3.2%に低下している．その一方，最富裕層は20.6%から26%に上昇しており，階層別の割合の格差が拡大している．

④ 社会経済状況

図7-4は，1961年から94/95年までの平均所得の半分を下回る人口の割合を，子供や同伴者の有無，年金といった諸個人の状況別に示している．こ

表7-2 所得分配：平均所得以下世帯シリーズ，1979-94/95年（単位：%）

	同等可処分所得による諸個人10区分ごとの割合									
	最貧層	2	3	4	5	6	7	8	9	最富裕層
(a) 住居費用控除前										
1979	4.3	5.7	6.6	7.6	8.5	9.5	10.7	12.2	14.2	20.6
1981	4.0	5.6	6.5	7.4	8.4	9.5	10.7	12.2	14.5	21.1
1987	3.6	5.0	5.9	6.9	8.0	9.1	10.4	12.2	14.9	24.2
1990/91	2.9	4.5	6	6	8	9	11	12	15	26
1992/92	2.9	4.6	6	6	8	9	10	13	15	26
1994/95	3.2	4.7	6	6	8	9	10	12	15	26
(b) 住居費用控除後										
1979	4.0	5.6	6.6	7.5	8.5	9.5	10.8	12.3	14.3	20.9
1981	3.7	5.4	6.3	7.3	8.3	9.5	10.7	12.3	14.7	21.8
1987	2.9	4.6	5.6	6.7	7.6	9.1	10.6	12.3	15.1	25.0
1990/91	2.1	4.1	5	7	7	10	10	12	16	27
1992/93	1.9	4.1	5	6	8	9	10	13	15	28
1994/95	2.2	4.1	6	6	8	9	10	12	16	27

出所：1979-87はJenkins and Cowell (1993), 1990/91-1994/95はDSS (1997).

218

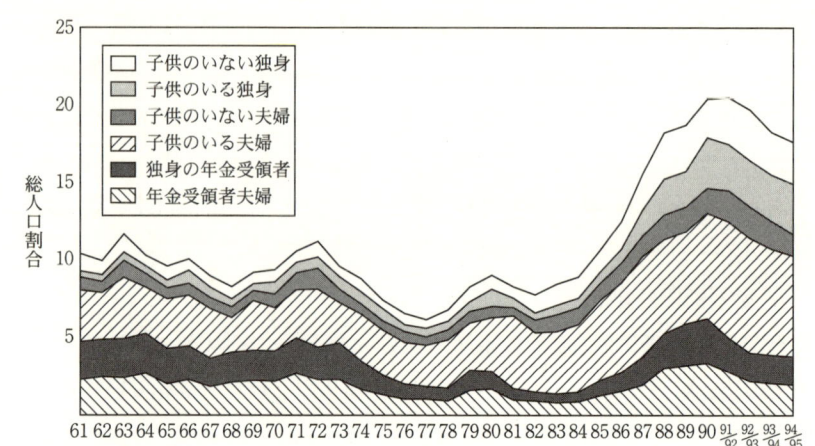

凡例：
- 子供のいない独身
- 子供のいる独身
- 子供のいない夫婦
- 子供のいる夫婦
- 独身の年金受領者
- 年金受領者夫婦

出所：Derived from Goodman and Webb (1994) および DSS (1997).
注：　住居費用控除前の所得に基づく．

図 7-4　平均所得半分以下の個人数

の図から，1960年代にその割合が10％程度であったのに対して，1970年代から低下した一方，1980年代に入って反転し，急速に上昇した結果，1991/92年には20％以上にまでその割合が増大していることがわかる．こうして平均所得の半分以下の人口が5人に1人は存在するという状況が1990年代初頭に現れたのである．ただし1994/95年には18％にまで縮小している．ヒルズは，1990年代初頭に現れた現象の理由として，ハイテク技術などの取得や資格による賃金格差の増大，労働組合の影響低下，最低賃金制度の意義の低下，失業世帯の増加を挙げている．こうした低所得層の構成を見ると，1960年代は年金取得者が半分近くを占めていたのに対して，1980年代から90年代にかけての時期はむしろ非年金取得者の割合が増大し，その割合は80％程度にまで拡大している．

⑤　所得不均衡の推移

図7-5は，ジニ係数による所得不均衡の傾向を1950年代から90年代中葉まで示したものである．使用しているデータの違いによって，係数にバラツキがあるが，その傾向に違いは見られない．すなわち，1950年代から60年

第7章 社会的排斥

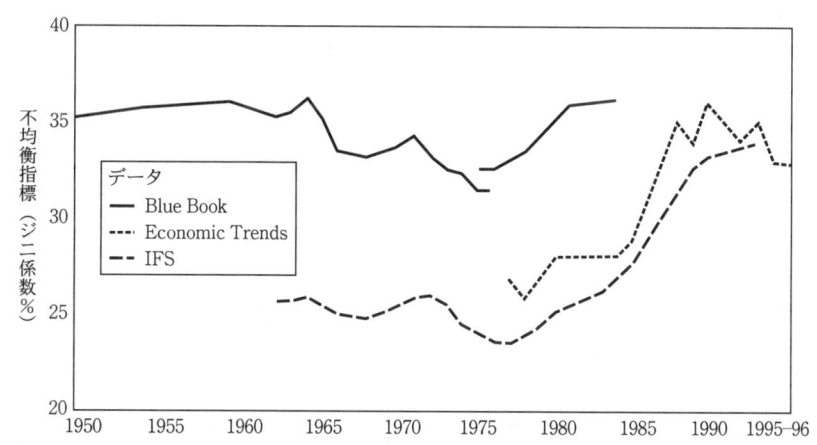

```
不均衡指標（ジニ係数 %）
```

データ
― Blue Book
‥‥ Economic Trends
--- IFS

出所：Atkinson and Micklewright (1992)：ONS (1997a) Table 2, Appendix 2 (and earlier equivalents)：Goodman and Webb (1994)：Goodman, Johnson and Webb (1997).

図 7-5　所得不均衡の変化

代中葉にかけてジニ係数は安定し，その後 70 年代中葉まで低下していたのに対して，70 年代後半から 90 年代初頭まで急速に上昇している．このように 1980 年代に所得不均衡は拡大し，ジニ係数は 35% 程度にまで上昇している．

(2) 金融排斥

金融排斥とは，銀行や住宅組合などの金融機関の口座を開設できない，抵当，保険などの金融サービスを受けられない，現金がないことでコミュニティの行事に参加することができない，家の修理，庭の手入れができないなど，経済的な理由で，通常の社会生活から排除されている状態を指す，社会的排斥の一形態である (Rossiter, 1997, p. 7)．

① 金融機関の口座開設

金融排斥の実態を知る上で多くの研究者が依拠している資料は「家庭資源調査」(Family Resources Survey) である．それによれば，1995/96 年において，20% の世帯，そして年齢 20 歳以上の個人の 23%（960 万人）が当座預

金口座を開設していない．また9％の世帯，同じく20歳以上の個人の11％（480万人）が全く口座を開設していない．この調査は金融排斥を過大に評価する傾向があると指摘されているが，1998年に実施されたONS Omnibus調査によれば，11％の世帯が当座預金口座を持っていない．またブリストル大学の地理学部個人金融研究センターが金融排斥に関して行なった調査によれば，現在150万世帯が銀行，住宅組合（building society）などの金融機関に全く口座を開設していないことが明らかにされている．これは全世帯の7％にあたっている（Kempson et al., 1998；1999）．

ロンドンでは，インナー・ロンドンに居住している市民のうち，とくに特定の貧困地域や犯罪多発地域を中心に，32％が銀行などに口座を開設していない．こうした事態が生み出されているのは，これらの地域で金融機関の閉鎖が多く，失業者，若者，高齢者は口座開設を申請しても拒否されるためにその意欲すら失われているからである．ロンドンでは，1990年から95年にかけて，全体の20％にのぼる271の支店が閉鎖され，322の行政区のうち126で支店がない状態となっている（Kauer et al., 1996）．

口座を開設していないことは，給与の受け取り，財の購入，公共料金の支払いなどがすべて現金で行なわれていることを意味している．この研究によれば，口座を全く開設していない世帯の他に，5世帯に1世帯が限られた金融サービスしか受けられず，10世帯に1世帯は1つしか金融商品を持っていないという．

② 社会，経済的特徴

図7-6は，口座を開設していない世帯の所得ごとの分布を示している．この図が示しているように，低所得になるにしたがって口座を開設していない世帯数は増大している．最上層が2％足らずであるのに対して，最貧困層では18％が口座を開設していない．このように開設口座と所得の間に密接な関係があることがわかる．

図7-7は，当座預金口座を開設せずに福祉給付を受領している世帯数の割合を示している．最貧困層は40％を越えており，貯蓄や投資をするだけの

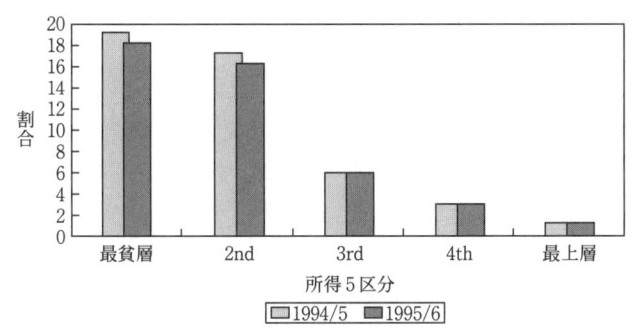

出所：New Policy Institute, FRS/HBAI, DSS Analysis

図7-6　所得ごとの銀行口座を持たない世帯割合

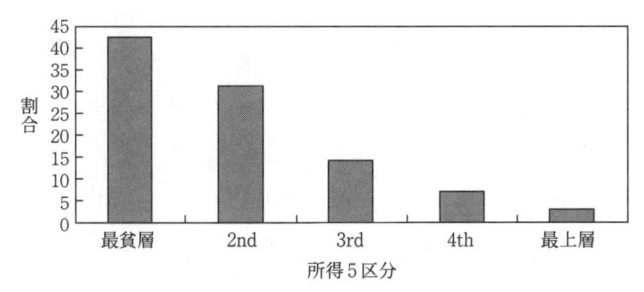

出所：HBAI 1996/7 Table 2.11, FRS, DSS analysis.

図7-7　所得ごとの当座預金口座を持たない給付単位

財産をもたず，年金を現金で受け取り，保険に加入していない世帯が社会の底辺に滞留していることを意味している．

5. ニュー・エコノミックス運動と社会的排斥

　戦後の社会政策が行き詰まりを見せる中で，福祉国家の近代化を図るために，労働党は社会的排斥問題に取り組む姿勢を積極的に見せてきた．しかしその姿勢には，この問題に正面から向き合うというより，社会的統合論（新自由主義）と道徳的低階級論（新保守主義）に取り込まれ，福祉政策の成果を台無しにする危険性さえ孕んでいた．ニュー・エコノミックス運動は，社

会権の発展とともに成長してきた戦後福祉国家の成果と欠点を洗い出すとともに，福祉国家から福祉社会への転換の可能性を探るという2つの課題に応えなければならなかった．そのためには，社会的統合論（新自由主義）と道徳的低階級論（新保守主義）を批判するためにレビタスが依拠した再分配論に学びつつ，その弱点を克服することが必要であった．

(1) ニュー・エコノミックス運動の視座
① 再 分 配 論

再分配論の特徴は，貧困を社会的排斥の主要原因と見なしていることである．子供の貧困問題を取り上げてきた市民団体「児童貧困アクショングループ」は，貧困を「イギリス社会への参加に必要な物的資源，とくに所得の不足」と定義した上で，社会的排斥を「完全にせよ，あるいは部分的にせよ，社会的，経済的，政治的，文化的制度から締め出されるダイナミックな過程を意味する」と述べ，社会的排斥問題の解決のために，貧困問題を解決することを最優先課題として挙げている（Levitas, 1998, p. 11）．物質的不平等など，様々な不平等を是正し，社会的排斥を克服するには，社会保障給付も含めた市民の経済的，政治的，社会的権利の獲得が必要である．リスターは，「市民を結びつけるものと考えられている権利や義務を，市民を分裂させている権力や資源の不平等から切り離して考えることは不可能である．これらの不平等は――とくに階級，民族，ジェンダーの――我々の社会を貫いて走っている断層線であり，市民的，政治的，社会的領域における市民権の輪郭を形成しているものである．貧困は，これらそれぞれの領域における市民権を完全に排除し，市民の私的及び公的責務を実行する人びとの能力を損ねてしまう」と述べている（Lister, 1997, p. 21）．したがって社会的排斥をなくすには，不平等を生み出す貧困に焦点を当てる一方，市民権の拡大によって，資源や権力の再分配を目指さなければならない．再分配論は，狭義には貧困に対する当面の措置として福祉国家論に基づいた社会保障給付の充実を目指しつつ，広義にはそのための市民的権利の拡大（再分配）を目指していた．

再分配論は，社会的市民権が，サッチャリズムなど，ニューライトの攻撃にさらされるという政治的コンテキストの中で形成されてきた．

② 再分配論の克服：完全雇用社会から完全従事社会へ

しかし再分配論に依拠するだけでは，社会的統合論や道徳的低階級論を批判することはできても，そこから直ちに社会的排斥に苦しむ人びとをすくい上げ，彼らの社会的参加とエンパワーメントを実現することができるわけではない．レビタスは，「再分配論では金がない，社会的統合論では仕事がない，低階級道徳論ではモラルがない」と述べている (Levitas, 1998, p. 27).「金がない」というように，再分配論は貧困問題を経済的市民権との関わりで直接問題にしてはいるものの，伝統的な福祉国家のアプローチに依拠し，そこから抜け出す展望を持っているわけではない．再分配論をどのように克服するのだろうか．

ジョセフ・ラウントリー・ファウンデーションが行なった一連の研究は，有給労働に従事するといった義務だけを強調すると，結果的に，職業に従事する者と，雇用機会を見つけることができず，労働意欲がないといったレッテルを貼られる人びとに，社会を分割してしまう危険性があることを指摘していた．有給労働の役割が重要であることは言うまでもない．しかしそれだけでは，社会的排斥にあえぐ広範な人びとを社会の底辺からすくい上げるには不十分である．こうした危険性を克服するには，仕事を有給労働に限定せず，家事，ボランティア活動，市民セクターが行なう様々な非営利・公益活動などの無給労働や自助活動を積極的に評価し，福祉国家から福祉社会への転換を展望することである．レスター大学のコーリン・ウィリアムズは，不完全雇用状態の恒常化，全労働時間の 60% 近くが無給労働であるというイギリス経済の非公認化が進行している状況において，これまでのような福祉国家や，自助へのレッセフェール・アプローチでは広範な人びとの「豊かさ」を実現することができず，多くの人びとが参加する社会的ネットワークやコミュニティをベースにしたイニシアティブや労働者相互扶助組織の役割を重視し，それらを全体としてまとめ上げる福祉政策が必要であることを指

摘している (Williams and Windebank, 1999).

　ウィリアムズはさらに,完全雇用社会から完全従事社会 (full-engagement society) への転換を主張している. 彼によれば,完全従事社会とは,「市民に基本的物質的ニーズと創造的可能性の両方を満足させる手段を提供することができるように,仕事 (雇用と自助の両方) と所得の十分な提供が行なわれている社会」である (*Ibid.,* p. 21). すでに指摘したように,完全雇用が非現実的であること,経済の非公認化が進んでいることを踏まえれば,完全雇用社会に代わる,別のアプローチが求められている. ウィリアムズの指摘の要点は3つある. 第1に,完全従事社会は仕事と所得の提供が十分に行なわれ,市民の基本的物的ニーズに応えていなければならない. 第2に,その場合,仕事を有給の雇用機会に限定せず,自助も含めた幅広い概念として把握することによって,たんに提供されるものではなく,人びとが自主的に取り組み,創意や工夫を発揮できる可能性を秘めたものとして認識されている. 第3に,こうした社会を展望することが,社会的排斥問題を克服し,人びとの社会参加を促す契機を提供するのである.

　ウィリアムズは,完全従事社会を実現するためにはまず,人びとの自助の試みや社会参加の障害を除去することが必要であること,そのためには市民自らが障害を突破するボトムアップ・アプローチと,それを側面から支えるトップダウン・アプローチの両方を効果的に組み合わせる必要性を指摘している. とくに重要なのは前者である. ボトムアップ戦略を進めるには,市民の自発的意思に基づいて,コミュニティを土台とした,人びとが相互に助け合うイニシアティブを系統的に実施していく必要がある. コミュニティにはすでに,「地域交換・交易システム」(Local Exchange and Trading System, LETS),労働者相互扶助組織,相互援助契約といった試みが広く実践されている. こうした試みはたんなる失業者に対する雇用機会の提供というように,狭くとらえてはならない. そこには,人びとが自ら助け合う相互扶助ネットワークの建設につながる展望が開かれている.

　完全従事社会は,国や地方自治体などの第1セクター,民間企業などの第

第7章　社会的排斥

2セクターと，市民が作る第3セクターとがパートナーを組み，協力しながら発展していく社会であるから，ボトムアップ・アプローチを側面から支えるトップダウン・アプローチが不可欠である．例えば，国は，一方で地域社会のニーズの実現を展望しながら，失業者の自発的意思を尊重しつつ，ボランタリー・セクターやコミュニティ・セクターの活動の拡大を奨励することができる (*Ibid.*, pp. 21-32)．

(2)　ニュー・エコノミックス運動の姿勢

ニュー・エコノミックス運動は，こうしたウィリアムズの指摘を積極的に生かし，コミュニティの試みを注視し，それを理論化し，広く普及させることに努めてきた．ニュー・エコノミックス運動は，社会的排斥を，生活コントロール手段の欠如と認識する一方，「経済的，政治的，社会的な市民権の欠如をもたらす過程」(Rogaly et al., 1999, p. 2) と定義することで，それとの闘いを運動として進めてきた．経済的市民権とは，良質な雇用機会や金融サービスへのアクセスなど経済領域に関わる市民の権利である．生活手段の欠如とはこうした経済的市民権の欠如と読み直される．この権利を行使するには，政策立案のプロセスに市民が参加し，決定する能力を獲得する政治的市民権が必要となる．政治的市民権は，政策の計画立案から決定にいたるすべてのプロセスに市民が参加し，それぞれの段階で市民も責任を持つことであって，たんに中途で意見を求められたり，決定された内容を事後的に追認するといったものではない．社会的市民権とは，地域やコミュニティ，あるいは市民が自ら作り上げた社会的ネットワークに対する帰属感覚を外部から妨げられることなく，尊重されることである．

ニュー・エコノミックス・ファウンデーションは，『イギリスにおける貧困，社会的排斥，そしてマイクロ・ファイナンス』(1999年) の中で，ニュー・エコノミックス運動の社会的排斥問題に対する基本姿勢を述べている．

「社会的排斥とは対立した意味を持つ概念である．したがって本書で使用される社会的排斥の意味は慎重に選び取られている．特定の規範からの「逸

脱」を最小限におさえるために「内包」を強調する解釈と，1人の市民として影響を受ける能力など，人びとの生活へのコントロールの欠如として社会的排斥を強調する解釈との間には，イデオロギー上の違いが相当存在している．本書において我々は2番目の考え方をとる．貧困は主に貧民自身の欠陥に由来するという考えに対して，我々のアプローチは社会の内部にある構造的要因の産物として貧困をとらえるという立場に基づいている．しかし，我々は貧民や社会的に排斥された人びとを犠牲者として描くことを避けたいと考えている．我々は人びと自らが変わることができるし，変化を生み出すこともできると信じている」(*Ibid.*, p. 2)．

　この指摘で重要なことは，貧民や社会的に排斥された人びとを犠牲者としてではなく，社会的排斥を克服する能力を備えた主体と認識していることである．社会的排斥問題の取り組みは，市民の自発的で創造力のある実践的試みをすくい上げ，それを生かしていく道筋を探ることである．ニュー・エコノミックス運動は，社会的排斥問題に関しても，地域に根ざした市民の自発的エネルギーをどのように組織し，それを力に変えていくのかを模索してきた．社会的排斥を克服するには，公的機関（第1セクター）や民間企業（第2セクター）が定めたプログラムに依存し，市民がそれを忠実に遵守するだけでは不十分である．むしろそうした依存体質から離れ，第1，第2セクターが手をつけることのできない領域を市民のニーズに合わせて開拓し，それを主体的に担っていく努力が必要である．ニュー・エコノミックス運動は，そうした立場から，金融排斥についても，既存の金融機関から相対的に独立した独自のアイデアを提供しようとしていた．ニュー・エコノミックス運動が金融排斥への対応として提起したのはコミュニティ・ファイナンス・イニシアティブ（CFI）であった．

6. ニュー・エコノミックス運動と金融排斥

(1) コミュニティ・バンキング

ニュー・エコノミックス運動は,貧困世帯やスモール・ビジネスを起業しようとする市民を資金的に援助するマイクロ・ファイナンスの役割を積極的に評価しようとしてきた.マイクロ・ファイナンスは主に途上国の開発を目的に行なわれたイニシアティブであるが(岡本他,1999),先進国はそれを参考に,金融排斥に取り組む手法の1つとして活用してきた.イギリスには,370万を越えるスモール・ビジネスが存在しており,どの規模の企業よりも多くの雇用機会を提供している.スモール・ビジネスとは,10人以下の労働者を雇用している企業を指すが,これを育成することが社会的排斥や福祉給付への依存から脱却し,地域経済の再生にとっても重要な意味を持っている.ニュー・エコノミックス運動は,金融排斥の取り組みが社会的排斥との闘いに統合されなければならないという観点から,そのための適切な手法の開発に努力してきた.CFIとは,社会的排斥問題と闘う市民の自発的な試みから出発した,イギリスに特有なマイクロ・ファイナンスの試みである.

コミュニティ・バンキングは,商業銀行と慈善資金の中間に属し,経済的困窮や創業資金の調達が困難な市民に適切なサービスを行なうことを目的とした金融機関である.市民の自発的意思によって,このような新しい性格を持つ金融機関が設立されるようになった理由は2つある.第1に,金融サービスの利用が市民生活にとって不可欠な構成要素となっているにもかかわらず,銀行口座を開設していない人びとが多数いたり,適切な金融知識サービスを,適切な場所で受けられず,経済的困窮に拍車をかけるという,「貧困の近代化」と呼ばれる現象が発生してきていること,第2に,1970年代以降ヨーロッパ諸国で,協同組合,労働者扶助,社会的企業など社会的経済(social economy)イニシアティブの発展が広範囲に見られ,それに対応した金融機関の設立が必要になっていたこと,である.コミュニティ・バンキン

グはイギリスに特有な呼び方であり，ヨーロッパでは社会的銀行（social banking）とか社会的融資（social lending）と呼ばれる場合が多い．社会的経済はヨーロッパ諸国において相当の広がりをもって発展してきており，社会的銀行のイニシアティブは約5,000の社会的経済プロジェクトに対して適用されるなど，その役割はますます拡大してきている（NEF, 1999a）．

(2) コミュニティ・ファイナンス・イニシアティブ：信用組合を中心に

表7-3に示されているように，ニュー・エコノミックス・ファウンデーションがCFIとして挙げているのは，信用組合，マイクロ・クレディット・ファンド，コミュニティ・ローン・ファンド，相互保証協会，社会的銀行，地域交換・交易システムといった，6つのイニシアティブである．こうしたイニシアティブを市民が自発的に結成しなければならなくなっているのは，大手銀行，住宅組合，郵便局などの既存の金融機関が，貧困地域での支店閉鎖，貸し渋りなど，金融排斥を解決するどころか，逆にそれを助長させている状況が1980年代以降広く見られたからである．CFIは，「コミュニティの経済的ニーズをファイナンスするギャップの広がりを埋める」ために，市民の自発的意思で結成した独自の金融制度である（Rogaly et al., 1999,

表7-3 マイクロ・ファイナンス・サービス

信用組合	株の形態での貯蓄
	小規模貸付
	保険など他のサービス
	小規模ビジネスのための信用組合融資
小規模信用基金	小規模起業融資
コミュニティ融資基金	起業及び既存のビジネス融資
	チャリティ，社会的及びコミュニティ企業への融資
	ワーカーズ・コーポラティブ融資
	住宅修理のための融資
相互保証協会	会員ビジネス共同出資
	銀行からのビジネス融資の利用
社会的銀行	チャリティ，社会的及びコミュニティ企業への融資
LETS及び代替通貨	会員間の現金を用いないサービスや財の交換のための地域通貨

(出所) Rogaly, et al. (ed.) (1999) p. 95.

表7-4　信用組合の実態

(単位：千人，百万ポンド)

	信用組合数	構成員	資産
イングランド・ウェールズ	524	130	69
スコットランド	135	95	55
小　計	659	225	124
北アイルランド	174	267	321
連合王国	833	492	445

(出所)　*Access to Financial Services*, Report of PAT 14 (1999) p.13.

chap. 5)．この制度は，所得変動などに対応して消費者を保護しようとする防衛的目的と，スモール・ビジネスを発展させようとするプロモーショナルな目的の，2つの目的を持っている．ニュー・エコノミックス・ファウンデーションの説明によれば，コミュニティ・ファイナンスの目的は，「地域経済，とくに疎外されたコミュニティの健全な発展を支援する金融サービスを発展，促進させること」にある．CFIは，狭義には市民が提供する資金をもとに創設された金融機関であるが，広義にはコミュニティのニーズに対応しない補助金や公共資金を制度的に再編成することで作られたファンドも含まれる．表7-3に示されている6つのイニシアティブは，広義のCFIを挙げたものである．すでにこれらのCFIは，総額で4億ドルの資本価値を持ち，そのイニシアティブは過去5年間に4倍に拡大している．このようにCFIは世界的現象となっている．ここでは，差し当り狭義のCFIに焦点を当てる意味で，その典型とも言える信用組合を中心に紹介する．

① 信用組合の発展

信用組合は，組合員の相互利益を目的として，1979年信用組合法を根拠に，市民が貯蓄した資金を基礎に設立された非営利かつ協同組合的な金融機関である．同法に明記された信用組合の目的は，「貯蓄の奨励，組合員への上限以下の利子率（月1％）での融資，全組合員の相互利益のための活動，金融問題に関する教育」などを行なうことである．組合員になるには，当該地域に居住していること，協会やクラブなど団体に所属していること，当該地域で働いていること，特定の職業に従事していることといった4つの資格

要件のうちのいずれかを満たしていなければならない．こうした要件は組合員がお互いを熟知していれば，債務は返済するという道徳的義務を果たすことができるという考えに基づいている．実際，信用組合の融資返済不履行は平均1%程度でしかない（HM Treasury, 1979）．

表7-4に示されているように，イギリスには現在833の信用組合があり，年平均50の新しい組合が設立され，増加傾向にある．ほとんどの信用組合が上部組織である「イギリス信用組合連盟」(Association of British Credit Unions Limited, ABCUL) に加盟している．また組合に加盟している組合員も増加傾向にあり，現在は50万人近くにのぼっている．保有資産も年平均20%ずつ拡大している．この表からも推測されるように，信用組合運動は比較的北アイルランドで進んでおり，イングランドやスコットランドは立ち後れている現状にある．人口比で見ても，北アイルランドは信用組合に加盟している人口が45%にのぼるのに対して，イングランド，ウェールズ，スコットランドでは1%に満たない．ちなみにアメリカとオーストラリアは25%，カナダは16%である．

大蔵省の作業部会がまとめた『将来の信用組合』によれば，信用組合は以下の理由で金融排斥と闘う重要な方法の1つであると指摘されている（HM Treasury, 1999）．

(1) とくに低所得層に開かれている．
(2) 組合員に自立心と節約心を与える．
(3) 低コストの融資を提供する．

しかし信用組合は，貧困世帯だけを対象とした，大手銀行とは別の，傍流に位置する金融機関ではない．そのように認識することは，信用組合の意義や役割を見失うことになりかねない．信用組合は，融資を求めながら，それができずにいる人びとに，多くの人びとから資金を集め，大手銀行の金融サービスを側面から補完する，地域に根ざした金融機関として評価されなければならない．

プランケット・ファウンデーションが行なった調査によれば，職業信用組

合と住民信用組合の組合員数は,後者が最近増大してきたことによって,ほぼ同数となっている.ただし両者の性格は異なっている.コミュニティ信用組合数は職業信用組合に比べて多いが,大多数が組合員200人以下であり,融資数の平均も36,開店時間も週6時間以下とサービスが限定されている(Donelly and Haggett, 1997).

② 信用組合の特徴

信用組合の特性は以下の点にある (HM Treasury, 1979).

第1に,1979年10月以後に設立された信用組合は,「信用組合法」(1979年制定)によって友愛組合 (Friendly Societies) として登録しなければならない.未登録組合は信用組合業務を行なってはならない.設立には最低21名の賛同者が必要であるが,十分な資金を確保するには500～1,000人の組合員が加入していることが理想である.登録にあたっては内部規則や組織機構の概要を明記した規程を備えていなければならない.通常,各信用組合は「イギリス信用組合連盟」や「全国信用組合連合」に準拠した規程を備えている.組合員は,預金量にかかわりなく理事会の選出などで,1人1票の投票権を持っている.

第2に,信用組合は組合員を結びつける「共通の絆」(common bond) に基づいて設立されていなければならない.「共通の絆」には,同じ地域に居住している,教会やクラブといった団体に所属している,同じ職場で働いている,といった違いに基づいて,信用組合はそれぞれ住民信用組合 (residential credit union),団体信用組合 (associational credit union),職業信用組合 (occupational credit union),に分かれることになる.前二者を地域を基盤に設立しているという意味でコミュニティ信用組合と呼ばれている.いずれにしても,共通しているのは帰属場所がはっきりしていることで,共通の利害を組合員が持っていることである.信用組合法は「共通の絆」が存在しているという確認を登録要件として求めている.

第3に信用組合は,大手の金融機関と違って,所得と関係なく,組合員に適切な資金を提供する協同組合精神に基づいて設立された金融機関である.

信用組合は非営利団体であるから，運営資金や準備金を控除した後の余剰金は組合員に出資金に応じた配当金の形で還元されるが，その額は毎年定期的に開催される組合総会で決定されなければならない．ただし法によって，配当金は8％を越えてはならないことになっている．設立当初，多くの信用組合はボランティア職員に依拠して運営されていたが，現在では金融制度や金融商品が複雑化してきていることもあり，専門的な金融知識を持つ有給スタッフによって運営される必要がある段階にきている．

第4に，信用組合員は預金額プラス5,000ポンドまで融資を受けることができる．1996年9月の規制緩和によって，当該地域に在勤しているか在住している者は組合員になる資格を持つこと，信用組合の規模に応じて預金，融資額ともに5,000ポンドから10,000ポンドまで増額できることが可能になった．

労働党政府は，こうした規制緩和に加えて，信用組合の発展のために，1979年信用組合法の改正を提案している．改正の要点は，信用組合は銀行や他の信用組合から資金提供を受けることが出来るようにすること，利息付き口座の開設許可，現在750ポンドに制限されている若者の預金上限の撤廃，組合員数を5,000人までと定められている上限の撤廃などである．

ニュー・エコノミックス・ファウンデーションは，信用組合に対して2つのことを主張してきた．第1に，信用組合が地域経済の再生に貢献するために，コミュニティ信用組合を発展させる必要を強調していることである．そのためにはコミュニティ信用組合が組合数，組合員数ともに増大することが不可欠であることは言うまでもない．しかしそれ以上に大事なことは，地域社会の関わり合いを失うことなく，組合員のニーズに応える「価値指向型組合」(value based organization) の性格を保持し続けることである．そのためには「社会的監査」(social audit) を恒常的に行ない，組合内外に監査結果を公表することで，信用組合の設立目的や設立の原点に常に返ることが必要である．

第2に，職業信用組合が雇用主の支援を受けやすく，組合員の所得が高く

預金額も多いという利点を持っているのに対して，コミュニティ信用組合は，組合員数や保有資産の両面で職業信用組合と比較して劣っている状況にある．1996年の規制緩和が規模に応じて預金額，融資額の上限を拡大した結果，両者の格差はますます広がる可能性を持っている．ニュー・エコノミクス・ファウンデーションは，こうした状況から，低所得層のニーズや地域再生の課題を担うコミュニティ信用組合に特別の法的地位を与え，自営業やスモール・ビジネスにも融資を拡大できるような権限を与えるべきであることを主張している（Rogaly et al., 1999, chap. 5）．

第8章　地域交換・交易システムの意義
― インフォーマル・エコノミーの役割 ―

1. 地域通貨の形成

　ニュー・エコノミックス・ファウンデーションは，設立当初より地域交換・交易システム（Local Exchange and Trading System，以下 LETS）の意義を積極的に評価し，その普及に努めてきた．LETS の最初の紹介が 1984 年にロンドンで開催された第1回「もう1つの経済サミット」（カナダの市民活動家マイケル・リントンの報告）であったこともあり（エキンズ，1987, 212-7 頁），ニュー・エコノミックス運動はこのシステムの斬新さと可能性に注目し，それ以降精力的にイギリス各地で，このシステムの設立に向けて活動してきた（Dauncey, 1996, pp. 52-69；Boyle, 1999；2000）．世界には，LETS の他に類似した地域通貨システムが多数存在しており，急速に広がり始めている．

　しかし LETS に類似した制度が世界的に広がりを見せ始めているといっても，この制度の意義を評価する視点として忘れてならないのは，グローバル化の激しい波に呑み込まれ，貧困に喘いで落ちこぼれていく貧しい地域で導入された LETS を基本モデルと考えなければならないことである．LETS は日常的な貧しさに喘ぐ人々が，その波に立ち向かう方法の1つとして設立されたのであって，わが国のような豊かな国で導入された制度と本質的に異なった背景を持っている．その点で，LETS と，わが国で広く受け入れられようとしているエコマネーとの間に大きな違いがある（加藤，

1998 ; 2000). イギリスでは, 失業者など社会的に排斥された人々が直接インフォーマルな経済活動に従事することは稀である. その意味で,「LETS は, 低所得地域で, 環境に関心を持っているとか, 中産階級に属する人々が, 彼らのニーズとは無関係に行なった試みと受けとめられてはならない」(Barnes et al., 1996, p. 1) のである.

　地域通貨を発行することによって国民通貨だけに依存した交換システムから脱却する試みは, 国民通貨になれ親しんできた者から見れば, 予想も出来ない多くの可能性を秘めている. 地域通貨の経験はまだ20年足らずであるが, LETS はこれまでその可能性に応じて, いくつかの角度から評価されてきた (Barry and Proops, 2000, pp. 12-7). 第1に, LETS は地域経済の再生や活性化, 失業問題への対応など経済的視点から評価されてきた. 経済のグローバル化が進行する中で, 一方で非常に活発な企業活動や地域の発展が見られる反面, どの国もインナーシティ問題, 農村の過疎化, 古くからあった商店街の閉鎖, 産業の空洞化などの諸問題に直面している. 国際競争が激化する中で, コミュニティは否が応にも競争の荒波に巻き込まれ, 何らかの対抗措置を講じなければますます衰退していくだけに終わってしまうだろう. その対抗措置として LETS は大きな可能性を持っている. 第2に, LETS を社会的排斥やコミュニティ・ネットワークの再生など, 社会問題への対応として評価する視点がある. いずれもグローバル化の進行によって分断された人間関係を, 市民の新しいアイデアで再建しようという試みである. またこの視点には, 福祉国家の危機が叫ばれる現在, 市民による相互扶助や自助のあり方など重要な問題が提起されている. LETS は, 福祉国家による給付だけではとらえきれないコミュニティ単位での人間関係の再生を実現する可能性を持っている. 第3に, LETS を環境政治理論の中に位置づけ, その可能性を追究しようとする視点がある. ニュー・エコノミックス運動は個別の具体的な課題に取り組む一方, どのような社会を理想として構想するのかという課題にも取り組んできたから, LETS が持つ「仕事」観, 共同思想の発掘, 持続可能な消費など,「持続可能な社会とは何か?」とい

う設問にも積極的に答えようとしてきた．第4に，LETSを「生活世界の植民化」（ハバーマス）に対抗する新しい社会運動として評価する視点がある．LETSはこのように「日常生活の政治学」の1例としてその役割が注目されてきた．

　これらの視点は，必ずしも独立しているわけではなく，重複している部分が相当ある．LETSが持つ同じ機能を異なる角度から見ただけで，強調点が違うだけに終わっている場合が多い．しかしどのような視点から追究するにしても，LETSは，市民が発案し，市民によって運営された，グローバル化に対抗する相互扶助組織であることは間違いがない．本章では，こうした視点のうち経済的側面に注目し，インフォーマル経済の1つの形態として，LETSの持つ可能性を明らかにしたい．

2. LETSとニュー・エコノミックス運動

　ニュー・エコノミックス運動がLETSに注目してきたのは，この試みが地域経済の再生や社会的排斥などの課題に取り組む効果的な方法であるといった理由の他に，仕事や福祉（welfare）といった基本的概念の再検討など，脱産業社会の仕組みを明らかにする手がかりがあるからである．産業社会の進展とともに，経済のフォーマル化は自明と受け止められてきた．しかし政策目標の1つであった完全雇用が実現できなくなっていることや，それを補完する役割を持っていた福祉国家が制度疲労を起こしているとき，フォーマル化された経済だけに依存することは事実上不可能になっている．問題はフォーマル化された経済を補完する（代替ではない！）ものは何かという点にある．

　レスター大学のコーリン・ウィリアムズ等は，経済のインフォーマル化の進行とニュー・エコノミックス運動との関係を次のように述べている（Williams and Windebank, 1998, p. 158）．

　「ニュー・エコノミックスは広範な広がりを持った研究者の知的な集まり

であるが,そこに集まるすべての人々に共通した考えがある.ニュー・エコノミックス・ファウンデーションの機関誌『ニュー・エコノミックス』は,ニュー・エコノミックスを,経済的正義,人間のニーズの充足,人間や地球の豊かさ,充足感のある民主的な仕事,自己信頼,自己決定,インフォーマル活動の奨励,地球上に住む現在及び将来世代に対する尊敬を提供するものと定義している.したがってこのアプローチは,規制緩和論者が考えているやり方とは別の方法で,自己信頼と自己決定を促進する手段としてインフォーマル経済活動を発展させることを支持している.ニュー・エコノミックスの研究者はそれを右翼の政治思想や左の考え方に結びつけることは重大な間違いだと指摘している.彼らにとって,左翼も,右翼も,生産主義を改良し,完全雇用を危険にさらす別のやり方にしかすぎない.それに対してニュー・エコノミックスの研究者は,雇用を中心とした生産主義的な心性を別のアプローチをたどることで,仕事を「全体経済」に置き換えようとしているのである.これはフォーマルな雇用ばかりでなく,不払いでインフォーマルな仕事を具体的に促進することで「完全従事」を行なうことである」.

　この指摘からもわかるように,ニュー・エコノミックス運動は,インフォーマル経済活動の役割を重視し,それを現実社会の中で具体的に生かすことを追究してきた.「インフォーマルな経済においては,どれだけの量が生産されたかだけではなく,どんな方法で,誰のためにが重要なのであり,金銭的用語に直接置きかえてこれを測定するのはたいていの場合不可能である」.だからといってフォーマル経済活動をすべてインフォーマルな経済活動に置きかえようというのではない.ニュー・エコノミックス運動が追究してきたのは,フォーマル経済とインフォーマル経済が共存し,相互に補完する混合経済である.そこで,ニュー・エコノミックス運動が進めようとしているインフォーマル経済と仕事の意義について,以下で見てみることにしよう.

(1) インフォーマル経済の意義

　レオナードは「20世紀の初めにはフォーマル化された雇用の幅広い,急

速な成長が見られたが，20世紀の終わりは新しい仕事の形態，上昇する失業率，インフォーマル経済活動の存在や活力の出現によって特徴づけられる」(Leonard, 1998, p.1) と述べている．この指摘には，20世紀が追求してきたフォーマル経済だけでは21世紀の社会は維持できないこと，その不足部分はインフォーマル経済によって補完されなければならないという重要な論点が示されている．ジェームズ・ロバートソンは，政府公共部門（第1セクター）と営利民間部門（第2セクター）からなるフォーマル経済と，地域企業（コミュニティ・ビジネス）などの第3セクターや，家庭，隣保からなるインフォーマル経済とがバランスよく組み込まれている経済様式が「人間中心の経済」であると指摘している（図8-1参照）．20世紀は政府や民間部門はいうまでもなく，家庭や地域も市場経済の中に押し込め，金銭対価を常に求める関係を組織してきた．そのためにボランティアや地域近隣の活動は，それに該当しないものとして，市場経済の隅に追いやられてきた．その結果，人間は，消費者として，あるいは被雇用者や自営業者として，生産中心のフォーマル経済に依存した存在としてしか位置づけられてこなかった．インフォーマル経済を育てることは，こうした依存性文化から抜け出し，自立した文化を作り出そうとすることである．

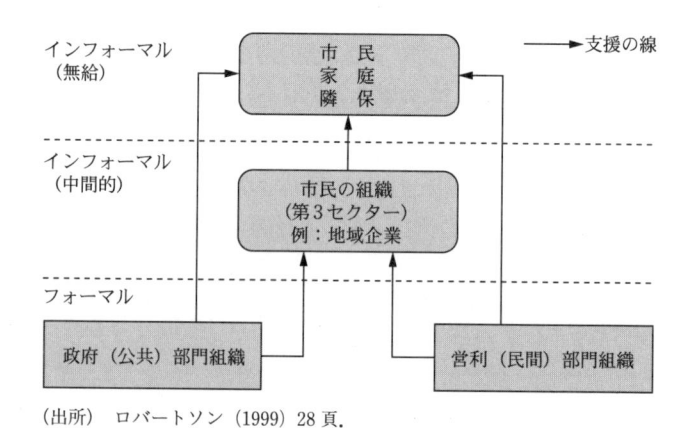

（出所）ロバートソン (1999) 28頁.

図8-1 人間中心の経済

第 8 章 地域交換・交易システムの意義

表 8-1 経済発展の方向：全労働時間に占める無給労働の割合（％）

	1965	1975	1985	1995
イギリス			48.1	58.2
フランス		52.0	55.0	
アメリカ	56.9	57.6	58.4	

（出所） Williams et al. (1999) p. 5.

表 8-1 は，イギリス，フランス，アメリカの全労働時間に占める無給労働時間の割合を 1965 年から 10 年ごとに見たものである．イギリスでは無給労働が，1985 年の 48.1％ から 58.2％ へ増加し，6 割近くがインフォーマル経済によって担われていることがわかる．フランス，アメリカでも 1980 年代にすでに半分を超えている．このようにフォーマル経済とインフォーマル経済の関係は，20 世紀の終わりにすでに逆転している．したがってインフォーマル経済を，「闇経済」(black economy)，「目に見えない経済」(invisible economy)，「地下経済」(underground economy)，「未組織経済」(unorganised economy) などと，簡単に片付けることはできなくなっている．このことからコーリン・ウィリアムズ等は，「自助を無視したり，雇用創出だけに関心を寄せることは，マクロ経済がインフォーマル化の方向に向かって転換しようとしていることに逆らって泳ぐことであり，こうした変化に対応したメカニズムの発展を妨げることになる」(Williams and Windebank, 1999, p. v) と指摘している．今重要なことは，こうしたフォーマル経済とインフォーマル経済の共存を認め，相互の補完関係の中で，どのような経済のあり方が求められているのかを明らかにすることである．ウィリアムズは，完全雇用社会に代わる受け皿として，完全従事社会 (full engagement society) を形成することが重要であると指摘している．

こうしたインフォーマル経済の発展は，ケインズ経済学に支えられた戦後完全雇用政策の将来にも関係している．欧米では 1970 年代の第 1 次オイルショック以降，10％ から 20％ にものぼる高い構造的失業に苦しんできた．ケネディ大統領時代に完全雇用として想定されていた 4％ の潜在失業率は今

では夢と化している．完全雇用政策は今後現実的に可能であろうか．EUが1996年に発表した『市民的及び社会的権利のヨーロッパに向けて』は，「1960年代の完全雇用に復帰することなどありえない」と述べている．完全雇用が不可能であるとすれば，それに対する受け皿を作る必要がある．ロバートソンが書いた『未来の仕事』によれば，未来には「通常のビジネス」，「超拡大経済」（以下 HE），「健康で，人間的で，エコロジカルな経済」（以下 SHE）という3つの選択肢があるという（第4章の5つの選択肢はこれを膨らませて説明したもの）．この3つの選択肢において，完全雇用は「通常のビジネス」モデルで達成可能だと想定されているのに対して，HE, SHEでは不可能だと考えられている．「通常のビジネス」では，産業社会の長期波動が常に新しい技術革新を招き，それによって雇用水準は引き上げられていくことを想定している．しかしそれを否定する後二者の選択肢は完全雇用が今後不可能になるという点で共通しているものの，その原因や，失業者に対する対策の点で異なる立場をとっている．HEは，テクノロジーの発展の中で，仕事はすべて専門的知識を持った少数のエリートによって行なわれ，それから排除された多くの人々は「ただ消費する」だけの徒食者に終わってしまうというシナリオを描いている．テクノロジーの発達は不可避であるから失業者の発生も不可避である．ここでは仕事は有給雇用の形態をとることしか想定されていない．それに対してSHEは，脱産業化が進む中で「脱雇用社会」が到来することを主張する．HEにとって雇用からはじき出された人々は無為の人にしかすぎないのに対して，SHEでは「完全雇用の回復の望みが遠ざかるにつれて，仕事の支配的形態は，もはや雇用としてではなく，自己組織した活動と見なされるようになる」（ロバートソン，1988，27頁）というように，仕事の型式は雇用，余暇，自身の仕事など，多様になっていくのである．

(2) 自身の仕事

インフォーマル経済の発展のもとで，仕事の概念は大きく転回していく．

フォーマル経済のもとでは，仕事は有給労働が基本であった．しかし脱雇用社会のもとでは，「仕事が再定義され」（同，16頁），「仕事の支配的形態はもはや雇用としてではなく，自己組織化した活動」（同，27頁）として多様な形態をとるようになる．ベックが述べる「仕事社会へのアンチテーゼ」とは雇用社会から抜け出すことに他ならない．この場合重要なのは，「ますます多くの人々が自分自身の仕事のコントロールを手に入れる」（同，27頁）ようになることである．「自己組織化した活動」とは，雇用主のためではなく，自分のため，家族のため，近隣のため，コミュニティのための仕事が増大するということである．

産業社会において雇用労働は特別の意味を持っていた．所得が賃金所得からしか発生しないのであれば，諸個人の生活はそれへの依存を強めていかざるをえない．しかも男女の分業体制が根強く残っている状況の下では，雇用労働は「男性的でインパーソナルな」性格を持つことになる．また失業が社会的排斥を生む根本原因の1つとなっているのは，雇用こそが社会的に受け入れられる人間関係の基本となっているからである．こうした雇用の排他的性格は，ロバートソンが「職にかかわる唯一のオルタナティブ——失業——は，人々が仕事に求める自己評価，社会的尊敬，仲間関係，時間構成を供給できないのだ」（同，52頁）と指摘したように，「あらゆるひとを雇用適格者へとおしやる一般的圧力」（同，53頁）が働くようになることを意味した．

しかし脱雇用社会の進展は，雇用のこうした性格を次第に拭いさり，それとともに，雇用に代わる新しい仕事の形態を登場させていく．ロバートソンが，SHE未来のビジョンで予見した新しい仕事秩序とは，「人々とコミュニティが，その仕事にいっそうのコントロールを獲得し」，「もっと人道的で」，「もっとエコロジカルで」，「もっと正気な」秩序を生み出すということである．社会のニーズに応えることが，諸個人の自発的な意思で行なわれ，社会的に有用な「仕事」として受け入れられるようになることをロバートソンは描いていた．ロバートソンはそれを「自身の仕事」（own work）と呼んだ．

LETSは，こうした新しい基本特性をもつ仕事を基礎に成立した相互扶

助組織である．ある人が提供可能なサービスを実体化することによってコミュニティの中にある埋もれたニーズを満たし，その関係をネットワークのように張り巡らせようとするシステムが成立するのは，LETSによる仕事が有給労働とかボランタリーな仕事ではなく，コミュニティ・ワークという性格を持っているからである．「自身の仕事」とは，自分のためという意味ではなく，コミュニティ内の相互交換によって，サービスの提供が他の人々が行なう利他的な仕事によって報われ，自分自身に返ってくるという意味である．この関係をLETSはコミュニティの中で大きく広げようとする．LETSはインフォーマル経済に属するが，LETS内で行なわれる仕事は，インフォーマルな仕事と単純に言うわけにはいかない．LETSの仕事は相互性を含まないボランタリーなものではなく，むしろ相互性を前提に，地域に根ざし，コミュニティを基礎とした交換行為だからである（Williams, 1996a, pp. 342-3）．その特徴は相互性がフォーマルな状態にまで高められていること，言い換えれば交換が国家や市場によってではなく，人々によって目に見えるところで規制されているところにある．

3. LETSの仕組み

(1) LETSの仕組み

　LETSとは，コミュニティが独自に発行した地域通貨を媒介にして人々が提供することのできるサービスをコミュニティ内で相互に交換し合うネットワーク組織である．地域交換・交易システムと通常呼ばれているが，その性格から地域雇用交易システム（Local Employment and Trading System）とか，地域企業交易システム（Local Enterprise and Trading System），地域エネルギー取引システム（Local Energy Transfer System）と呼ぶ場合もある．

　このシステムでは，会員になった者が提供することの出来るサービスをダイレクトリー（リスト）に載せるところから始まる．会員になるには入会金として10ポンド程度を支払うことが求められ，ダイレクトリーの印刷，電

話や郵便などの連絡費用，コンピューターの維持費用などにあてられる．ダイレクトリーには，項目別に分けられたサービスとともに，名前，住所，電話番号などの連絡先が明記され，会員があるサービスを提供してもらいたい時に，ダイレクトリーに載せられた人物の中から適当な人を選び，電話連絡などを行なうことが出来るようにしておく（図8-2参照）．こうしてLETSは人々による財とサービスを取引する市場を新たに創り出す．LETSは「労働力，労働時間を購買力に転換する機会を提供する」(Baggs, 1994, p. 11) のである．会員になると小切手帳が渡されるが，これが当該コミュニティだけに通用する地域通貨である．図8-3の例で見れば，小切手にはクレア・ペニーから自転車修理を行なったジョン・バイクスに16 squids分の支払いが行なわれたことが記されている．

　地域通貨はサービスの提供に応じて支払われる対価である．地域通貨には，例えばマンチェスターの"ボビン"とか，バースの"オリバー"，ブリストルの"サンクス"といった地域固有の名称がつけられている．地域通貨の価値は国民通貨の価値と等しく設定されている場合が多い．したがってこのシステムは無償のボランティア活動とは基本的に違っている．

　サービスを提供した会員にはその量に応じて手元に地域通貨が蓄積され，次にサービスを受け取る時の請求権の役割を果たすことになる．サービスを受け取るだけで，提供しない会員がいてもかまわない．相互扶助組織としてのLETSは本来，サービスを受け取るだけの会員を抱え込むことを厭わないからである．どれだけの地域通貨が支払われるかは，当事者間の交渉で決定される．このシステムでは国民通貨の流通は全くない．このシステムにはこうした二者による関係をコミュニティ内に広げ，それぞれの得意なサービスを相互に交換し合うことによって成立しているから，ある者の口座から落とされた控除額（負債）は他の者の口座に加算され，コミュニティ全体の貸借表はゼロになる．提供するサービスの見返りに地域通貨を取得した者が，それを使用してニーズを満たそうとすれば，ダイレクトリーに載せられた者に連絡し，提供されたサービスの量に応じて今度は地域通貨を支払う側とな

- Transport 20p/mile + Std. Lynne BALLARD
- Transport - midi van
  Light removals etc Neg. Jane & Warwick ALLEN
- Transporting items -
  estate car Neg. Terry BROWN
- Use of car 7L/day+petrol Mark & Margaret COOMBS
- Use of car 15L/day Ruthie ALEXANDER-MORGAN
- Use of estate car & driver David EVANS
- Van for small removals neg Mac PORTER

Bicycles

- 'The Cyclery' B-o-A
  Servicing & repairs 10L/hr. Andrew NICHOLSON
- Bicycle repairs Std. David HILL
- Bike repairs Std.+costs Chris MEADE
- Ladies Bike for hire 5L/day Ruthie ALEXANDER-MORGAN
- Mans mountain bike
  bit tatty 25L Daniel JOHNSON
- Mobile cycle maintenance
  & Repair Parts + Std. Roger HULM
- Small childs bike 10L Fran & Daniel JOHNSON

The Cyclery

Bike repairs & spares

Behind One Caring World Shop Bradford-on-Avon

10am-2pm Mon-Sat
25% Links

Car repairs

- Motorbike & car repairs
  Std. Mark & Margaret COOMBS
- Welding Std. Michelle & Martyn SLADE
- Parts for Ford Sierra John TIDY

Office & Business

General services

- CV production and
  advice Neg. Mark TAYLOR
- Faxes sent Neg. LETSLINK
- French translation Neg. Mary CHILDS
- Help with job applications
  & preparation for
  interviews. Neg. Mark TAYLOR
- Marketing and small
  business advice Neg. Bill FRYER
- Photocopying 7p/side LETSLINK
- Photocopying
  1L/40 copies Sally-Ann IVORY

Businesses

- The "Ample Parking"
  Craft & gifts shop. By
  B-o-A Station. Quality
  crafts from all over UK
  10% L on purchases. Eve & Terry ROBINSON
- A non profit making co-op
  promoting fair trade with India.
  Clothes/ gifts 25% Links. BISHOPSTON TRADING
- Energy saving unit, fits on
  boiler. 20% fuel saving.
  Cost price £ + L balance Bob NICHOLLS
- One Caring World Shop.
  Support fair & ecological
  trading in B-o-A.
  Ethical trading - Traidcraft

13

(出所) LETSlink UK (1995) p. 13.

図 8-2 LETS ダイレクトリー

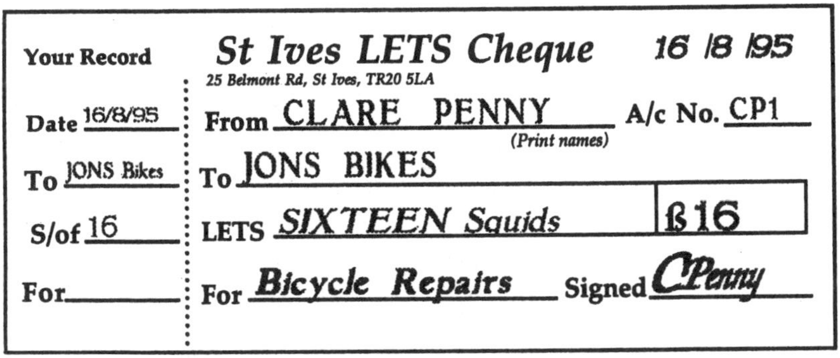

第8章 地域交換・交易システムの意義

```
┌─────────────────────────────────────────────────────────────┐
│ Your Record    St Ives LETS Cheque    16 /8 /95            │
│                25 Belmont Rd, St Ives, TR20 5LA             │
│ Date 16/8/95   From CLARE  PENNY       A/c No. CP1          │
│                           (Print names)                     │
│ To JONS Bikes  To JONS  BIKES                               │
│ S/of 16        LETS SIXTEEN Squids      │ ß 16 │            │
│ For_____      For Bicycle Repairs    Signed CPenny         │
└─────────────────────────────────────────────────────────────┘
```

(出所) LETSlink UK (1995) p. 44.

図8-3　LETS小切手の支払い

る．このようにLETSは必要に応じてコミュニティ内の人々にサービスを提供し，必要に応じて人々からサービスを提供してもらう地域相互扶助組織である．

地域通貨は国民通貨と違って，当該コミュニティが独自に発行したものであるから，このシステムがうまく機能するには，サービスの交換を管理するボランティアの存在とサービスの実態を記録するコンピューターが必要となる．サービスの交換後，会員はLETS事務所にその旨通知し，全員の記録がここで総合的に管理されることになる．LETSの管理活動を行なっている者にも，その見返りに地域通貨が渡されるのが普通である．図8-4は，取引全体を管理した台帳の見本である．例えば一番上の台帳では，会員の1人であるクレア・スミスの受け取りと支払いが日付順に記載されている．支払いが入会費，飾り付け，車の運転，運営費に行なわれ，受け取りとして散髪，子守り，車の使用，料理などが行なわれたことがわかる．

(2)　地域通貨の特徴

LETSの特徴は，①人々によって発行された通貨であること，②利子がつかないこと，③地域にとどまって循環していることにある．それぞれにつ

Lets Account samples...

CLARE SMITH	LETS A/C	No: CS 101			AS AT 9/9/95
DATE	WITH	FOR	CREDIT	DEBIT	BALANCE
20/7	LETS	MEMBERSHIP		10	-10
22/7	J HENDRIX	HAIRCUT	5		-5
25/7	K COLE	BABYSITTING	10		5
27/7	M MORGAN	CAR USE	20		25
30/7	I BUCKET	DECORATING		100	-75
3/8	D SMITH	COOKING	15		-60
10/8	S MOSS	DRIVING		5	-65
15/8	Z RHODES	CLOTHES	10		-55
16/8	A DAVIS	TENT HIRE	15		-40
4/9	P THROWER	GARDENING	25		-15
5/9	T TRAIT	CATERING	30		15
6/9	LETS ADMIN	FEES*		1	Total 14
				BALANCE AT 9/9/94:	14

* INDIVIDUAL AC/S CAN BE LAID OUT AS ABOVE (BASIC SPREADSHEET SOFTWARE)
   * FEE IS A SMALL TRANSACTION CHARGE (HERE 0.1 LETS PER ENTRY, ADDED UP AT END)

LETS SYSTEM	ADMIN A/C		OPENING BALANCE FROM 6/94		
DATE	WITH	FOR	CREDIT	DEBIT	BALANCE
1/6	D SINE	DIRECTORY PRODUCTION		40	-40
7/6	L GEORGE	MEMBERSHIP	10		-30
15/6	A DAVIS	MEMBERSHIP	10		-20
2/7	JOHN & YOKO	JOINT M/S	17		-3
14/7	JO's SHOP	BUSINESS M/S	30		27
15/7	RUBY MAX	OAP M/S	6		33
17/7	B DUNN	UNWAGED M/S	15		48
TO 15/6		TRANSACTION FEES TOTAL	11		59
TO 15/6	SUE CLARK	ADMIN WORK		15	44

* ABOVE: THE SYSTEM'S OWN A/C, INTO WHICH M/S CHARGES & FEES ARE PAID.
   (FROM THIS A/C YOU PAY OUT WAGES FOR LETS ADMIN, TYPING, DIRECTORY & ACCOUNTS)

SIX-MONTHLY GENERAL STATEMENT OF ACCOUNTS				AT 30/7/94	
NAME	ID NO	DATE JOINED	TURNOVER	BALANCE	
Sally Lunn	SL 101	1/6/94	119	12.5	
(or leave blank)		7/6/94	45	34.4	
Andy Capp	AC 202	15/6/94	112	-98.3	
Rob Barron	ROB 101	2/7/94	435	-430	
Ann Law	AL 202	14/7/94	329	198	
Z Rhodes	ZR 101	25/7/94	80	35	
Lets Admin Account			154	44	

* A GENERAL STATEMENT OF ALL BALANCES & TURNOVERS, PUBLISHED REGULARLY.
   THIS GIVES EVERYONE A CLEAR PICTURE OF TRADING PATTERNS, & IS DESIGNED TO:
   * ENCOURAGE MEMBERS TO TRADE   * SHOW IT'S SAFE TO BE IN DEBIT
   * ENCOURAGE PEOPLE TO CALL ON THE SERVICES OF THOSE IN DEBIT
   * DETER FREELOADERS, EG, ALL CAN SEE ROB 101 HAS SPENT 430, REPAID ONLY 5

- *a personal account*
- *a system account*
- *a general statement*

(出所) LETSlink UK (1995) p. 53.

図8-4 LETS台帳の見本

いて見てみよう．
① 人々によって発行された通貨
　LETS が人々が発行した通貨によって成立するシステムであることは，「LETS の最も重要な，すなわち革命的な特徴」(LETSlink UK, 1995, p. 13) である．それは通貨が交換の結果として発行されたことと関係している．通貨は LETS の会員から財やサービスの提供者に自発的に発行される．LETS は財やサービスの需要と供給を仲立ちするだけである．通貨の発行量は財やサービスの量に応じて増大していく．したがって通貨の発行量によって経済活動が制限されるということはない．逆に経済活動を通貨が反映しているのである．国民通貨も取引の手段であることは間違いないが，しかしその機能はしばしば交換を妨げる．貧困地域では，技術，資源，ニーズがあるにもかかわらず，現金が不足しているために，交換がどのようなものであっても，行なわれにくくなっているからである．LETS は，地域に物的，人的資源が存在するかぎり，あらゆる種類の交換を可能とする．LETS は市場で向かい合う者のスムーズな情報交換を行なうことによって交換手段としての貨幣の本来の目的を回復するのである．
② 通貨に利子がつかないこと
　地域通貨のこの特徴は，「気紛れな国際金融市場に従属している」国民通貨では，貨幣自体が投機や売買の対象となり，人々をしばしば翻弄するのに対して，それが防止されていることによって逆に安定した経済の確立を可能にする．ここで利子がつかないという意味は，口座に残された地域通貨が利子によって増殖しないということである．この特徴は，地域通貨に「物と物，物とサービスの交換手段である決済機能しか持たせていない」からである．
③ 地域にとどまって循環する
　地域通貨は LETS の会員間で流通するものであるから，地域の外で使用することはできないし，外に流出することもない．国民通貨は国民経済の中であるかぎり普遍性を持ち，利潤を求めて自己増殖することを本性としているから，貧しい地域に流入することもあるが，一度投下されても利潤を生み

出すことがないことがわかれば,おのずから逃亡していく.貧しい地域が資金の不足にあえいで貧困から抜け出すことができないのはそのためである.貧困地域の経済再生を実現するには,投下された資金が逃亡せず,そこにとどまって循環することが必要である.そのためには資金が出ていく出口をプラグで閉じることである.LETSはこの考え方を適用したシステムである.

『持続性に向けた均衡のとれたヨーロッパ』はこの点について次のように述べている.「現在,先進国世界のほとんどあらゆる部分で行なわれている取引活動の水準は,貨幣が外からどれだけ入ってくるのかということと,どれだけ再び出ていくのかということによって決定されている.もし流出量が流入量より多ければ,貨幣の不足が起こり,地域住民が外部資源なしにお互いのために行なうことのできる仕事さえ行なわれずに残されてしまうことになる」(Anon, 1996, p. 157).

ここで言う貨幣とは,コミュニティの外にいる「外部の者が発行した」国民通貨であるから,こうした障害を乗り越え,「持続可能な地域経済に向かうコミュニティの第一歩は自分自身の通貨制度を作ることである」.地域経済が活性化するには外部から流入してきた貨幣が外に逃げることなく,当該地域で循環することが必要である.そうしなければ貨幣は一時的に通過するだけで,富もサービスも雇用も一時的にしか生み出されない.LETSはこれをさらに進めて,貨幣の外部からの流入ではなく,内で生み出そうとしたシステムである.

(3) LETS 規則

表8-2は,LETSlink UK がモデルとして考えている LETS の規則である.この規則の中に,すでに述べた LETS の基本的仕組みや地域通貨の特徴が表現されている.

表 8-2　LETS 規則（抜粋）

A 　　LETS は非営利会員組織である．会員の利益ために行動する運営/中心グループによって組織されている．

B 　　LETS は情報サービスを行ない，それを通じて会員は財やサービスの交換を行なうことができ，会員の利益のために交換の全体的な口座管理を行なう．

C 会員は　　LETS がコンピューターで詳細を保持し (i)，交換目的に関する詳細を他の会員に知らせることに同意する．

D 会員は　　と呼ばれる　　LETS 単位で信用を相互に提供あるいは受け取ることができる．　　単位は　　LETS 口座にまとめて記録されるものとする．

E 口座保有者だけがその者の口座から他の者の口座への単位の振込みを行なうことができる（ただし，システムの管理口座に会計担当によって振込まれる重要なサービス費用を除く）．

F 利子は口座に課せられないものとする．運営委員会は加入及び更新料を　　単位及び/あるいはスターリングで課す権限を持つものとする．会員の口座に LETS 単位でサービス費用を課すことができる．両方とも，会員あるいは諮問グループとの協議による同意を得て，サービスの実費を基礎に課すものとする．

G すべての口座はゼロから始まる．会員は運営グループが設ける制限にしたがって，他の会員に債権 (credit) を発行する前に，彼らの口座に債権を持っていることを義務付けられない．

H 現金を　　LETS 口座に積み立てたり，あるいは引き出したりすることはできない．会員はすべて LETS 単位で取引を行なうことができるが，一部を現金で取引することもできる，ただし LETS 口座には LETS 単位だけが記録されるものとする．

I いかなる者も，他の会員と取引を行なったり，あるいは交換を行なうことについて，特定の指示を受ける義務を有しない．しかし　　LETS からの脱退に際して，負債がある会員は口座の貸借を清算しなければならない．

J いかなる会員も，他の会員の口座の貸借や取引額を知る権限を有するものとする．支払い能力を明らかにするために，運営グループは時折すべての口座の貸借や取引額を公表する決定を行なうことができる．

K 　　LETS は，提供するサービスあるいは物品の価値，条件，あるいは性質に関して保証あるいは約束事を提供しない．会員は自らの責任で，購入の決定に先立って，提供される仕事の品質あるいは基準を決めておかなければならない．　　LETS は会員が利用できる資源やサービスのダイレクトリーを発行するが，どのダイレクトリーあるいは新聞に関して提供される財やサービスの質に関する責任を負うものではない．

(出所)　LETSlink UK (1995) pp. 60-1.
(注)　① (i) これはデータ保護法の法的要件による．
　　　② 下線の空白の部分には該当 LETS の名称や通貨単位が入る．

4. LETS の意義

それでは LETS はどのような経済的意義を持っているのだろうか．ここでは社会的排斥，とくに経済的排斥に対して取り組む LETS の役割につい

て見てみることにしよう．

(1) LETSと社会的排斥

「経済がタイタニック号なら，LETSは救命ボートの1つだ」(LETSlink UK, 1995, p.1)．

これはLETSlink UKが発行した『LETSインフォーメーションパック』の冒頭に述べられている1節である．問題は，救命ボートになるためにLETSが沈みつつある船のどのような欠陥を補おうとしているかである．ウィリアムズは「LETSの機能は，人々が必要としている日常的な財やサービスの交換のために，多くの地域で見られるような重大な現金の不足を克服することにある．ピーター・ラングが指摘しているように，「我々の世界には行なわれるべき必要があり，多くの人々がそれを行なう意思も，能力もあるのに，支払う金が不十分なために行なわれずにいる仕事が沢山ある」．LETSは媒体としての金を使わずに，地域の人々が財やサービスの交換を行なうことが出来るようにすることで，この問題を克服しようとする．このことを行なうために，諸個人からなるグループは1つの組織を作り，交換の単位を生み出すのである」と述べている（Williams, 1996a, p.341）．この指摘から，LETSの機能は，地域の中で達成されずに残されている様々なニーズと，使用されずに眠ったままの物的，人的資源を結びつけることにあることがわかる．両者が切り離されているのは，ニーズを満たすために支払う金がないからである．したがってこの難点を克服するには，金を使わずにすむ方法を発見することが必要になる．この場合の金とは国民通貨を指すから，両者をつなぐものは国民通貨に代わる代替物になる．単純な1対1の関係なら物々交換（barter）でかまわない．しかしそれでは多様なニーズに応えられないし，眠ったままの資源を幅広く有効に活用することもできない．LETSは物々交換の狭さを，地域社会の一般化された互酬関係にまで広げた．

表8-3は，ニュー・エコノミックス・ファウンデーションの研究にしたが

表 8-3 社会的排斥と LETS の可能性

社会的排斥が意味するもの	LETS の可能性
消費のための現金の不足	消費のための現金の必要性の減少
フォーマルあるいはインフォーマルな生産活動に従事するのに必要な道具などの購入資金の不足	道具などの購入資金の必要性の減少
社会的ネットワークの不足のために仕事に関する情報の不足	交換が行なわれる社会的ネットワークの発展
技術の不足	交換を通じた技術の習得
自尊心の欠如	他人への尊重，技術の再発見
高い融資費用	抵当を必要としない無利子融資
地域経済で循環する貨幣の不足	地域通貨の高い循環

(出所) Barnes et al. (1996) p.5.

って，社会的排斥と LETS の可能性について整理したものである．

　LETS を社会的排斥との関連で行なった研究は意外に少ない．ウィリアムズは LETS の意義を社会的排斥との関連で考察している数少ない研究者の1人である．彼によれば，社会的排斥には，それを失業状態（したがって社会的内包を雇用機会を得ている状態）と同等視する狭義の意味と，基本的物的ニーズや創造的欲求を満たす幅広い意味での仕事や所得からの排除と考える広義の意味がある．前者の見通しに従えば LETS は雇用機会を見つけるステップの1つとして評価されるのに対して，後者に従えば LETS は自助や相互扶助の担い手として評価されることになる．

　LETS を社会的排斥との関連で分析する場合注意しなければならないのは，貧しい地域の貧困層こそ自助や相互扶助に参加する人々の数が少ないという事実である．自助的活動を行なうのに必要な現金や道具の不足，社会的ネットワークからの排除，技術の不足などのために，貧困層はなかなかそうした活動に参加できない障害を抱えている．こうした状況を打破するには，これらの障害を乗り越える積極的な仕組みを自ら作る必要がある．ウィリアムズは，「積極的な政策が採用されなければ，雇用から排除された人々は，彼らのニーズを満たす手段を奪われたままになってしまう」と述べている．そうした積極的な仕組みの1つに LETS がある．それでは LETS は社会的排斥，とくに経済的排斥にどのような機能を果たしているのだろうか．

(2) LETS の経済的役割

LETSlink UK は『LETS インフォーメーションパック』の中で，多くの LETS の参考になるように定款モデルを提示している．その第2条で LETS の目的を次のように述べている（LESTlink UK, 1995, p. 62）．

「第2条

1　LETS の設立を通じて____LETS でのコミュニティの経験を発展，奨励させること

2　____LETS 地域の会員や人々による，そしてそのための社会的，経済的，教育的利益の創出を促すこと」

ここではこの規定をもう少し膨らませて，LETS の目的を，当該地域の経済的，社会的，環境的利益の促進と考えておくことにする．それぞれの目的には次のような内容が含まれている．

①経済的利益
- コミュニティ内部の雇用の創出と本当のニーズの実現
- 外部資本注入の必要性のない地域経済の再生
- 必要な場所及び時における地域信用の創出
- 経済を沈滞させるコミュニティからの資本流出の減少
- ローカル・ビジネスの支援と地域ニーズに合わせた地域生産の奨励

②社会的利益
- 資源の援助
- 新しい社会的ネットワークの創出やより深いコミュニティ精神を育成する方法
- コミュニティの社会的，経済的諸問題やそれに含まれる費用の防止を援助する内部システム
- 地域の諸問題を克服する中で地域の自覚や自己信頼，コミュニティにおける積極的活動や自己尊敬の奨励

③環境的利益
- 地域資源及び外部資本の節約

・リサイクルや修繕活動などの地域環境イニシアティブへの財政支援
・輸入削減，輸送，公害，二酸化炭素排出，資源枯渇費用の節約
・環境諸団体との連携を通じた地域環境意識の創出
・持続可能な農業活動やコミュニティ農業の奨励

ここでは，社会的利益，環境的利益を詳細に論ずる余裕がないので，経済的利益の部分を取り出して見てみることにしよう．

・雇用の創出

LETS はコミュニティ内の眠った人的資源と，埋もれたニーズを結びつける互酬システムであるから，会員の特性に合わせて有給雇用とは別の仕事の機会を提供することになる．ウィリアムズのサウサンプトンの事例研究によれば（Williams and Windebank, 2000a, pp. 355-73），調査が行なわれた 44 の仕事のうち，家庭では 45.3% になる 19.9 の仕事しか行なわれていない．残りが行なわれている場合でも，17.2% がフォーマルな雇用，すなわち外にお金を払って仕事を行なってもらっており，したがって 80% はインフォーマルな活動によって行なわれている．そのうちの大半は家族が無給で行なっているが，3.6% は LETS のような無給のコミュニティ交換活動，4.4% は有給のインフォーマル活動によって行なわれている．このように貧困地域では，家庭のかなりの仕事がインフォーマル経済活動によって行なわれている．

しかしこのような需要サイドから見たインフォーマルな経済活動は，それを提供する供給の側から見た場合，別の顔を見せるようになる．すなわち貧困であるゆえに，彼らがそうした活動を積極的に行なう傾向が狭められているのである．これを克服するには，LETS の活動を通じてコミュニティ・ネットワークを広げ，サービスの提供によって技術を獲得していく必要がある．そうした人的資源はコミュニティに広く眠っている．

・地域信用の創出

イギリスでは 1990 年代の金融危機により，大手金融機関は貧困層への融資を引き揚げ，豊かな地域に転換するようになっている．そのために貧しい人々は働く場所も金も失うという悪循環に陥らざるをえなくなっていた．こ

うした社会的な分極化と金融排斥に対してニュー・エコノミックス運動は，信用組合の設立など，金融再建を目指して活動を強めてきた．信用組合の会員は，1979年信用組合法によって，当該地域に居住していること，働いていること，協会やクラブに所属していることといった「共通の絆」(common bond)を持つ必要を求められたが，コミュニティを基礎にして設立されるLETSと共通点を持っている．可能性としては今後両者が一体となって運動を展開していくことが出来るかもしれない．ウィリアムズの調査によれば，LETS会員の40%がLETSに加入したことによって利子のない融資を受けられるようになったし，登録失業者の3分の2がLETSによって所得の一部（3.2%）が補填されていると回答している．現状ではもちろん，「信用組合とLETSの形式的結合は未発達である」が，一部にはその動きが出てきている．しかしこの運動が成功するためには，ウィリアムズが指摘するように，「金融からの排斥ばかりでなく，仕事からの排斥も克服することを目指した別の代替的な蓄積制度の可能性が追究され」なければならなくなっている．経済的排斥を克服するには，金融排斥と仕事からの排斥の両者を結びつけて克服する方法が求められている．LETSは直接地域信用を生み出すわけではないが，仕事からの排斥を克服する手法の1つとしてそれに側面から大きく貢献する（Williams et al., 1999, p. 6）．

・地域経済の再生

LETSはすでに述べたように，グローバル経済の進展に対する対抗措置として重要な役割を果たしている．しかしこの点について注意しておかなければならないのは，「LETSは効果的なコミュニティ発展戦略であっても，効果的な経済発展戦略にはなりそうにもないことは明らかになってきている」というピーター・ノースの指摘である（North, 1998, pp. 114-32）．ここでは，金融排斥など経済的排斥を中心とした社会的排斥への対応として，市民の発案で発展してきたLETSの役割をどの辺で区切るのかという大事な指摘が行なわれている．ステフェン・バッグスが指摘するように，「LETSは地域経済発展の自動的な保証人になるわけではな」（Baggs, 1994, p. 14）

第8章　地域交換・交易システムの意義　　　255

く，せいぜいそれは失業や社会的排斥に苦しむコミュニティに一定の安定を与えるだけである．こうして「LETS は，測定可能な経済的産出が当該地域で短期間で上昇するというより，コミュニティの建設，エンパワーメントのメカニズムとして見られるべきである」(North, 1996, p. 268)．この区別が重要なのは，LETS が会員の利益を優先とした非営利的組織であることによる．それを越えた経済的発展という展望は LETS 自体からは直接出てこない．その可能性がかろうじて生じるのは，会員がコミュニティ内で工場，店などの営業活動を行なっており，それと LETS が結びつけられる場合である．

・ローカル・ビジネスの支援

　ローカル・ビジネス（あるいはコミュニティ・ビジネス）は，様々な理由で LETS を利用して発展することができる．現金が不足しているために財やサービスを購入できない場合でも，一部を現金で，残りを地域通貨で支払うことが認められれば，多くの顧客を引き付けることが可能となる．その結果，販売による現金収入は少ないけれども，販売総額は多くなることもある．ただしビジネスの側からは，何らかの工夫によって，そうした取引が長期にわたる実質的な現金収入の減少にならないように保証を求める場合もある．例えば野菜を販売している小売店が，LETS 会員から仕入れた野菜だけを，現金と地域通貨の組合せで売ることができるようにするといった工夫である．ダイレクトリーはそのための無料の宣伝媒体となることもあるだろう．

　ここで注意しておかなければならないのは，こうした経済的利益は，LETS が持つ経済的価値であって，このことから LETS が本質的にビジネスの性格を持っているとか，ビジネスの拡大に貢献する役割を果たすということには必ずしもならないという点である．イギリスには，LETS を，コミュニティに基づいたシステムと考えるのか，ビジネスへの可能性を秘めたシステムと考えるのかをめぐって論争が行なわれ，意見が長らく対立してきた (Barry and Proops, 2000, p. 8)．LETS が持つ経済的価値をビジネス価値に置き換えることの是非が問われたといってもよい．イギリスでは，前者

の立場を強調する LETSlink UK と，後者への発展を展望するマンチェスター LETSGo とがこの問題をめぐって対立している．ノースによれば，LETS は，タイムダラー，WIR と比較して，その効用，競争力，倫理的性格の点で，ビジネス発展プログラムに最もなじみにくい通貨であると指摘されている（North, 1998b）．

5. LETS の実態

(1) 全国レベル
① LETS の設立数

表 8-4 は，1990 年代後半に世界で成立している LETS の各国別分布を示している．世界の中でもイギリスで設立された数が多く，LETS の運動をリードしていることがわかる．

1985 年にノーフォークで最初に LETS が設立されてから，LETS の数は 90 年代に入って急速に増えてきた．現在 (2001 年) イギリスには 450 以上の LETS が設立されている (cf. Hudson et al., 1999, p. 3)．LETS の会員は，クロアルの試算によれば，4 万人以上にのぼっている．ただし休眠状態のものを除いた，活動を継続している LETS の数は 300 程度と推定されている．世界には，タイムダラー（タイムバンク），イサカアワー，WIR など

表 8-4 世界の LETS

国	LETS 設立数	国	LETS 設立数
イギリス	400+	カナダ	30
フランス	300	ベルギー	29
オーストラリア	250―300	オーストリア	19
ドイツ	180	スウェーデン	14
イタリア	100+	スイス	14
オランダ	90	ノルウェー	7
ニュージーランド	47	デンマーク	3
アメリカ	40		

(出所) Machiba (1998) p. 18.

LETSと似た制度が数多く存在している．わが国でも「おうみ」(滋賀県草津市)，「ガル」(北海道苫小牧市)，「ピーナッツ」(千葉) などの名称で，このシステムは各地に広がり始めている (森野，2000)．

② LETS 会員

コーリン・ウィリアムズやテレサ・オールドブリッジなど6名の研究者は，1998年から2000年の2年半かけて，「社会的排斥及び社会的内包に取り組む手段としてのLETSの評価」をテーマとした共同研究を行なってきた．この研究は，個別の事例研究を別にすれば，全国を対象としたLETSに関する最初の本格的研究である (Aldbridge et al., 1999)．採用された調査方法は全国に点在する303のLETSに電話，郵便などの方法でコンタクトをとるもので，アンケートに回答した113 (37%) のLETSについて集計し，分析結果をまとめている．表8-5は，24の異なるLETSに参加している

表8-5 LETS会員の特徴

年　　　齢	割　合	性　　　別	割　合
20歳以下	0.7%	男	31.3%
20〜29	6.1	女	68.7
30〜39	24.9		
40〜49	29.5		
50〜59	22.4		
60〜69	11.8		
70歳以上	4.7		

雇 用 状 態	割　合	総世帯所得	割　合
フルタイム被雇用者	19.5%	£4,160以下	8.5%
パートタイム被雇用者	18.4	£4,161〜6,499	7.4
被雇用者のいる自営業	2.8	£6,500〜9,099	12.2
被雇用者のいない自営業	25.1	£9,100〜14,299	22.5
ボランタリー労働者	1.5	£14,300〜19,499	13.2
給付申請中の登録失業者	4.9	£19,500〜24,699	11.3
主　　婦	7.9	£24,700〜33,799	13.4
学　　生	1.4	£33,800〜	10.8
退職者	14.6		
病　人	3.3		
その他	0.6		

(出所) Williams et al. (1999) p. 4.

773名の会員についてまとめたものである．

この表から明らかなように，LETS 会員の70%近くが女性で，年齢は30，40，50代の比重が大きく，若年層の参加は非常に小さくなっている．雇用状態を見ると，雇用機会を有しているのは37.9%にしかすぎず，相当の割合の会員が失業状態にあることがわかる．

LETS がイギリスに導入された当初，これに参加した人々は多様であった．「初期の LETS は"環境に意識の高い中産階級の"なぐさみもの」にしかすぎなかったと揶揄される場合も多かった．しかし「LETS の第2の波」が起こったといわれている1994年以降，参加者のうち失業者の割合が大きくなっている．1995年のウィリアムズの調査では，すべての LETS 会員の29.4% (Williams, 1995, p. 330)，クロアルの指摘によれば，全国平均でLETS 会員の4分の1が失業者であるという．マンチェスター LETS では43%，サリーのキングストンでは50%，ペムブロークシャーのハーバーフォードウェストは70%，カラダーデールでは70%が失業者である (Croall, 1997, p. 34)．ニュー・エコノミックス・ファウンデーションのプロジェクトにしたがってバーンズ等が行なった調査によると，LETS が設立された7つの低所得地域の失業率は16～28%と非常に高くなっていた．だからこそ，「最近設立された LETS の会員のうち増大しているのは失業者会員であることを考えれば，LETS が貧民や失業者に社会的排斥を克服する手助けとなっているかどうかについて事例研究を行なう必要がある」(Barnes, 1996, p. 1)．

失業者の割合が大きいことと関連して，LETS 会員の相当部分は低所得層に属している．一方で，高い所得を得ている層も存在しているが，年間所得9,100ポンド（約182万円）以下が3割弱も存在しており，低所得を補填する何らかの措置が必要であったことがわかる．

③ 取引の規模

1995年に LETSlink UK が行なった全国調査によると，LETS の取引をポンドで換算すると，全国の合計が約2,100万ポンド，1グループ当たり

6,006ポンド,会員1人当たり70.16ポンドになることが明らかにされている.この数字だけを見ると,LETSの経済的役割は確かに大きくない.しかしこれは平均的数値であって,このことから個々のLETSや会員にとってLETSの役割が小さいということにはならない.LETSはフォーマル経済を側面から補完する役割を果たすシステムであり,それを代替するものではないことを考えるならば,取引額が大きくないからといって,その意義まで小さいことにはならない.問題は,フォーマル経済では提供できない財やサービスをLETSが提供していることにある.

(2) LETSの個別事例:ブライトンLETS

LETSの個別事例研究は,マンチェスターLETSやコランデールLETSを研究したコーリン・ウィリアムズ,ノーフォーク西部Kingslyn LETSのジル・シーファングなど少しずつ進んできている.ここではサセックス大学大学院の待場智雄(現在,ロンドン大学博士課程在学中)が,ブライトンLETS(ブライト・イクスチェンジ)を対象に行なった詳細な事例研究に依拠して,LETSが持つ経済的意義を見てみることにする.

ブライトンLETSは1991年に設立されて以来,43人の会員が480人(1998年8月現在)まで増加し,マンチェスターLETSに次いで,2番目に大きな規模のLETSに成長した.会員増加は,口こみによる紹介が大半である.性別では女性が81.5%を占め,20代から50代で90%を占めているのに対して,男性は比較的若い年齢(26~35歳48.0%)も会員になっている.

表8-6から,会員の雇用上の特徴を見ると,失業者が37.0%を占めているのがわかる.失業者の割合が高いことを反映して,年間1万ポンド以下の低所得層が63%,中でも5,000ポンド以下の所得層が33.4%も占めている(表8-7).こうした状況が,LETSの設立やその活動が重要となる背景となっている.

ブライトンLETSが作成したダイレクトリーには,1,800のサービスが掲

表 8-6　ブライトン LETS の会員構造：雇用（1998 年）

雇 用 状 況	ブライトン LETS	イングランド南東部
雇用（フルタイム）	20 (14.8%)	38.8%
雇用（パートタイム）	24 (17.8%)	13.6%
自 営	36 (26.7%)	8.8%
失 業	50 (37.0%)	34.4%
無回答	5 (3.7%)	n/a
計	135 (100%)	100%

（出所）　Machiba (1998) p. 38.

表 8-7　ブライトン LETS の会員構造：所得（1998 年）

年間個人所得	回　答
5,000 ポンド以下	45 (33.4%)
5,000—9,999 ポンド	40 (29.6%)
10,000—14,999 ポンド	23 (17.0%)
15,000—19,999 ポンド	14 (10.4%)
20,000 ポンド以上	12 (8.9%)
回答なし	1 (0.7%)
計	135 (100%)

（出所）　Machiba (1998) p. 38.

載されているが（1998 年版），そのうち利用されたサービスを多い順に挙げていくと，民間代替療法（336），事務・秘書サービス（159），アート・工芸（138），レッスン（124），子供の世話（113），家事（100），余興サービス（100），交通サービス（90）となっている．その他に，ガーデニング，ペットの世話，食品・ケータリング，壁塗り・部屋のデザインなども多い．表 8-8 は，これらのサービスの利用回数を明らかにしたものである．待場の調査によると，1998 年上半期の平均利用回数は 9.84 回であるが，最も回数割合が大きいのは 1～5 回である（利用なしを加えると 47.4%）．逆に 11 回以上利用した会員も 25.9% いる．

　LETS サービスの利用回数が少ないからといって，その経済的意義が低いわけではないことはすでに指摘したが，このことは表 8-9 の会員所得と利用頻度との相関関係からもわかる．すなわち，1 万ポンド以下の所得層では 11 回以上の利用割合が 33.3% であるのに対して，1 万ポンド～2 万ポンドの

表 8-8 ブライトン LETS の取引回数

1998年1月1日〜6月30日の個人取引回数	回答
0 回	12 （ 8.9%）
1—5 回	52 （38.5%）
6—10 回	30 （22.2%）
11—20 回	22 （16.3%）
21 回以上	13 （ 9.6%）
無回答	6 （ 4.4%）
計	135 （100%）

（出所） Machiba（1998）p. 39.

表 8-9 会員所得と取引頻度との関係

会員所得	6カ月間の個人取引回数				計
	0—5 回	6—10 回	11—20 回	21 回以上	
9,999 ポンド以下	35 （43.2）	19 （23.5）	17 （21.0）	10 （12.3）	81 （100）
10,000—19,999 ポンド	20 （55.6）	9 （25.0）	4 （11.1）	3 （ 8.3）	36 （100）
20,000 ポンド以上	8 （72.7）	2 （18.2）	1 （ 9.1）	11 （100）	
計	63 （49.2）	30 （23.4）	22 （17.2）	13 （10.2）	128 （100）

（出所） Machiba（1998）p. 40.
（注） カッコ内は%.

層では 19.4%，2 万ポンド以上の層では 9.1% となっており，「貧しくなればなるほど，彼らは頻繁に LETS で取引する傾向が強くなっている」．このように低所得層ほど LETS サービスの経済的価値は高い．ブライトン LETS での取引総額は年間 84,220 ブライト（1 ブライトは 1 ポンドに相当）にのぼり，1998 年上半期の会員 1 人当たりの平均取引額は 87.73 ポンドとなっている．家計に占める LETS の取引は 1% 程度でしかない．経済的役割は小さくないものの，取引額は依然として低い水準にとどまっていると言わなければならない．

ブライトン LETS に加入した最も大きな理由は，「お金で買う余裕がないものを手に入れるため」（76%）といった経済的理由であり，「収入を得る（補う）ため」（21%），「技術を身につけるため」（20%）といった理由も経済的理由に入るだろう．このように LETS に加入する動機として経済的理由が大きいことがわかる．その他に「コミュニティの一員になりたいから」

(52%),「友人を作りたいから」(30%),「貧しい人を救いたいから」(19%)など,コミュニティへの参加意識も強い.

待場の調査によると,ブライトンLETSに加入したことによる満足度は非常に高い.3分の2は「満足している」,「非常に満足している」とアンケート調査に答えている.しかしその一方で,「ダイレクトリーに載せられていながら実際には利用できないサービスがあり,何度も電話をしなければならない」,「見知らぬ者に連絡をとることに対する抵抗感がある」,「地理的範囲が広すぎてスムーズな取引が行なわれにくい」など,克服しなければならない機能上の欠陥も指摘されている.

おわりに

LETSは,本章で検討した経済的意義の他に,社会的意義,環境的意義など,多面的な機能を発揮している.今後これらの機能は,グローバル経済の進行とともにコミュニティに押し寄せる様々な経済危機や,社会問題,環境問題に対する対抗軸として注目されてくるだろう.LETSのすごさは,そうした諸問題の解決を国や自治体などの公的機関に委ねることなく,市民の自発的行為ではね返そうとする主体性の発揮にある.その意味でLETSは市民の自立した「自助」の形態として,新しい社会運動のあり方を提起しているといってよいかもしれない.

「自助」には,公的機関の援助に依存しないという消極的な意味と,相互に助け合うことで,自立した市民の文化を培っていくという積極的な意味がある.ローカルアジェンダ21にそって地方自治体がLETSの発展を助成している例もいくつかあるが,LETSは基本的にそうしたサポートからも自立して,独自の相互扶助組織を市民自らが作ることで,グローバル化の大きな波をうまくくぐり抜けていこうとする.ニュー・エコノミックス・ファウンデーションが『低所得を支えるLETS』を発表するなど,イングランド各地にコミュニティ通貨を広める運動に取り組んできたのは,LETSが持

つ様々な可能性に期待をかけると同時に，社会的排斥に苦しむ人々が自ら発案したアイデアを育てていくことが大事だと考えているからである．LETSのアイデアは斬新である．こうしたアイデアは他にもあるだろう．それらが一体となって，社会の底辺に沈んで苦しんでいる人々の努力が報われる時代がいつか来ることを願わずにはおれない．

終章　リアル・ワールド・コアリションと
　　　　ニュー・エコノミックス運動

1. リアル・ワールド・コアリションの結成

　リアル・ワールド・コアリション (Real World Coalition) とは，1997年の総選挙に先立って，環境，人権，宗教，マイノリティ，社会福祉，消費，都市・農村計画，交通など多くの分野で活躍している市民団体が，「持続可能な発展アジェンダ」を進めるという立場から，総選挙の争点を明確にするために，「各団体の個別問題はそれらすべてを取り上げることができるようでなければ適切に解決することができないという認識に基づいて結集した」(Jacobs, 1996a, p. vii) 非政府連合組織である．イギリスの市民運動の歴史で，市民団体がそれぞれの思惑やイデオロギーの違いを留保し，大同団結することを目的としてナショナル・センターを設立する構想はそれまで存在しなかったから，リアル・ワールド・コアリションの結成は，市民運動が新たな段階に入ったことを刻印する重要な意義を持っていた．もちろんすべての市民団体が参加していたわけではない．イギリスの市民団体には，会員数，財政規模から見ても大小様々な団体が存在する．ナショナル・トラスト，グリーン・ピース，王立鳥類保護協議会 (Royal Society for Protection of Birds, RSPB) など大きな影響力を持っている団体は，政治への関わり方や，「イデオロギーの違いを留保して」大同で団結することへの拒否感から，この連合組織に参加していない．ニュー・エコノミックス・ファウンデーションはこの連合組織に市民運動を進める研究機関の1つとして参加していた．表9

表9-1 リアル・ワールド・コアリション参加団体（1996年）

Alarm UK	New Economics Foundation
Birmingham Settlement	Oxfam
Black Environmental Network	Population Concern
British Association of Settlement and Social Action Centres	The Poverty Alliance
	Public Health Alliance
CAFOD	Quaker Social Responsibility and Education
Catholic Institute for International Relations	Save the Children Fund
Charter 88	Scottish Education and Action for Development (SEAD)
Christian Aid	
Church Action on Poverty	Sustainable Agriculture, Food and Environment (SAFE) Alliance
Employment Policy Institute	
Forum for the Future	Sustrans
Friends of the Earth (England, Wales and Northern Ireland)	Town and Country Planning Association
	Transport 2000
Friends of the Earth Scotland	Unemployment Unit
KAIROS (Centre for a Sustainable Society)	United Nations Association
Media Natura Trust	World Wide Fund for Nature (WWF) UK
Medical Action for Global Security (MEDACT)	International Institute for Environment and Development
Neighbourhood Initiatives Foundation	

　-1は参加した市民団体の一覧である．各団体に加入している会員数をまとめれば210万人になるという．各団体は運営費用のために，財政規模に応じて500～5,000ポンドを拠出した．リアル・ワールド・コアリションの結成によって，全国で約60の地方組織も同時に結成された．2000年までは「都市・農村計画連盟」(Town and Country Planning Association) に事務所を置いていたが，現在は"Forum for the Future"にある．

　リアル・ワールド・コアリションは1996年に『リアル・ワールドの政治学』(The Politics of Real World) を，2001年に『この地点から持続可能性へ』(From Here to Sustainability) の，2つの書物を発表している．前者は現在フェビアン協会で活躍しているマイケル・ジェイコブスが執筆し，1万5千部以上が販売されたことからもわかるように，イギリスの市民運動に大きな影響を与えた．後者は市民団体"Forum for the Future"のサラ・パーキンが緒言を書き，イアン・クリスティー，ダイアン・ウォーバートンが執筆

した．いずれも分野別に編集されており，それぞれの分野で活躍してきた団体が当該分野に執筆上の責任を持つことが求められている．ただし参加団体の意見すべてが一致しているわけではない．大同で団結するという意味は，環境持続性，社会的正義，貧困の根絶，平和と安全保障，民主的再生の5項目を，ブルントラント委員会が提起した持続可能な発展概念のどれ1つとして欠かせない構成要素と考え，この概念をイギリスで具体化する方向を明確にすることに合意したという意味である．この概念自体は本書でも繰り返し述べてきたように，はじめから多義的な解釈の余地を残していた．したがって大同団結とは，この概念の幅広い解釈を認め合うという意味ではなく，持続可能な発展を構成している分野の経験や成果を持ち寄るならば，この概念の一定のイメージが作られること，それを他の分野の市民団体も相互に共有することで，活動領域もまた今後大きく広がる展望を持つだろうという意味である．

　本書を終えるにあたって，市民運動の中でニュー・エコノミックス運動がどのように受け入れられ，どのような役割を果たしているのかを見るために，リアル・ワールド・コアリションとの関わりを検討してみることにする．「市民運動の経済学がどうしてないのだろうか」という問題関心から執筆された本書にとって，イギリスの市民運動の中で，ニュー・エコノミックス運動がどのように受け止められているのかを見ることは非常に重要である．

2. 『リアル・ワールドの政治学』から『この地点から持続可能性へ』

(1) リアル・ワールド・コアリションの成立

　リアル・ワールド・コアリションは1992年総選挙の反省から生まれた．1988年以後，政治やメディアの場で環境問題が積極的に論じられるようになったにもかかわらず，この問題がまともに取り上げられることはなかった．緑の党は1989年の欧州議会選挙で躍進して以後急速にしぼんで身動きがと

れない状態にあったし,保守党,労働党などの主要政党は環境政策を事実上無視していた．そうした状況に環境団体をはじめとする市民団体も沈黙を余儀なくされていた（Jacobs, 1996b, p. 744）．

　1992年6月ブラジルで開かれた地球サミットは,各国政府が環境問題に積極的にコミットすることを求めたが,そのためにはそれまで採用されていた政策的アプローチも変更することが求められていた．市民団体はその機会をとらえて,個別領域での活動ばかりでなく,政治分析を前提とした新しい協力体制を組織し,政治的影響を発揮しなければならなかった．その意味で,リアル・ワールド・コアリションは,地球環境サミット後の市民運動の方向を模索する試みを通じて生まれた運動の1つの成果であった．このアイデアは,1992年から93年にかけていくつかの市民団体が集まって開かれた一連の会議で,「地球の友」の専務理事を務めていたジョナサン・ポーリットから提起された．グリーン・ピース,イングランド農村保護協議会,グリーン・アライアンスなどは,環境問題を政治問題へと広げることへの警戒心と反発から,参加を呼びかけられたものの出席しなかった．リアル・ワールド・コアリションの課題は,個々の市民団体が取り上げてきた個別課題を一般的な政治的課題として（したがって政策として）取り上げるために,政治的対応,政治システム,経済構造,課題の優先度などについても幅広く分析し,市民運動を「政治化」していくことであった．そのために,持続可能な発展概念を具体化することを前提にしつつ,それを共通の課題として絞り込む作業が進められた．その作業は,政治的に合意されていない課題と分野を洗い出すために,1994年9月から95年3月まで開催された一連のセミナーによって行なわれた（Wilkinson, 1997）．このセミナーの内容が『リアル・ワールドの政治学』を執筆する基礎となった．この書物は「リアル・ワールド・イニシアティブの背後にある中心的考え方を示し」,「我々が取り上げる課題の分析と,改革の方向を提案する」ことを目的とし,市民運動の「新しい出発点」となることを目指して出版された（*Ibid*., pp. 745-7）．

(2) リアル・ワールド・コアリションの合意点

『リアル・ワールドの政治学』はまず，20世紀に進歩をもたらすと考えられてきた支配的パラダイムを取り上げ，このパラダイムが原因となって発生した環境問題，貧困，不平等や生活の質的低下，地域経済の崩壊といった罪を分析した上で，代替案となるモデルを示そうとした．ジェイコブスは，こうした問題が発生してきたのは20世紀モデルが失敗したからではなく，成功したからだと断じた．しかし成功したにもかかわらず，「そのモデルは裂け目を拡大させてきた」．「モデルがうまくいけばいくほど，問題は悪化する」(Jacobs, 1996a, p.11) という状況にあるならば，モデル自体を変えなければならない．20世紀のモデルはすでに便益よりも損失の方が上回っており，「結局，自己崩壊」の道を突き進んでいる．それなのに，どうして政治指導者などに危機感がないのだろうか．総選挙を前にしてリアル・ワールド・コアリションが訴えたのはこの点であった．

リアル・ワールド・コアリションがセミナーでの議論を通じて合意した重要な点が2つある．第1に，環境問題や貧困などの社会的問題は本質的に分配問題だという意見を拒否していることである．経済成長が国民所得や消費，雇用を拡大し，人々の生活水準を上昇させ，自由貿易を通じて世界に広がっていくという20世紀に培われた「経済的，社会的進歩の知的モデル」は，たとえ環境問題，社会的不公正，生活水準の低下を発生させたとしても，それは一時的にしかすぎず，既存のシステムのもとであっても修復可能だと考えられていた．こうした意見に対して，「生産自体のプロセスがこれらの問題の原因となっているのだから，このアプローチでは失敗せざるをえない」とジェイコブスは述べた．重要なことは生産地点まで立ち返ることで，20世紀のモデルを根本から問い直すことである．

「問題はイギリス及び世界全体における経済発展の支配型式が道徳的に間違っているといった単純なものではない．それらが現在にいたって反生産的になっているということなのだ．それは純利益を生み出しているどころか，純損失をもたらし，その規模は拡大してきている．したがって改革が緊急に

求められている．改革は経済発展の型式ばかりでなく，その前提となっているモデルについても必要になっている．我々は経済的，社会的進歩によって何を意味するのかを再評価し，それを達成する道筋を進んでいくことが求められている」(*Ibid*., p. 12)．

　しかしこうした合意内容は，経済成長を信奉する伝統的な価値観を拒否していることは意味しても，そのことから直ちに1990年代に台頭した環境近代化論といった，生産部面にまで立ち入った環境議論の拒否につながっているわけではない．むしろピーター・ロークリフが，1990年代以降環境運動が環境近代化論に取り込まれ，環境政策の立案過程に環境運動が内在化するようになってきたと指摘したように (Rawcliffe, 1998, intro.)，環境運動は排除されるというより，立案過程に適宜配置されることで，表面上内部構成員として位置づけられるようになっていた．その結果，環境運動は地域レベルの要求を具体的に取り上げ，実現に向けて努力していくというより，制度の問題としてしか取り上げられなくなってきた（「環境運動の制度化」）．政策当局も，環境運動をはじめから拒絶するより，その存在をあらかじめ織り込み，市民の意見を広く聞く姿勢へと変わってきている．しかしこのことは，市民運動が対等な立場で公式の発言を行なうことができるようになったということを意味しない．むしろそれへの警戒心から，公聴会など，一種の諮問機能としてそうした場が設定されている場合が多い．こうした環境運動の役割の変容と限界に批判的な環境団体が最近，地域ネットワークの形成や直接的抗議行動を起こす動きを見せているのは当然のことと言えるだろう (Day, 1998 : Seel et al. (ed.), 2000)．

　リアル・ワールド・コアリションのすごさは，伝統的な価値観を拒否する一方，環境近代化論の限界も突破しようとしていることにある．環境近代化論の台頭と，それに批判的な環境運動の一部が急進化する中で結成されたリアル・ワールド・コアリションは，環境近代化論が持つ積極的側面を評価しつつ，その限界を突破するために，持続可能な発展概念をモデルにして，環境近代化論では直接取り上げることのできない社会問題を政治課題として取

り上げようとしていた．直接行動の是非はともかく，市民団体が結集し，一致した意見を探る努力の中で，市民運動が直面している「制度化」の動きを突破しようとする試みは，市民が自らの能力を高めていく上で避けて通れない通過点であった．リアル・ワールド・コアリションが環境近代化論に閉じ込められることなく，それを意識的に突破しようとしている意義は大きい．

　それでは20世紀の支配的モデルに代わる新しいモデルとは何か．それはすでに述べたように，持続可能な発展概念を現実のものとして生かすことである．そこでは「豊かさとは何か」，「進歩とは何か」，「安定とは何か」といった根本的問題が問い返されることになる．

(3) リアル・ワールド・コアリションとニュー・レイバー

　『リアル・ワールドの政治学』が発表されてからイギリスの政治に起こった大きな変化は，1997年の総選挙でトニー・ブレアを首班とする「新生労働党」が政権についたことである．サッチャー，メジャーと続いてきた保守党内閣の冷淡さに比べて，労働党内閣はリアル・ワールド・コアリションが提起した諸課題の一部を政治アジェンダの中心に位置づけようとしていた．環境保護，社会的内包，社会的正義，民主的再生という言葉は，労働党やブレア内閣が発表した文書のいたるところにちりばめられ，表面的にはこれらの課題が確実に実行されつつあるように見える．しかしそのことから問題がすべて解決され，市民運動の役割は政党政治の中に吸収されてしまったと言うことができるだろうか．理想と現実との距離はけっして縮まっていない．

　トニー・ブレアは『より良い生活の質　政府の持続可能な発展戦略』の冒頭で次のように述べている．

　「過去100年の間に，この国の富は相当増大し，人々も豊かになった．しかし経済成長だけに関心を寄せることは，善かれ悪しかれ，人々や環境に対する影響を無視する危険性を伴っている．成功は経済成長（国内総生産）によってだけで測られてきた．私たちは経済，環境，社会がすべて一体のものであることを認識できずにいる．私たち全員の生活の質を改善することは，

経済成長にだけ関心を寄せることよりはるかに大事なことなのだ」(command paper 4345, 1999, p. 3).

しかしこのような発言にもかかわらず,労働党政府のプログラムを見るかぎり,その政策と必要な改革との間に,「持続性ギャップ」と呼ばれるものが存在しているのも事実である.それは何故か.それは,持続可能な発展概念を統一した政策フレームワークとなることを妨げる,環境主義に対する不安,権利と義務とのアンバランス,狭い「ニューエコノミー」観,中央集権的な体質,個人選択と集団的繁栄との対立などについて明確な態度を労働党内閣がとることができないでいるからである.これでは持続可能な発展概念は歌い文句だけに終わってしまう.

労働党内閣の成立にもかかわらず,5年後に発表された『この地点から持続可能性へ』は,「持続可能な発展が,統治や経済戦略の指導原理として,政治,ビジネス,市民生活の中心的ステージに登場するようになったなどと誰が主張できるだろうか.世界の指導者の認識と現実とのギャップはあまりにも大きい.彼らは改革の必要があるという診断書に基づいて行動する資源を持っているのに,意思と政治的勇気に欠けている」(Real World Coalition, 2000, p. x)と述べなければならなかった.この指摘は,労働党内閣が標榜する「第三の道」の評価にもつながっている.リアル・ワールド・コアリションのメンバーはこうしたギャップを埋めるために再び結集しなければならなかった.「これらの問題をすべて解決する持続可能な発展概念を行動の幅広い枠組みの一部とすることがなければ,我々は特定の問題にも取り組むことができない.……持続可能な発展を理論と実践双方の中心部に置くならば,ダイナミックな経済とより公平な社会を結びつけるプログラムは内外で成功することができるだろうと我々は確信している」(*Ibid.*, p. xi).

『この地点から持続可能性へ』は,1996年から2001年までの間に起こった状況の変化(とくに労働党内閣の成立)に合わせて,リアル・ワールド・コアリションの中心的考え方を確認し,さらに発展させるために発表された.こうした試みの中でニュー・エコノミックス運動の果たした役割は非常に大

きかった.とくにニュー・エコノミックス・ファウンデーションを中心としたニュー・エコノミックス運動の活動がなければ,リアル・ワールド・コアリションに参加した市民団体を理論的にまとめ上げることは不可能に近かっただろう.この運動の中に,1980年代中葉から十数年かけたニュー・エコノミックス・ファウンデーションの活動の成果が確かめられているといってよい.

3. 持続性ギャップ

『この地点から持続可能性へ』によれば,リアル・ワールド・コアリションは理想と現実との間に6つのギャップがあると考えている.持続性ギャップを6つに分解したといってもよい(*Ibid.*, pp. 5-6).

①生活の質ギャップ
②環境ギャップ
③貧困ギャップ
④開発ギャップ
⑤民主主義ギャップ
⑥安全保障ギャップ

国内総生産概念を用いて行なってきた生活水準の測定は,必ずしも生活の質的水準を表現していない.戦後の長期的な経済発展は持続可能性の実現に失敗してきた.GDPという伝統的な量的尺度で測るならば,たしかに生活水準は上昇してきたかもしれない.しかし「持続可能な経済厚生指数」で生活の質を測定するならば,1970年代後半以後,主要先進国の生活の質は確実に減少してきている(生活の質ギャップ).

戦後の経済発展は,地球の温暖化やオゾンホールの形成など環境を地球的規模で破壊するところまで追い詰めた.それに対して,国際的な行動計画や政府の政策,企業活動はこの緊急を要する課題に効果的に対応できるようにはなっていないどころか,状態はますます悪化している.エネルギーの使用

量，集約的な生産や消費はますます拡大し，貴重な生物種は減少の一途をたどっている．汚染された食品が食卓にのぼり，人々の健康は蝕められてはいないだろうか．それも知らず知らずのうちに（環境ギャップ）．

さらに先進国の経済発展は，多くの場合，富める者と貧しき者の格差を拡大してきた．経済的不平等の拡大ばかりでなく，個人主義の台頭や公共領域に対する帰属意識の喪失は，私的利益や団体の利益の追求に走る傾向を助長することで精神的頹廃も生み出してきた（貧困ギャップ）．

また不平等は先進国内部ばかりでなく，国家間，とくに豊かな先進国と「南」の途上国との間でも拡大している．OECD加盟国と低所得国の人口はほぼ同じであるにもかかわらず，国民総生産は82％と1.4％もの開きがある．生活水準，技術，金融，貿易，エネルギー，健康管理，教育，市民の自由，社会的安定，環境，どれをとっても途上国の状況は劣悪である．こうした格差は冷戦体制が崩壊した後，ますます広がっている（開発ギャップ）．

こうした不平等の拡大，不安定な社会システム，環境リスクへの恐怖感などを反映して，過去20年間政治諸制度への信頼が揺らいできている．その結果，民主主義は政治に対するシニシズムや無関心を伴うことでしか表現できなくなってきている（民主主義ギャップ）．

持続可能な社会の建設を最も脅かすものは戦争である．しかし武器の輸出，国際連合などによる実効性のない平和維持活動によって，世界各地で地域紛争が多発しており，適切な民主的統治が行なわれていない（安全保障ギャップ）．

リアル・ワールド・コアリションはこの書物の中で，「持続可能な発展とは，我々全員が望んでいる公平で素晴らしい社会，豊かで多様な環境，繁栄した経済といった将来の見通しを提供できると概念だと考えている」（*Ibid*., p.19）と主張した．それでは，ニュー・エコノミックス運動は持続可能な発展概念の具体化のためにどのような活動をしてきたのだろうか．

4. リアル・ワールド・コアリションとニュー・エコノミックス運動

　上に挙げた持続性ギャップのそれぞれの課題に，ニュー・エコノミックス運動は当初より関わってきた．環境，貧困，開発，地域経済の再生，安全保障といった課題は，ニュー・エコノミックス運動が掲げた課題そのものであった．ニュー・エコノミックス・ファウンデーションのホームページ（2001年3月現在）を開くと，参加型民主主義，地域経済の再生，グーローバル経済の再編成という3つの活動分野と，代替通貨，社会的投資，持続性インディケーター，社会監査という「新しい経済を再建」する手段が述べられている．1986年の設立以来，ニュー・エコノミックス・ファウンデーションが活動し，とくに力を注いできた分野と手法とはこうしたものである．それぞれについてもう少し詳しく見てみることにしよう．

(1) 参加型民主主義

　「社会的に公平で人間的な規模の経済というのは，市民やコミュニティがそれらに関わる決定を行なうことのできる権限を持っている経済のことである．参加型民主主義を我々が主張しているのはこれまでほとんど聞くことのなかった諸個人やコミュニティの声に意義があると考え，それを強調しようとしているからである」（ニュー・エコノミックス・ファウンデーションのホームページ：Participative Democracy）．

　ニュー・エコノミックス運動は，民主主義ギャップを参加型民主主義の達成度によって測ろうとしてきた．ニュー・エコノミックス・ファウンデーションは，市民の参加能力を社会的エネルギーと呼び，それを発揮する手法の開発を行なってきた．社会的エネルギーとは，具体的に言えば，「現在及び将来世代双方の生活の質を改善するためにコミュニティの諸問題について人々が決定し，協力して活動すること」，「社会的内包を増大することで，よ

り広い決定過程に参加しているという意識を高めること」,「民主主義がより参加型になることによって, 政府がより効率的になること」という3つのエネルギーを引き出すことである (同, Social Energy).

しかしコーポラティスト的な戦後民主主義の体質は, こうした社会的エネルギーを排除するか, そのエネルギーのごくわずかな部分しか取り出そうとしてこなかった. 労働党政府が成立しても, 市民やコミュニティが持っている潜在的エネルギーは, 十分に引き出すことに成功してはいない. 『この地点から持続可能性へ』は,「持続性は強力な民主主義を必要とする」(Ibid., p.189) と述べている. 市民が政策の立案や決定過程に参加し, 中央政府や地方政府に意見が反映できるような代議制度を確立し, 多くの情報に自由に接近できるようになる中で,「新しい形態のエンパワーメント」を身につけることの重要性をニュー・エコノミックス運動は求めてきた. 第5章「コミュニティ・エコノミックスの課題」でも述べたように, ニュー・エコノミックス・ファウンデーションは, 動員のための手立て, 行動のための手立てに分けた上で, それぞれコミュニティ・インディケーターやコミュニティ・ビジョンの開発, そして社会的監査, コミュニティ・ファイナンス, 地域通貨, 社会的企業を追究してきた.

(2) 地域経済の再生

参加型民主主義の発展は, どのような社会を構想するのかという課題と結びつかなければ意味はない. ニュー・エコノミックス運動は, この課題に応えるために,「地域経済の再生」を掲げた上で, それを阻害する要因の1つとして経済のグローバル化を挙げ,「グローバル経済の再編成」に取り組むことを明らかにしてきた.

① 漏れ口を塞ぐ

地域経済の再生には, 外部から投下された貨幣が地域に止まり, 循環し, 産業と雇用を創出する機能を発揮することが必要になる. しかし貧困な地域ではしばしば,「ザルのように貨幣が地域経済から流出し」, その結果, 人々

は現金の不足のために経営を維持できなかったり，あるいは新しく起業することができなくなっている．この難点を克服するには，貨幣が出ていこうとする漏れ口を塞ぐことが必要となる．ニュー・エコノミックス運動が行なわなければならない最初の課題は，貨幣流出の量と行き先を測定すること，次いで漏れ口を塞ぐことである（NEF, 2001b）．

② コミュニティ・ファイナンス

漏れ口を塞ぐことと並行して行なわなければならないのは，必要としている資金を支障なく調達することができるようにすること，すなわち，個人やコミュニティが求めている資金を，そのニーズに合わせて融資することのできる金融機関を自ら設立することである．伝統的な大手金融機関は，一般的には利益の上がるところには融資するが，こうしたニーズに積極的に対応したサービスを行なっているわけではない．利益の上がらない地域では，地域の将来や市民の声を考慮することなく，支店の閉鎖や統廃合が平気で行なわれる．大手金融機関がこうした動きを行なうならば，それに対抗する金融機関を市民が創設することが必要となる．ニュー・エコノミックス運動はこうした市民による金融機関をコミュニティ・ファイナンスと呼び，その発展に努めてきた（その形式については第7章を参照）．

③ 社会的企業

ニュー・エコノミックス運動はさらに，どのような産業を興していくのかという課題にも取り組んできた．社会的企業とはコミュニティの中にある社会的ニーズを当該地域の資源を使って行なうビジネスのことであるが，これを発展させるにはコミュニティ・ファイナンスといった独自の金融機関の他に，それを側面から支える支援団体の創設と活動が不可欠である．例えばそのような団体に，コンサルティング，技術訓練，人材養成，情報提供，起業サポートなどを行なう「ロンドン再建協会」（London Rebuilding Society），「社会的企業ロンドン」（Social Enterprise London）がある．いずれも社会的経済の発展を目指した新しい形態の相互扶助組織である．こうした団体は，理事組織に他の団体を加えることで，パートナーシップ体制を固め，協力関

係を結びながら，地域経済の発展に取り組んできた．ニュー・エコノミックス・ファウンデーションも「ロンドン再建協会」の協力団体として，地域経済の発展，再生の課題に取り組んできた（Leadbeate, 1997 : Social Economy Framework for London, 2000）．

(3) グローバル経済の再編成

　ニュー・エコノミックス運動は，現在のグローバル経済のダイナミックスや方向を取り上げ，刺激的な議論を通じて持続可能な代替経済を促すことを目指してきた．グローバル経済の進展は富める者と貧しき者のギャップを拡大し，北の先進国のわずかな国に権力を集中させる一方，途上国の人々から意思決定の権限を剥脱してきた．途上国は累積債務に苦しみ，重い足枷から抜け出せずに，開発と貧困の悪循環に喘いでいる．ニュー・エコノミックス運動がTOES大会で，途上国の累積債務の帳消しを求めて活動しているジュビリー 2000 やチャーター 99 と協同してこの問題に取り組んできたのは，グローバル経済が資本の活動の自由を発展させるものではあっても，それが決して人々や地球に利益をもたらすものと考えられないからである．ニュー・エコノミックス・ファウンデーションはグローバル経済の再編成を目指して，1999年末にグローバル経済プログラムを作り，それにしたがって活動を進めてきた．このプログラムの柱である企業の説明責任プログラムでは，企業活動が人権や環境に対する配慮や社会的責任を果たす行動指針や民主的規制の素案作りが進められている．

　ニュー・エコノミックス・ファウンデーションはまた，このプログラムにしたがって，グローバル経済の発展の中で，とくに国際連合，国際通貨基金，世界貿易機関などの国際機関が機能不全に陥っていることを明らかにした『馬鹿げた民主主義』（NEF, 2000c）や，発展途上国に与える影響を告発した『失われたパラダイム』（NEF, 2000d）を発表してきた．2002年に予定されている地球サミットや，シアトル総会の決裂を受けて近く再開が予定されている世界貿易機関の多角的貿易交渉（ラウンド）を前にして，こうした

活動はますます強められていくだろう．

おわりに

すでに述べたように，リアル・ワールド・コアリションは，持続性ギャップを埋めることを目指していくつかの市民団体が結集した協同組織であるが，この課題を達成するには「民主的な持続可能な発展に移行するプログラム」を作成し，それにしたがって様々な活動分野の課題を着実にこなしていくことが必要である．このプログラムの本質的特徴は，環境，社会，経済という3つの分野のバランスのとれた発展が，持続可能な社会の建設に不可欠であるという認識を市民団体が共有していることである．しかしそれは厳格に守るべき改革の青写真ではない．リアル・ワールド・コアリションは持続可能な社会を建設する大づかみな合意が出来ているだけで，分野ごとの細部にわたる計画まで出来上がっているわけではない．それは活動が停滞しているからではなく，分野ごとのプログラムが市民団体の独自な裁量と活動に相当程度委ねる方向が確認されているからである．

プログラムは，2002年に開催が予定されている地球サミットを目標とした短期的プログラムと（Dodds, 2000），それ以後の時期を視野に入れた長期的プログラムに分かれている．長期的プログラムはまだ検討段階なので，ここでは短期的プログラムの内容を見てみることにしよう（Real World Coalition, 2000, pp. 193-5）．

①生活の質
- 政府は1999年に発表した「持続可能な発展戦略」に基づいて，生活の質的向上を目指した目標，インディケーター，年次報告を行なうこと．
- 企業や非政府組織は環境や社会的責任に関する活動報告や監査の基準を作成すること．

②国内の環境持続性

- 政府は，環境スペースの削減目標の設定に関して，OECD 諸国と歩調を合わせること．
- 企業は，ファクター 10 を目標として，資源効率性を高めるための目標を設定し，環境技術の開発に努めること．

③国際的な環境持続性
- 政府は，第 1 段階としてアメリカに 1997 年の京都議定書を批准するよう働きかけること，さらに目標や実施メカニズムの改善などを通じて世界的な二酸化炭素削減を進めること．
- 政府は，生物多様性の保護に関する南北間の合意を図るよう努めること．
- 政府は，環境スペースの削減に関する OECD 諸国による目標設定に努めること．
- 政府は，発展途上国が野生生物や資源の保全に努めることができるよう資金援助を行なうこと．

④世界的な貧困対策
- 政府は，2015 年を目処に，国際連合の計画にしたがって，最貧国が適切な政府活動や健康，教育，環境保全への支出が行なうことができるよう，その見返りに累積債務を帳消しにするよう働きかけるべきである．

⑤貿易政策とグローバリゼーション
- 政府は，最貧国に対する公平貿易の実現や，貿易ルールと社会的保全や環境持続性との調和を目指して，世界貿易機関，国際通貨基金，世界銀行の改革について，政府，非政府組織，産業界の間でコンセンサスが得られるように働きかけるべきである．

⑥民主的再生
- 政府は国内外の民主主義の発展に率先して努めるべきである．その一環として，政府は権限や資源を地方自治体に移譲すべきである．
- 国際的には，国際連合や経済諸機関の民主的な説明責任を果たし，意

思決定の透明性を高めるべきである．
⑦平和と安全保障
・政府は，国際的な武器取引の統制，削減に向けて先頭に立つとともに，平和維持活動の支援活動を強化すべきである．

　イギリスの市民団体が合意している活動の内容はこのようなものである．こうした短期的プログラムの実行に，ニュー・エコノミックス運動は今後とも深く関わり，市民の草の根的な活動に依拠しながら，斬新なアイデアを提供していくことになるだろう．すでに経済学は，書斎や研究室に閉じこもることなく，そこから意識的に抜け出さなければ，社会の幅広いニーズに応えられなくなってきている．ニュー・エコノミックス運動はそうした要請に応えることを目指して，徐々に活動分野を広げ，それとともに理論内容も変化を遂げてきた．ニュー・エコノミックス運動は始まったばかりである．今後ともその発展に期待したい．

参 考 文 献

Adam, B., Ulrich Beck and Joost Van Loon (eds.) (2000), *The Risk Society and Beyond*, Sage.
Aldbridge, T. et al. (1999), Evaluating LETS as a means of tackling social exclusion and cohesion, *ESRC Report : co-ordinators Survey*.
Anderson, V. (1991), *Alternative Economic Indicators*, Routledge.
Anon. (1996), *Balancing Europe for Sustainability*, Akite Strohalm.
Askonas, P. and Angus Stewart (eds.) (2000), *Social Inclusion : Possibilities and Tensions*, Macmillan.
Atkinson, A.B. and John Hills (1998), *Exclusion, Employment and Opportunity*, CASE paper 4.
Atkinson, A.B. and J. Micklewright (1992), *Economic Transformation in Eastern Europe and the Distribution of Income*, Cambridge U.P.
Atkinson, G. (1995), *Measuring Sustainable Economic Welfare : A Critique of the UK ISEW*, CSERGE Working Paper GEC 95-08.
Atkinson, G., et al. (1997), *Measuring Sustainable Development*, Edward Elgar.
Auty, R.M. and K. Brown (eds.) (1997), *Approaches to Sustainable Development*, Pinter.
Ayres, R.U. (1998), *Turning Point*, Earthscan.
Baggs, S. (1994), *Local Exchange Trading Systems (LETS) As A Sustainable Community Development Initiative : An Analysis of Progress and Potential*, Wye College Univ. of London.
Baker, S., et al. (eds.) (1997), *The Politics of Sustainable Development*, Routledge.
Barnes, H., Peter North and Perry Walker (1996), *LETS on low income*, NEF.
Barry, J. (1998), Green Political Thought, A. Lent (ed.), *New Political Thought*, Lawrence & Wishart.
Do. (1999a), *Rethinking Green Politics*, Sage.
Do. (1999b), *Environment and Social Theory*, Routledge.
Barry, J. and John Proops (2000), *Citizenship, Sustainability and Environmental Research*, Edward Elgar.
Barton, H. (ed.) (2000), *Sustainable Communities*, Earthscan.
Beck, U. (1992), *Risk Society : Towards a New Modernity*, Sage.
Do. (1994), *Ecological Enlightment*, Humanities Press.

參考文獻

Do. (1995), *Ecological Politics in an Age of Risk*, Polity.
Do. (1996), World Risk Society as Cosmopolitan Society?, *Theory, Culture & Society*, Vol. 13, No. 4.
Do. (1997), *The Reinvention of Politics*, Polity.
Do. (1998), *Democracy without Enemies*, Polity.
Do. (1999), *World Risk Society*, Polity.
Do. (2000a), *The Brave New World of Work*, Polity.
Do. (2000b), *What is Globalization ?*, Polity.
Beck, U., Anthony Giddens and Scott Lash (1994), *Reflexive Modernization*, Polity.
Becker, E. and Thomas Jahn (eds.) (1999), *Sustainability and the Social Science*, Zed Books.
Beder, S. (1997), *Global Spin*, Green Books and Chelsea Green Publishing Company.
Begg, A. (2000), *Empowering the Earth*, Green Books.
Bell, S. and S. Morse (1999), *Sustainability Indicators : Measuring the Immeasuring*, Earthscan.
Benton, T. (ed.) (1996), *The Greening of Marxism*, The Guildford Press.
Bhalla, A.S. and F. Lapeyre (1999), *Poverty and Exclusion in a Global World*, Macmillan.
Bhaskar, H. and Andrew Glyn (eds.) (1995), *The North The South and Environment*, Earthscan.
Blair, T. (1999), *The Third Way*, Fabian Pamphlet 588.
Blowers, A. (1997), Environmental Policy : Ecological Modernization or the Risk Society, *Urban Studies*, Vol. 39, No. 5-6.
Do. (2000), Ecological and political modernisation : The challenge for planning, *Town Planning Review*, 71(4).
Bomberg, E. (1998), *Green Parties and Politics in the European Union*, Routledge.
Bookchin, M. (1990), *Remaking Society*, South End Press.
Do. (1994), *Which Way for the Ecology Movement ?*, AK Press.
Booth, D.E. (1998), *The Environmental Consequences of Growth*, Routledge.
Bower, J. (1997), *Sustainability and Environmental Economics : An Alternative Text*, Longman.
Bowering, F. (1998), LETS : An Eco-Socialist Initiative ?, *New Left Review*, No. 232.
Boyle, D. (n.d.), *What is New Economics ?*, NEF.
Do. (1999), *Funny Money*, Harper Collins.
Do. (2000), *Why London Needs Its Own Currency*, NEF.
Brandt, B. (1995), *Whole Life Economics*, NSP.

Brekke, K.A.(1997), *Economic Growth and the Environment*, Edward Elgar.
Bryne, D. (1999), *Social Exclusion*, Open UP.
Bryne, P. (1997), *Social Movements in Britain*, Routledge.
Buckingham-Hartfield, S. and S. Percy (ed.) (1999), *Constructing Local Environmental Agendas*, Routledge.
Buttel, F.H.(2000), Ecological modernization as social theory, *Geoforum* (31).
Caldwell, C. (1999), *Why Do People Join Local Exchange Trading Systems ?*, Department of Applied Social Studies, Univ. of Luton.
Carley, M. and Philippe Spapens (1998), *Sharing the World*, Earthscan.
Carley, M. and Ian Christie (2000), *Managing Sustainable Development*, Earthscan.
Cato, M.S. and M. Kennett (1999), *Green Economics*, Green Audit.
Chambers, N., et al. (2000), *Sharing Nature's Interest*, Earthscan.
Christie, I. (1999), *An inclusive future ?*, Demos.
Christoff, P. (1996), Ecological Modernization, Ecological Modernities, *Environmental Politics*, Vol. 5, No. 3.
Cohen, M.J. (1997), Risk Society and Ecological Modernization, *Futures*, Vol. 29, No. 2.
Do. (1999), Science and Society in Historical Perspective : Implications for Social Theories of Risk, *Environmental Values*, Vol. 8, No. 2.
Do. (ed.) (2000), *Risk in the Modern Age*, Macmillan.
Cole, H.S.D., C. Freeman, M. Jahoda and K.L.R. Pavitt (1973), *Thinking about the Future : A Critique of the Limits to Growth*, Chatto & Windus for Sussex UP.
Command Paper 3805 (1998), *New ambitions for our country : A New Contract for Welfare*, TSO
Do. 4045 (1998), *Bringing Britain together : A national strategy for neighbourhood renewal*, TSO.
Do. 4345 (1999), *A better quality of life : A strategy for sustainable development for the United Kingdom*, TSO.
Conaty, P. and Edo Mayo (1997), *A Commitment to Practical People Noble Causes : how to support community-based social entrepreneurs*, NEF.
Conaty, P. and Thomas Fisher (1999), *Micro-credit for Micro-enterprise*, NEF.
Costanza, R. (1997), *Frontiers in Ecological Economics*, Edward Elgar.
Costanza, R. (ed.) (1991), *Ecological Economics*, Columbia.
Costanza, R., B.G. Norton and B.D. Haskell (eds.) (1992), *Ecosystem Health*, Island Press.
Costanza, R., et al. (1996), *Getting Down to Earth*, Island Press.
Costanza R., et al. (1997), *An Introduction to Ecological Economics*, St. Lucie Press.
Croall, J. (1997), *Lets Act Locally*, Calouste Gulbenkian Foundation.

Daly, H. (1972), *Toward a Steady-state Economy*, W.H. Freeman.
Do. (1968), On Economics as a Life Science, *Journal of Political Economy*, Vol. 76, No. 3.
Do. (1989), Toward Some Operational Principle of Sustainable Development, *Ecological Economics*, Vol. 2.
Do. (1992), *Steady-state Economy*, Routledge.
Do. (1995), On Wilfred Beckermans Critique of Sustainable Development, *Environmental Value*, Vol. 4.
Do. (1996), *Beyond Growth*, Beacon Press.
Do. (1998), Consumption: Value Added, Physical Transformation, and Welfare, David A. Crocker and Toby Linden (eds.), *Ethics of Consumption*, Rowman & Littlefield Publishers, Inc.
Do. (1999), *Ecological Economics and the Ecology of Economics*, Edward Elgar.
Daly, H. and John B. Cobb Jr. (1989), *For the Common Good*, Green Print.
Daly, Herman and K.N. Townsend (1993), *Valuing the Earth*, The MIT Press.
Danson, M.W. (1999), The other side of the coin: local currency as a response to the globalization of capital, *Regional Studies*, Vol. 33, No. 1.
Dauncy, G. (1996), *After the Crash : The Emergence of the Rainbow Economy*, Green Print.
Day, M. (ed.) (1998), *Environmental Action : A Citizen's Guide*, Pluto Press.
Deacon, A. (2000), Learning from the US?, *Policy & Politics*, Vol. 28, No. 1.
Delanty, G. (1999), *Social Theory in a Changing World*, Polity.
DETR (1998), *Sustainability Counts*, DETR.
Dieren, Wouter Von (ed.) (1995), *Taking Nature into Account*, Copernicus.
Dingwall, R. (1999), "Risk Society": The Cult of Theory and the Millennium?, *Social Policy & Administration*, Vol. 33, No. 4.
Dobson, A. (1990), *Green Political Thought*, Routledge.
Do. (ed.) (1991), *The Green Reader*, Andre Deutsch.
Do (ed.) (1998), *Justice and The Environment*, Oxford UP.
Do (ed.) (1999), *Fairness and Futurity*, Oxford UP.
Dobson, A. and P. Lucardie (eds.) (1993), *The Politics of Nature*, Routledge.
Dodds, F. (ed.) (1997), *The Way Forward : Beyond Agenda 21*, Earthscan.
Do. (ed.) (2000), *Earth Summit 2002*, Earthscan.
DOE (1996), *Indicators of Sustainable Development for the United Kingdom*, DOE/HMSO.
Doherty, B. and Marius de Geus (eds.) (1996), *Democracy & Green Political Thought*, Routledge.
Donnelly, R. and A. Haggett (1997), *Credit Union in Britain*, Plunkett Foundation.

Dowthwaite, R. (1992), *The Growth Illusion*, Council Oak Books.
Do. (1996), *Short Circuit*, Green Books/Lilliput Press.
Do. (1999), *The Ecology of Money*, Green Books.
Dragun, A.K. and K.M. Jakobsson (1997), *Sustainability and Global Environmental Policy*, Edward Elgar.
Driver, S. & Martell Luke (1998), *New Labour : Politics after Thacherism*, Polity.
Dryzek, J. (1987), *Rational Ecology*, Basil Blackwell.
Do. (1997), *The Politics of the Earth*, Oxford UP.
DSS (1997), *Households Below Average Income : A statistical Analysis 1979-1994/95*, The Stationary office.
Ecologist (1993), *Whose Common Future ?*, Earthscan.
Eckersley, R. (1992), *Environmentalism and Political Theory*, University of London Press.
Eckersley, R. (ed.) (1995), *Markets, The State and The Environment Towards Integration*, Macmillan.
Eden, S. (1994), Using Sustainable Development : The Business Case, *Global Environmental Change*, Vol. 4, No. 2.
Do. (1996), *Environmental Issues and Business*, Wiley.
Ekins, P. (1989), *Sustainable Consumerism*, NEF.
Do. (1992), *Wealth beyond Measures*, Gaia Books Limited.
Do. (1993), "Limits to Growth" and "Sustainable Development" grapping with ecological realities, *Ecological Economics*, Vol. 8.
Do. (2000), *Economic Growth and Environmental Sustainability*, Routledge.
Ekins, P. (ed.) (1990), *The Living Economy*, Routledge.
Ekins, P. and M. Max-Neef (1992), *Real-Life Economics*, Routledge.
Elkington, J. and Julia Hailes (1989), *The Green Consumer Guide*, Gollancz.
Elliot, J.A. (1994), *An Introduction to Sustainable Development*, Routledge.
Ellison, N. and Chris Pierson (eds.) (1998), *Development in British Social Policy*, Macmillan.
EU Commission (1999), Non-Monetary Indicators of Poverty and Social Inclusion, EU Commission.
Faber, M., et al. (1996), *Ecological Economics : concepts and methods*, Edward Elgar.
Fairclough, N. (2000), *New Labour, New Language ?*, Routledge.
Faucheux, S., David Pearce and John Proops (1996), *Models of Sustainable Development*, Edward Elgar.
Faucheux, S. and M. O'Connor (1998), *Valuation for Sustainable Development*, Edward Elgar.

Faucheux S., M. O'Connor and Jan van der Straaten (eds.) (1998), *Sustainable Development : Concepts, Rationalities and Strategies*, Kluwer Academic Publishers.
Faulks, K. (1998), *Citizenship in Modern Britain*, Edinburgh UP.
Field, B.C. (1994), *Environmental Economics An Introduction*, McGraw-Hill.
Field, F. (1996), *Stakeholder Welfare*, iea.
Fischer, F. and M.A. Hajer (eds.) (1999), *Living with Nature*, Oxford UP.
Fotopoulos, Takis (1997), *Towards an Inclusive Democracy*, Cassell.
Franklin, J. (ed.) (1998), *The Politics of Risk Society*, Polity.
French, D. (2000), *The Case for Community Banking*, NEF.
Friends of the Earth (n.d.), *Beyond Rhetoric*, FOE and NEF.
Friends of the Earth et al. (n.d.), *Britain and the Brundtland Report*, Vol. 1, IIED.
Friends of the Earth et al. (n.d.), *Brundtland in the Balance*, FOE.
Friends of the Earth (1998), *Tomorrow's World*, Earthscan.
Friends of the Earth Europe (1995), *Towards Sustainable Europe*, Friends of the Earth Europe.
FOE, IIED and NEF (1995), *Environmental Measures Indicators for the UK Environment*.
Gabriel, Y. and Tim Lang (1995), *The Unmanageable Consumer*, Sage.
Garner, R. (1996), *Environmental Politics*, Prentice Hall Harvester Wheatsheaf.
Geddes, M. (1997), *Partnership against poverty and exclusion ?*, Polity.
George, V. and Robert Page (eds.) (1995), *Modern Thinkers on Welfare*, Prentice Hall.
Geyer, R.R. (2000), *Exploring European Social Policy*, Polity.
Giddens, A. (1990), *The Consequences of Modernity*, Stanford.
Do. (1998), *The Third Way : The Renewal of Social Democracy*, Polity.
Do. (2000), *The Third Way and its Critics*, Polity.
Goldblatt, David (1996), *Social Theory and Environment*, Polity.
Golding, P. (1986), *Excluding the Poor*, Child Poverty Action Group.
Goodin, I. and L. Alan Winters (eds.) (1995), *The Economics of Sustainable Development*, OECD.
Goodin, R.E. (1992), *Green Political Theory*, Polity.
Goodland, R., H.E. Daly and S. El. Serafy (eds.) (1992), *Population, Technology and Lifestyle*, Island Press.
Goodman, A. and S. Webb (1994), *For Richer, For Poorer,* Institute for Fiscal Studies.
Gorz, A. (1999), *Reclaiming Work*, translated by C. Turner, Polity.
Gouch, I. and Olofsson Gunnar (eds.) (1999), *Capitalism and Social Cohesion*,

Macmillan.
Gouldson, A. (1996), Ecological Modernization and the European Union, *Geoforum*, Vol. 27, No. 1.
Gouldson, A. and Joseph Murphy (1998), *Regulatory Realities*, Earthscan.
Gouldson, A. and Roberts Peter (2000), *Integrating environment + economy*, Routledge.
Grant, W., D. Matthews and P. Newell (2000), *The Effectiveness of European Union Environmental Policy*, Macmillan.
Gray, T.S. (1995), *UK Environmental Policy in the 1990s*, Macmillan.
Green, D.G. (1998), *Benefit Dependency : How Welfare Undermines Independence*, iea.
Do. (1999), *An End to Welfare Rights*, iea.
Green Party (1995), *Manifesto for a Sustainable Society*, Green Party.
Greer, J. and Kenny Bruno (1996), *Greenwash : The Reality behind Corporate Environmentalism*, Third World Network & The Apex Press.
Hajer, M.A. (1995), *The Politics of Environmental Discource*, Oxford UP.
Do. (1996), Ecological Modernization as Cultural Politics, Scott Lash et al. (eds.), *Risk, Environment & Modernity*, Sage.
Hajer, M.A. and Sven Kesselring (1999), Democracy in the Risk Society? : Learning from the New Politics of Mobility in Munich, *Environmental Politics*, Vol. 8, No. 3.
Hanf, K. & Jansen Alf-Inge (1998), *Governance and Environment in Western Europe*, Longman.
Hargreaves, I. and Ian Christie (1998), *Tomorrow's Politics : The Third Way and beyond*.
Hayden, A. (1999), *Sharing the Work, Sparing the Planet*, Zed Books.
Helm, D. (ed.) (1991), *Economic Policy Towards the Environment*, Blackwell.
Henderson, H. (1991), *Paradigms in Progress*, BK.
Do. (1996a), *Building A Win-Win World*, Berrett-Koehler Publishers.
Do. (1996b), *Creating Alternative Futures : The End of Economics*, Kumarian Press.
Do. (1999), *Beyond Globalization*, Kumarian Press.
Hirsh, D. (1999), *Welfare beyond work*, Joseph Rowntree Foundation.
Hirsh, F. (1976), *Social Limits to Growth*, Harvard UP.
HM Treasury (1998), *Proposed Amendments to the Credit Union Act 1979*, HM Treasury.
HM Treasury (1999), *Credit Unions of the Future ; Taskforce Report*, HM Treasury.

Hogenboom, J. and A.J.P. Mol et al. (2000), Dealing with Environmental Risks in Reflexive Modernity, Maurie J. Cohen (ed.), *Risk in the Modern Society*, Macmillan.

Howes, R., et al. (1997), *Clean & Competitive ?*, Earthscan.

Irvin, S. (1992), *Beyond Green Consumerism*, Friends of the Earth.

Huber, J. & J. Robertson (2000), *Creating New Money*, NEF.

Hudson, H., et al. (1999), *Making 'LETS' Work in Low Income Areas*, LEP 1, Forum for the Future.

Jackson, T. (1996), *Material Concerns : Pollution, Profit and Quality of Life*, Routledge.

Jackson, T. and Marks Nic (1994), *Measuring Sustainable Economic Welfare—A Pilot Index : 1950-1990*, NEF.

Do. (1997), *Sustainable Economic Welfare in the UK 1950-1996*, NEF.

Jacobs, M. (1991), *The Green Economy*, Pluto.

Do. (n.d.), *Sustainable Development : greening the economy*, Fabian Society.

Do. (1995a), Sustainable Development, Capital Substitution and Economic Humility : A Response to Beckerman, *Environmental Value*, Vol. 4.

Do. (1995b), *Sustainability and Socialism*, SERA.

Do. (1996a), *The Politics of Real World*, Earthscan.

Do. (1996b), Real World, *Environmental Politics*, Vol. 5, No. 4.

Do. (1999), Sustainable development as a contested concept, Andrew Dobson (ed.), *Fairness and Futurity*, Oxford UP.

Jacobs, M. (ed.) (1997), *Greening the Millennium ?*, Blackwell.

Jenkins, S. and F. Cowell (1993), *Dwarfs and Giants in the 1980s*, Univ. of Swansea.

Jordan, G. and Maloney William (1997), *The protest business ? : Mobilizing campaign groups*, Manchester UP.

Jordan, T. & Lent Adams (1999), *Storming the Millennium*, Lawrence & Wishart.

Joseph, E. (2000), *A Welcome Engagement : SMEs and Social Inclusion*, IPPR.

Judge, D. (1993), *A Green Dimension for the European Community*, Frank CASS.

Kaur, S.P., S. Lingayah and Ed Mayo (1996), Financial Exclusion in London, NEF.

Kemp, P. and Delek Wall (1990), *A Green Manifesto for the 1990s*, Penguin Books.

Kempson, E. and C. Whyley (1998), *Access to Current Accounts : A Report to the British Bankers' Association*, Personal Finance Research Centre, University of Bristol.

Do. (1999), *Kept out or opted out ?*, The Policy Press.

Kenny, M. and James Meadowcroft (1999), *Planning Sustainability*, Routledge.

Kirkby, J., et al. (eds.) (1995), *The Earthscan Reader in Sustainable Development*,

Earthscan.
Kriesi, H., et al. (eds.) (1995), *New Social Movements in Western Europe*, Minesota UP.
Lafferty, W.M., et al. (eds.) (1998), *From the Earth Summit to Local Agenda 21*, Earthscan.
Lafferty, W.M. and O. Langhelle (1999), *Towards Sustainable Development*, Macmillan.
Lafferty, W.M. and James Meadowcroft (2000), *Implementing Sustainable Development*, Oxford UP.
Lang, P. (1994), *LETS Work*, Grover Books.
Lang, T. and Colin Hines (1993), *The new protectionism*, Earthscan.
Lash, Scott, et al. (eds.) (1996), *Risk, Environment & Modernity*, Sage.
Lash, S. and John Urry (1994), *Economies of Signs & Space*, Sage.
Lawless, P., et al. (1998), *Unemployment and Social Exclusion*, JKP.
Leadbeate, C. (1997), *The Rise of Social Entrepreneur*, Demos.
Lee, K., et al. (2000), *Global Sustainable Development in the 21st Century*, Edinburgh UP.
Lee, R. (1996), Moral money? LETS and the social construction of local economic geographies in the Southeast England, *Environment and Planning A*, Vol. 28.
Leonard, M. (1998), *Invisible Work, Invisible Workers : The Informal Economy in Europe and the US*, Macmillan.
LETSlink UK (1995), *LETS Info Pack*, LETSlink UK.
Do. (1997), *LETS : local cashless trading*, leaflets, LETSlink UK.
Levitas, R. (1998), *The Inclusive Society ? : Social Exclusion and New Labour*, Macmillan.
Lister, R. (1990), *The Exclusive Society : Citizenship and the Poor*, Child Poverty Action Group.
Do. (1997), *Citizenship : Feminist Perspectives*, Macmillan.
Little, A. (1998), *Post-industrial Socialism*, Routledge.
Livio, D. DeSimone and Frank Popoff with WBCSD (1997), *Eco-efficiency*, MIT.
Louis, M. (ed.) (1995), *Social Movements and Social Classes*, Sage.
Lowe, P. and S. Ward (eds.) (1998), *British Environmental Policy and Europe*, Routledge.
Lupton, D. (1999), *Risk*, Routledge.
Lupton, D. (ed.) (1999), *Risk and Sociocultural Theory*, Cambridge UP.
Machiba, Tomoo (1998), *Do Community-Based Civil Actions Work towards Sustainable Consumption ? The case of Local Exchange Trading System (LETS)*.
Macnaghten, P. & John Urry (1998), *Contested Natures*, Sage.

Mondelson, P. (1997), Lobour's next steps: tackling social exclusion, *Fabian Pamphlet* 581.
Maddison, D., et al. (1996), *The True Costs of Road Transport*, Earthscan.
Marsh, D. and R.A.W. Rhodes (eds.) (1992), *Implementing Thatcherite Policies*, Open UP.
Marshall, B.K. (1999), Globalisation, Environmental Degradation and Ulrich Beck's Risk Society, *Environmental Values*, Vol. 8, No. 2.
Marshall, T.H. (1950), *Citizenship and Social Class*, Pluto Press.
Mason, M. (1999), *Environmental Democracy*, Earthscan.
Mayo, Ed (1996), *Social Auditing for Voluntary Organisations*, NEF.
Mayo, Ed (ed.) (1993), *Bank Watch*, NEF.
Mayo, Ed, et al. (1997), The Index of Sustainable Economic Welfare for the United Kingdom, Bedrich Moldan and Suzannne Billharz (eds.), *Sustainability Indicators*, Wiley.
Mayo, Ed, et al. (1998), *Small is bankable*, NEF.
Mayo, Ed, et al. (1999), *Taking Power : an Agenda for Community Economic Renewal*, NEF.
McCormick, J. (1991), *British Politics and the Environment*, Earthscan.
Do. (1995), *The Global Environmental Movement*, Wiley.
McLaren, Duncan, Simon Bullock and M.M. Mead (1997), *From Welfare to Work*, iea.
Mishan, E.J. (1993), The Costs of Economic Growth, Weidenfield & Nicolson, new edition.
Moffiat, I. (1996), *Sustainable Development Principles, Analysis and Policies*, Parthenon Publishing.
Mol, A.J.P. and D.A. Sonnenfeld (2000), *Ecological Modernisation Around the World*, CASS.
Do. (2000), The environmental movement in an era of ecological modernisation, *Geoforum* (31).
Mol, A.J.P., et al. (1993), Environment, Modernitiy and Risk-Society: The Apocalyptic Horizon of Environmental Reform, *International Sociology*, Vol. 8, No. 4.
Do. (1996), Ecological Modernization and Institutional Reflexivity: Environmental Reform in the Late Modern Age, *Environmental Politics*, Vol. 5, No. 2.
Morehouse, W. (1989), *Building Sustainable Communities : Tools and Concepts for Self-Reliant Economic Change*, The Bootstrap Press.
Naess, A. (1973), "The Shallow and Deep, Long-Range Ecology Movement: A Summary", *Inquiry*, 16 (3).

Nath, B., et al. (eds.) (1996), *Sustainable Development*, VUBPRESS.
National Consumer Council (1994), *Saving for Credit*, NCC.
National Strategy for Neighbourhood Renewal (1999a), *Enterprise and Social Exclusion : Policy Action Team 3*, HM Treasury.
Do. (1999b), *Community Self-help Report : Policy Action Team 9*, HM Treasury.
Do. (1999c), *Access to Financial Services : Policy Action Team 14*, HM Treasury.
Neumayer, E. (1999), *Weak versus Strong Sustainability*, Edward Elgar.
NEF (1985), *New Economics 85 Report & Summary of The Other Economic Summit (TOES)*, NEF.
NEF (n.d.), *Social Auditing for Small Organisations : A workbook for trainers and practitioners*, NEF.
NEF (n.d.), *Participation Works !*, NEF.
NEF (n.d.), *Community Works ! : a guide to community economic action*, NEF.
NEF (1997), *How to Design A Community Vision*, NEF.
NEF (1998), *Communities Count !*, NEF.
NEF (1999a), *Community Banking : A Review of the International Policy and Practice of Social Lending*, NEF.
NEF (1999b), *Regional Community : investment partnerships*, NEF.
NEF (1999c), *Effective NGO Campaignning*, NEF.
NEF (1999d), *Brave new economy : how to grow a better world*, NEF.
NEF (2000a), *Regulating micro-finance : a global perspective*, NEF.
NEF (2000b), *Corporate Spin : The troubled teenage years of social reporting*, NEF.
NEF (2000c), *Paradigm Lost*, NEF.
NEF (2000d), *'It's Democracy, Stupid'*, NEF.
NEF (2001a), *The naked consumer*, NEF.
NEF (2001b), *Plugging the Leaks, Participation Briefing*, NEF.
NEF and FOE (1998), More isn't always better, NEF.
North, P. (1996) A policy for community empowerment in the inner city, *Local Economy*, Vol. 11.
North, P. (1998a), Exploring the politics of social movements through 'sociological intervention': case study of local exchange trading schemes, *Sociological Review*, Vol. 46.
Do. (1998b), LETS, "Hours" and the Swiss "Business Ring", *Local Economy*, Vol. 13, No. 2.
Do. (1999), Explorations in heterotopia : Local Exchange Trading Schemes (LETS) and the micropolitics of money and livelihood, *Environmental and Planning (D) : Society and Space*, Vol. 17.
Novak, M. (1998), *Is There a Third way ?*, iea.

Nurnberger, K. (1999), *Prosperity, Poverty and Pollution*, Zed Books.
OECD Proceedings (1997), *Sustainable Consumption and Production*, OECD.
OECD (1998), *Eco-efficiency*, OECD.
Offe, C. (1985), New Social Movement: Challenging the Boundaries of Institutional Politics, *Social Research*, Vol. 52, No. 4.
Do. (1993), *Beyond Employment*, Polity.
Office of Fair Trading (1999), *Vulnerable Consumers and Financial Services : The Report of the Director General's Inquiry*, OFT 25.
O'Mahony, P. (ed.) (1999), *Nature, Risk and Responsibility*, Macmillan.
O'Neill, M. (1997), *Green Parties and Political Change in Contemporary Europe*, Ashgate.
Oppenheim, C. (ed.) (1998), *An Inclusive Society : Strategies for Tackling Poverty*, IPPR.
O'Riordan, T. (1976), *Environmentalism*, Pluto.
O'Riordan, T. (ed.) (1997), *Ecotaxation*, Earthscan.
Do. (ed.) (1998), *The Transition to Sustainability*, Earthscan.
Do. (ed.) (2001), *Globalism, Localism & Identity*, Earthscan.
O'Riordan T. and J. Cameron (eds.) (1994), *Interpreting the Precautionary Principle*, Earthscan.
O'Riordan T. and Voisey Heather (eds.) (1997), *Sustainable Development in Western Europe*, CASS.
Osborn, D. & Bigg Tom (1998), *Earth Summit II*, Earthscan.
The Other Economic Summit 6-10 June 84 Report and Summary (1984), NEF.
Pacione, M. (1997), Local Exchange Trading Systems—A Rural Responses to the Globalization of Capitalism?, *J. of Rural Studies*, Vol. 13, No. 4.
Parker, J. and Paul Selmon (1999), Local government, local people and local agenda 21, Susan Buckingham-Hartfield and Susan Percy (eds.), *Constructing Local Environmental Agendas*, Routledge.
Parkin, S. (1989), *Green Party*, Heretics Books.
Do. (1991a), *Green Futures*, Fount.
Do. (1991b), *The Green Budget*, Green Print.
Pearce, D. (1989), *Blueprint for the Green Economy*, Earthscan.
Do. (1993), *Economic Values and the Natural World*, Earthscan.
Pearce, D., et al. (1993), *Blueprint 3 : Measuring Sustainable Development*, Earthscan.
Do. (1992), Environmentalism and the Green Economy, *Environment & Planning A*, Vol. 22, No. 7.
Do. (1995), *Blueprint 4 : Capturing global environmental value*, Earthscan.

Do. (1998), *Economics and Environment*, Edward Edgar.
Pearce, D. (ed.) (1991), *Blueprint 2 : Greening the World Economy*, Earthscan.
Pearce, D. & J.J. Warford (1993), *World without End*, Oxford UP.
Pearce, D., Edward B. Barbier and A. Markandaya (1990), *Sustainable Development : Economics and Environment in the Third World*, Earthscan.
Pearce, D. & Edward B. Barbier (2000), *Blueprint for a Sustainable Economy*, Earthscan.
Pearce, J. (n.d.), *Measuring Social Wealth*, NEF.
Pearce, J. and Chris Wadhams (1998), *Uncommon currencies*, The Policy Press.
Perrings, C. (1997), *Economics of Ecological Resources*, Edward Elgar.
Porritt, J. (1984), *Seeing Green*, Basil Blackwell.
Porritt, J. & David Winner (1988), *The Coming of the Greens*, Fontana Paperbacks.
Powell, M. (ed.) (1999), *New Labour, New Welfare State ? : The 'third way' in British social policy*, The Polity Press.
Prugh, T. (1995), *Natural Capital and Human Economic Survival*, ISEE Press.
Prugh, T., et al. (ed.) (2000), *The Local Politics of Global Sustainability*, Island Press.
Radcliffe, J. (2000), *Green Politics*, Macmillan.
Rahman, M. (ed.) (1999), *Gateways : Routes to Financial Services*, New Policy Institute.
Ravaioli, C. (1995), *Economists and the Environment*, Zed Books.
Rawcliffe, P. (1998), *Environmental pressure groups in trasition*, Manchester UP.
Real World Coalition (2001), *From Here to Sustainability*, Earthscan.
Redclift, M. (1996), *Wasted : Counting the Costs of Global Consumption*, Earthscan.
Redclift, M. (ed.) (2000), *Sustainability*, Routledge.
Redclift, M. and Ted Benton (eds.) (1994), *Social Theory and the Global Environment*, Routledge.
Redclift, M. and Graham Woodgate (eds.) (1997), *The International Handbook of Environmental Sociology*, Edward Elgar.
Redclift, M., et al. (2000), *Social Environmental Research in the European Union*, Edward Elgar.
Red and Green Group (1995), *What on Earth is to be Done ? A Red-Green Dialogue*.
Reid, D. (1995), *Sustainable Development : An Introductry Guide*, Eartscan.
Report of PAT 14 (1999), *Access to Financial Services*, TSO.
Richardson, D. and Chris Rootes (eds.) (1995), *The Green Challenge*, Routledge.
Robertson, J. (1978), *The Sane Alternative*, Author.

Do. (1989), *Future Wealth*, Cassell.
Do. (1991), *Seven Years On, The Other Economic Summit Begins Its Second Seven -Year Cycle*, .
Do. (n.d.), *Benefits and Taxes : A Radical Strategy*, NEF.
Do. (1998a), *Beyond the Dependency Culture*, Adamantine Press Limited.
Do. (1998b), *Transforming Economic Life*, Green Books.
Do. (1999), *The New Economics of Sustainable Development*, Kogan Page.
Robinson, M. (1992), *The greening of British party politics*, Manchester UP.
Rogaly, B., Thomas Fisher and Ed Mayo (1999), *Poverty, Social Exclusion and Microfinance in Britain*, Oxfam.
Room, G. (1995), Poverty in Europe : competing paradigms of analysis, *Policy and Politics*, Vol. 23, No. 2.
Room, G. (ed.) (1995), *Beyond the Threshold*, The Policy Press.
Rootes, C. (ed.) (1999), *Environmental Movements : Local, National and Global*, CASS.
Rossiter, J. (ed.) (1997), *Financial Exclusion : Can Mutuality Fill the Gap ?*, New Policy Institute.
Rowell, A. (1996), *Green Blacklash*, Routledge.
Ryle, M. (1988), *Ecology and Socialism*, Century Hutchinson.
Rudig, Wolfgang (ed.) (1990), *Green Politics One*, Edinburgh UP.
Do. (ed.) (1992), *Green Politics Two*, Edinburgh UP.
Do. (ed.) (1995), *Green Politics Three*, Edinburgh UP.
Sachs, W. (1995), *Global Ecology*, Zed Books.
Do. (ed.) (1997), *The Development Dictionary*, Zed Books.
Sachs, W., R. Loske and M. Linz, et al. (1998), *Greening the North*, Zed Books.
Sarkar, S. (1999), *Eco-socialism or eco-capitalism*, Zed Books.
Schmidheity, S. (1992), *Changing Course*, The MIT Press.
Seel, B., et al. (eds.) (2000), *Direct Action in British Environmentalism*, Routledge.
Seymour, J. (2000), *Poverty in Planet*, Earthscan.
Smith, D. (1995), *In Search of Social Justice*, NEF.
Smith, D. (ed.) (1993), *Business and the Environment*, Paul Chapman.
Schwarz, W. and D. (1998), *Living Lightly*, CASS.
Social Economy Framework for London (2000), *Snapshots-case Studies and Market Scenarlos*, SEFfL.
Soderbaum, P. (2000), Ecological Economics, Earthscan.
Steiguer, J.E. de (1997), *The Age of Environmentalism*, The McGraw-Hill Companies, Inc.
Spaargaren, G. & A.P.J. Mol (1992) Sociology, Environment, and Modernity :

Ecological Modernization as a Theory of Social Change, *Society and Nature Resources*, Vol. 5.

Spaargaren G., A.P.J. Mol and Frederick H. Buttel (eds.) (2000), *Environment and Global Modernity*, Sage.

Stefanovic, I.L. (2000), *Safeguarding our Common Future*, Suny.

Sutton, P.W. (2000), *Explaining Environmentalism*, Ashgate.

Thomas, C. (ed.) (1994), *RIO : unravelling the consequences*, CASS.

Thorne, L. (1996), Local exchange trading systems in the United Kingdom : a case of re-embedding ?, *Environment and Planning*, Vol. 28.

Stephen, T. and Simon Zadek (1997), *Practical People Noble Causes : how to support community-based social entrepreneurs*, NEF.

Therivel, Riki, et al. (1994), *Strategic environmental assessment*, Earthscan.

TOES Communique of The Other Economic Summit 15-16 July 1991 (1991), NEF.

Toke, D. (2000), *Green Politics and Neo-liberalism*, Macmillan.

Turner, R.K., et al. (1994), *Environmental Economics : An Elementary Introduction*, Harvester Wheatsheah.

Turner, R.K. (ed.) (1993), *Sustainable Environmental Economics and Management : Principles and Practice*, Wiley.

Turner, R.K. & D.W. Pearce (1992), *Sustainable Development : Ethics and Economics*, CSERGE Working Paper PA 92-09.

Velhelst, T. (1996), What 《development》 for the nineties ? Reflections on the cultural nature of development, 1990, not published.

Vincent, A. (1996), *Modern Political Ideologies*, Blackwell.

Wackernagel, M. and William Rees (1996), Our Ecological Footprint, New Society Publishers.

Walker, A.A. and Carol Walker (1997), *Britain devided : The growth of social exclusion in the 1980s and 1990s*, Child Poverty Action Group.

Wallce, D. (1995), *Environmental Policy and Industrial Innovation*, RIIA.

Warburton, D. (ed.) (1998), *Community & Sustainable Development*, Earthscan.

WBCSD (1996), *Eco-efficient Leadership for Improved Environmental Performance*, WBCSD.

Do. (1997), *Sustainable Production and Consumption : A Business Perspective*, WBCSD.

Weale, A. (1992), *The New Politics of Pollution*, Manchester UP.

Weizäcker, Ernst von, et al. (1997), *Factor Four Doubling Wealth- Halving Resources Use*, Earthscan.

Welford, R. (1995), *Environmental Strategy and Sustainable Development*, Rout-

ledge.
Do. (1996), *Corporate Environmental Management*, Earthscan.
Do. (1997), *Hijacking Environmentalism*, Earthscan.
Welford, R. and R. Starkey (eds.) (1996), *The Earthscan Reader in Business and the Environment*, Earthscan.
WWF and New Economics Foundation (1997), *Signals of Success*, NEF.
Wilkinson, M.D. (1997), *Report on the Real World Coalition*, Univ. of Lincolnshire and Humberside Policy Studies Research Centre.
Willams, C.C. (1995a), Trading favours in Calderdale, *Town & Coutry Planning*, Vol. 64, No. 8.
Do. (1995b), The Emergence of Local Currencies, *Town & Country Planning*, Vol. 64, No. 12.
Do. (1996a), Informal Sector Responses to Unemployment: An Evaluation of the Potential Local Exchange Trading Systems (LETS), *Work, Employment & Society*, Vol. 10, No. 2.
Do. (1996b), Local exchange and trading systems: a new source of work and credit for the poor and unemployed?, *Environment and Planning A*, Vol. 28.
Do. (1996c), An Appraisal of Local Exchange and Trading Systems in the United Kingdom, *Local Economy*.
Do. (1996d), The New Barter Economy: An Appraisal of Local Exchange and Trading Systems (LETS), *Jnl. Publ. Pol.*, Vol. 16, No. 1.
Do. (1996e), Local Purchasing Schemes and Rural Development: An Evaluation of Local Exchange and Trading Systems (LETS), *Journal of Rural Studies*, Vol. 12, No.3.
Williams, C.C. and Jan Windebank (1998), *Informal Employment in the Advanced Economies*, Routledge.
Do. (1999), *A Helping hand*, Joseph Rowntree Foundation.
Williams, C.C., et al. (1999), Evaluating Lacal Exchange & Trading Schemes (LETS) As A Means of Tackling Social Exclusion, paper presented to Local Economy Policy Unit (LEPU) Seminar.
Do. (2000a), Helping People to Help Themselves: Policy lessons from a Study of Deprived Urban Neighbourhoods in Southampton, *Journal of the Social Policy*, Vol. 29, No. 3.
Do. (2000b), Helping each other out?: Community exchange in deprived neighbourhoods, *Community Development Journal*, Vol. 35, No. 2.
Willis, I. (1997), *Economics and the Environment*, Allen Unwin.
Wissenburg, M. (1998), *Green liberalism: The free and the green society*, UCL Press.

World Commission on Environment and Development (1987), *Our Common Future*, Oxford UP.
Young, S. (1993), *The Politics of Environment*, Baseline.
Do. (1997), Community-based partnerships and sustainable development: a third force in the social economy, Susan Baker et al. (ed.), *The Politics of Sustainable Development*.
Young, S. (ed.) (2000), *The Emergence of Ecological Modernisation*, Routledge.
Zadek, S. (n.d.), *Integrated Approaches to Sustainability*, NEF.
Zadek, S. (2000), *Ethical trade futures*, NEF.
Zadek, S., et al. (1997), *Building Corporate Accountability*, Earthscan.

IUCN国際自然保護連合，UNEP国連環境計画，WWF世界自然保護基金（1992）『かけがえのない地球を大切に　新・世界環境保護戦略』小学館．
『アジェンダ21』（外務省・環境庁監訳）（1993）（社）海外環境協力センター．
アレン，ロバート（1982）『世界環境保全戦略』（竹内均訳）日本生産性本部．
今村仁司（1988）『仕事』弘文堂．
埋橋孝文（1997）『現代福祉国家の国際比較　日本モデルの位置づけと展望』日本評論社．
エキンズ，ポール（1997）「生命系経済学の基礎理論」中村尚司『地域自立の経済学』日本評論社．
エキンズ，ポール編著（1987）『生命系の経済学』（石見・中村・丸山・森田訳），御茶の水書房．
エコロジスト誌（1972）『人類にあすはあるか　生き残り運動の基本綱領』（上村・貝保訳），時事通信社．
エーリック，ポール，アン・エーリック（1994）『人口が爆発する』（水谷美穂訳）新曜社．
岡本真理子，粟野晴子，吉田秀美編著（1999）『マイクロファイナンス読本　途上国の貧困緩和と小規模金融』明石書店．
小原秀雄監修（1995a）『環境思想の系譜1　環境思想の出現』東海大学出版会．
小原秀雄監修（1995b）『環境思想の系譜2　環境思想と社会』東海大学出版会．
小原秀雄監修（1995c）『環境思想の系譜3　環境思想の多様な展開』東海大学出版会．
賀来健輔，丸山仁（2000）『ニューポリティックスの政治学』ミネルヴァ書房．
桂昭政（1997）『福祉の国民経済計算』法律文化社．
加藤敏春（1998）『エコマネー』日本経済評論社．
加藤敏春（2000）『エコマネーの世界が始まる』講談社．
加納時男（1997）「WBCSD：持続可能な開発の実現に向けた産業界の挑戦」『リサイクル文化』54号．
カプラ，フリチョフ（1984）『ターニング・ポイント』（吉福伸逸他訳）工作舎．

加茂直樹, 谷本光男編 (1994) 『環境思想を学ぶ人のために』世界思想社.
カレンバック, E., F. カプラ, S. マーバーグ (1992) 『エコロジカル・マネジメント』 (鼅田栄作訳) ダイヤモンド社.
川野英二 (1997) 「リスク社会とエコロジー問題」 『年報人間科学』 18号.
同 (1999) 「多元的グローバリゼーションと「第三の道」―ネオリベラリズムに抗する社会学―」『年報人間科学』20号.
河邑厚徳+グループ現代 (2000) 『エンデの遺言』NHK 出版.
環境と開発に関する世界委員会 (1987) 『地球の未来を守るために』 (大来佐武郎監訳) 福武書店.
ギデンズ, アンソニー (1993) 『近代とはいかなる時代か?―モダニティの帰結―』 (松尾精文他訳) 而立書房.
同 (1999) 『第三の道』 (佐和隆光訳) 日本経済新聞社.
グレーテル, T.E., B.R. アレンビー (1996) 『産業エコロジー』 (後藤典弘訳) トッパン.
『限界を越えて』 (1992) ダイヤモンド社.
講座『環境社会学　第1巻環境社会学の視点』 (2001) 有斐閣.
ゴルツ, アンドレ (1980) 『エコロジスト宣言』 (高橋武智訳) 緑風出版.
同 (1985) 『エコロジー共働体への道』 (辻由美訳) 技術と人間.
同 (1993) 『資本主義, 社会主義, エコロジー』 (杉村裕史訳) 新評論.
同 (1997) 『労働のメタモルフォーズ』 (真下俊樹訳) 緑風出版.
ゴールドスミス, エドワード (1998) 『エコロジーの道』 (大熊昭信訳) 法政大学出版局.
サスーン, ドナルド (1999) 『現代ヨーロッパの社会民主主義』 (細井雅夫, 富山栄子訳) 日本経済評論社.
柴田篤弘・槌田敦 (1992) 『エントロピーとエコロジー再考』創樹社.
シュー, ロジェ (1999) 『「第4次経済」の時代』 (山本一郎訳) 新評論.
シュウォーツ, W. & D. (1988) 『ブレーキングスルー』 (鼅田栄作訳) 二期出版.
シューマッハ, E.F. (1973) 『スモール　イズ　ビューティフル』 (小島慶三・坂井懋訳) 講談社学術文庫.
シュミットハイニー, ステファン (1992) 『チェンジング・コース』 (BCSD 日本ワーキング・グループ訳) ダイヤモンド社.
ジョジェスク-レーゲン, ニコラス (1993) 『エントロピー法則と経済過程』 (高橋正立, 神里公他訳) みすず書房.
世古一穂 (1999) 『市民参加のデザイン』ぎょうせい.
セン, アマルティア (1999) 『不平等の再検討　潜在能力と自由』 (池本幸生他訳) 岩波書店.
ターナー, R.K., D. ピアス, I. ベイトマン (2001) 『環境経済学入門』 (大沢あゆみ訳) 東洋経済新聞社.

ダーニング，アラン（1996）『どれだけ消費すれば満足なのか』（山藤泰訳）ダイヤモンド社．
田端博邦（1988）「福祉国家論の現在」東京大学社会科学研究所編『転換期の福祉国家（上）』（非売品）．
多辺田政弘（1990）『コモンズの経済学』学陽書房．
同（1993）「エントロピー論における経済学の現在―禁止則と自由則をめぐって―」『専修経済学論集』27巻2号．
槌田敦（1986）『エントロピーとエコロジー』ダイヤモンド社．
寺田良一（1998）「環境NPO（民間非営利組織）の制度化と環境運動の変容」『環境社会学研究』4巻．
デリィ，ハーマン（1996）「エコロジカルな税制改革」フリッチョフ・カプラ，グンターパウリ編『ゼロエミッション』（赤池学監訳）ダイヤモンド社．
東北産業活性化センター編（2000）『コミュニティ・ビジネスの実践』日本地域社会研究所．
富沢賢治（1999a）『社会的経済セクターの分析』岩波書店．
同（1999b）『非営利・協同入門』同時代社．
富沢賢治・川口清史編（1997）『非営利・協同セクターの理論と現実』日本経済評論社．
同編（1999）『福祉社会と非営利・協同セクター』日本経済評論社．
中村修（1995）『なぜ経済学は自然を無限ととらえたか』日本経済評論社．
中村尚司（1993）『地域自立の経済学』日本評論社．
中村陽一，日本NPOセンター（1999）『日本のNPO 2000』日本評論社．
西部忠（2000a）「〈地域〉通貨LETS 貨幣・信用を超えるメディア」柄谷行人『可能なるコミュニズム』太田出版．
同（2000b）「地域通貨による「地域」の活性化」『地方財務』9月．
バーロ，ルドルフ（1990）『東西ドイツを超えて』（増田裕訳）緑風出版．
林英機（1997）「国民経済計算と福祉の測定序説」新潟大学『経済学年報』第22号．
林泰義（1998）「全国500カ所にも普及した英国方式の地域内交換取引システム」『地域開発』411号．
ピアス，デビッド（1994）『新しい環境経済学』（和田憲唱訳）ダイヤモンド社．
ピアソン，クリストファー（1996）『曲がり角にきた福祉国家』（田中浩・神谷直樹訳）未来社．
ヒックス，J.R.（1951）『価値と資本I』（安井琢磨，熊谷尚夫訳）岩波現代叢書．
平川秀幸（1999）「リスク社会における科学と政治の条件」『科学』69巻3号．
ブックチン，マレイ（1996）『エコロジーと社会』（藤堂麻理子・戸田清・萩原なつ子訳）白水社．
舟場正富（1998）『ブレアのイギリス』PHP新書．
ブレーク，シュミット（1997）『ファクター10 エコ効率革命を実現する』（佐々木健

訳）シュプリンガー・フェアラーク東京.
ペストフ，ビクター・A. (2000)『福祉社会と市民民主主義　協同組合と社会的企業の役割』（藤田暁男他訳）日本経済評論社.
ベル，ダニエル (1975)『脱工業社会の到来（上）(下)』（内田忠夫他訳）ダイヤモンド社.
ベック，ウルリヒ (1997)「政治の再創造」ウルリヒ・ベック，アンソニー・ギデンズ，スコット・ラッシュ『再帰的近代化』（松尾精文他訳）所収，而立書房.
同 (1998)『危険社会』（東廉，伊藤美登里訳）法政大学出版局.
ペッパー，ディビッド (1994)『環境保護の原点を考える』（柴田和子訳）青弓社.
ペパア，デビッド (1996)『生態社会主義』（小倉武一訳）農文協.
ベルヘルスト (1993)「1990年代にとって《発展》とは何か？」（森田邦彦訳）未発表論文.
ヘンダーソン，ヘイゼル (1999)『地球市民の条件』（尾形敬次訳）新評論.
ヘントン，D., J. メルビル, K. ウォレッシュ (1997)『市民起業家』（加藤敏春訳）日本経済評論社.
ボードリヤール，ジャン (1995)『消費社会の神話と構造』（今村仁司，塚原史訳）紀伊國屋書店.
細内信孝 (1999)『コミュニティ・ビジネス』中央大学出版部.
同編著 (2001)『地域を元気にするコミュニティ・ビジネス』ぎょうせい.
ポランニー，カール (1975a)『大転換』（吉沢英成他訳）東洋経済新報社.
同 (1975b)『経済の文明史』（玉野井芳郎・平野健一郎編訳）日本経済新聞社.
町田洋次 (2000)『社会企業家』PHP新書.
待場智雄 (2000)「「持続可能な消費」へ向けた地域住民イニシアティブ—地域内交換取引制度 (LETS) を例に—」『東京経大学会誌』215号.
丸山真人 (1998)「循環型経済と地域通貨」『地域開発』411号.
宮本憲一，横田茂，中村剛治郎編 (1990)『地域経済学』有斐閣ブックス.
村上泰亮 (1997)『村上泰亮著作集3　産業社会の病理』中央公論社.
室田武 (1979)『エネルギーとエントロピーの経済学』東洋経済新報社.
室田武，多辺田政弘，槌田敦編 (1995)『循環の経済学』学陽書房.
森野栄一監修 (2000)『だれでもわかる地域通貨入門』北斗出版.
モロー，J. (1996)『社会的経済とはなにか　新自由主義を超えるもの』（石塚秀雄他訳）日本経済評論社.
山本良一 (1995)『地球を救うエコマテリアル革命』徳間書店.
同編著 (1994)『エコマテリアルのすべて』日本実業出版社.
ラッシュ，スコット (1997)「再帰性とその分身」ウルリヒ・ベック，アンソニー・ギデンズ，スコット・ラッシュ『再帰的近代化』（松尾精文他訳）所収，而立書房.
リエター，B. (2000)『マネー崩壊』（小林一紀他訳）日本経済評論社.

リース，スチュワート他編（1996）『超市場化の時代―効率から公正へ―』（川原紀美雄監訳）法律文化社．
リピエッツ，アラン（1994）『緑の希望』（若森章孝，若森文子訳）社会評論社．
ロバートソン，ジェームズ（1988）『未来の仕事』（小池和子訳）勁草書房．
同（1999）『21世紀の経済システム展望』（石見尚，森田邦彦訳）日本経済評論社．
ローマクラブ（1972）『成長の限界』（大来佐武郎監訳）ダイヤモンド社．
ワイツゼッカー，エルンスト他（1998）『ファクター4』（佐々木健訳）省エネルギーセンター．

あとがき

　本書ではこれまで，イギリスを中心に，ニュー・エコノミックス運動の現状を紹介するとともに，その可能性を追究してきた．1980年代中葉から展開されてきたニュー・エコノミックス運動は，1990年代に入って，世界各地の自発的で，創造的な市民の試みを積極的に取り入れながら，理論的かつ実践的な両面にわたって，徐々にではあるが，着実に発展してきた．21世紀はその成果が現実に生かされる時代になるだろう．今求められているのは，新しい世紀の要請に応える斬新なパラダイムである．マルクス経済学を別にすれば，20世紀の経済学は，両大戦間期に成立したケインズ経済学と，ほぼ同じ時期に成立したオーストリア学派を第2次大戦後に継承した新自由主義経済学との対抗の中で形成されてきた．一見すると両者の立場は違うように見えても，いずれも市場と国家の関係を軸として理論が構築されているという点で共通であった．しかし現在の状況は市場と国家といった二項対立だけで説明することなどできなくなっている．ケインズ経済学を批判する新自由主義経済学も，それに反論するためにケインズ経済学がネオ・ケインズ経済学として再編成されようとも，これまでの二項対立から抜け出せないでいるという意味で何ら状況は変わっていない．

　何故か．それは2つの学派とも，産業主義を20世紀に強力に進め，経済成長を実現する手段を求めてきたという点で，共通の基盤の上に立っているからである．「市場か，国家か」という議論は，産業主義を進める効果的な手段を議論しているだけで，共通の目標を別の角度から見ているにすぎない．今求められているのは産業主義と訣別すること，そしてその手段についても別の視野から再検討することである．もちろん，産業主義と訣別しても，市場や国家が廃止されるわけではない．問題にされなければいけないのは，脱

産業主義の中で，市場と国家を市民の目線で生かすこと，したがって市場と国家にこれまでとは別の位置と役割を与えることである．そのために必要なのは，市民セクターの位置と役割を明確にし，市場や国家と対等な立場でパートナーを組むこと，あるいは市場と国家を効果的にチェックすることである．

　本書がニュー・エコノミックス運動に関心を寄せるのは，このことを意識し，それを経済学の理論運動として展開すると同時に，その成果を多くの分野に実践的に生かしてきたからである．その意味でニュー・エコノミックス運動は脱産業主義の時代の市民（運動）の経済学である．21世紀にグローバル化はますます進展していくだろう．しかしグローバル化の時代は同時に，激しい国際競争にさらされ，地域経済の衰退や生活の質的悪化，社会的排斥といった社会的参加能力を欠如させた人間集団を生み出す時代でもある．グローバル化が人間諸集団の分断化をもたらすのだとすれば，それに対抗するには再びそれらを結びつける方法を発見することが必要となる．そこには，グローバル化がもたらした帰結を事後的に取り繕うことでは決してすまされない問題が潜んでいる．この問題に取り組むには，国家の役割や企業の社会的責任がこれまで以上に問われることになる．しかしそれだけでは，19世紀，20世紀と続いてきたパラダイムに何ら変わりがないという意味で決定的に不十分である．国家と企業が市場を媒介にして取り結ぶコーポラティズム的な関係はすでに20世紀に行き詰まりを見せ始めていた．この関係を打破するには，国家と企業の他に，参加能力を持ち，それを継続的に発揮する市民の存在と，それを支える経済学が必要となる．そうした経済学とは決してセーフティ・ネットといったグローバル化に対抗する「反経済学」ではなく，パラダイムの変更を求める「新しい経済学」（ニュー・エコノミックス）である．反経済学とニュー・エコノミックスとは根本的に異なっている．本書はこうした視野に立って，ニュー・エコノミックス運動を取り巻く理論状況を整理し，運動の到達点を明らかにしようとしてきた．

　ニュー・エコノミックス運動を進めてきたジェームズ・ロバートソンは，

あ と が き

世界は1つ (one world) である．しかしそれは世界が均質化したという意味ではなく，世界各地にある多様で，自立的で，分権化した社会がそれぞれ特徴ある顔を見せながら，人的に交流し合うことで成立する多重構造を持つ社会として思い描いていた．世界は1つという意味で，ニュー・エコノミックス運動もグローバル化を否定はしない．しかしそれは多国籍企業の進展といった資本のボーダーレス化ではなく，それがもたらした地球的な規模で発生する環境問題，途上国の累積債務や貧困，飢餓，軍拡競争といった諸問題に対する対抗軸を国境を越えて設けようという意味である．地球市民とはそうした自覚を持った人びとを指している．国際化の時代であるとはいっても，世界の多くの人びとが手を結び，ネットワークを張り巡らすということは相当難しいだろう．しかしその困難は克服されなければならない．実際目をこらせば，そのような動きは確実に芽生えてきている．1999年12月世界貿易機関 (WTO) のもとで最初の多角的貿易交渉となる予定であったシアトル閣僚総会が，世界の市民団体の抗議行動によって流会になったことはその一例である．1984年の第1回大会以来，毎年サミット開催国で行なわれてきた「もう1つの経済サミット」も，そうした課題を担って，ニュー・エコノミックス・ファウンデーションを中心に，世界の市民団体が主催し，各地の経験を持ち寄り，交流を深めてきた．ニュー・エコノミックス運動はこのように，文字通り市民運動の経験の中から発展してきた．経済学は今後専門家集団の狭い領域に止まることなく，市民の幅広い経験に学び，それを理論的に生かす課題を自覚していかなければならない．

わが国でも，1998年にNPO法（特定非営利活動促進法）が成立，施行されるなど，遅ればせながらではあるが市民セクターの役割が見直され，市民の主体的で，自発的な試みが注目されるようになってきた．こうした非営利組織や非政府組織の活動は，これまでわが国ではあまり注目されてこなかっただけに，今後この分野の活動や組織をしっかり育て，力をつけていくことが必要である．そのためには，官民ができなかった領域を市民組織が担うといった消極的な役割に止めることなく，公的セクター，私的セクターと対

等にわたり合える発言力を身につけ，創造的な提案を行ない，その実行にも参加できる力量を身につけることが必要となる．介護保険の例にも見られるように，NPO法の成立以来，NPO法人が市民の自発的発案で作られたというより，どちらかというと官主導で作られてきた例が多いことを見ると，わが国のこの分野での動きは相当遅れていると思わざるをえない．

　わが国で，ニュー・エコノミックス運動に当初より関わってきたのは石見尚氏と森田邦彦氏のお二人である．ご両人の志と活躍がなければ，この運動が持っている重要性はわが国にきちんと伝わらなかったかもしれない．本書の執筆にあたって，両氏に大変お世話になった．石見氏からはTOES大会の資料を快く見せていただき，森田氏からはTOESバーミンガム大会以来しばしば助言をいただいた．また，イギリスでの調査にあたっては，ロンドン大学大学院に在籍中の待場智雄さんに大変お世話になった．あらためて感謝申し上げたい．

2001年5月　自宅にて

著者略歴

福士正博
1952年北海道生まれ，東京大学農学系研究科大学院博士課程修了，農学博士（東京大学）．東京大学農学部農業経済学科助手，国立国会図書館調査及立法考査局調査員を経て，現在東京経済大学経済学部教授（経済史，環境問題担当）．

主著：『ヨーロッパの有機農業』（共著）家の光協会，1992年，『ECの農政改革に学ぶ』（共著）農山漁村文化協会，1994年，『環境保護とイギリス農業』日本経済評論社，1995年，『現代イギリス社会政策史 1979－1990』（共著，毛利健三編著）ミネルヴァ書房，1999年，その他論文多数

e-mail : fukushi@tku.ac.jp

市民と新しい経済学
環境・コミュニティ

2001年8月15日	第1刷発行
	定価(本体4200円＋税)
著　者	福　士　正　博
発行者	栗　原　哲　也
発行所	株式会社 日本経済評論社

〒101-0051 東京都千代田区神田神保町3-2
電話 03-3230-1661　FAX 03-3265-2993
振替 00130-3-157198

装丁・渡辺美知子　　　　中央印刷・山本製本

落丁本・乱丁本はお取替えいたします　Printed in Japan
© Fukushi Masahiro 2001
ISBN4-8188-1368-0

Ⓡ　本書の全部または一部を無断で複写複製（コピー）することは，著作権法上での例外を除き，禁じられています．本書からの複写を希望される場合は，小社にご連絡ください．

B.リエター著　小林一紀・福元初男訳 **マネー崩壊** ―新しいコミュニティ通貨の誕生― 四六判　330頁　2300円	我々人間にとって「マネー」とは何なのか?! 現在のマネー（システム）は次代の社会生活に適合できない。協働と競争の欲求を調和させる「補完通貨」波及の必然性を平明に解く。
V.ペストフ著　藤田暁男ほか訳 **福祉社会と市民民主主義** ―市場と国家を超えて― A5判　350頁　3800円	社会的企業や第三セクターの貢献なくしては福祉社会の発展はない。サービス提供者とクライアントの相互活動、労働環境の改善等、現場から市民民主主義の漸進を捉える。
ジェイムズ・ロバートソン著　石見尚・森田邦彦訳 **21世紀の経済システム展望** A5判　140頁　1200円	持続可能な生活の基盤を確立するためには社会正義とエコロジー的生存を優先させる必要がある。欧米の工業社会の価値観を見直したシューマッハー（『スモールイズビューティフル』の著者）の双書第一巻。
D.サスーン編　細井雅夫・富山栄子訳 **現代ヨーロッパの社会民主主義** ―自己改革と政権党への道― 四六判　281頁　2500円	いまEU統合の進むなかで、欧州各国の「社民党」は自己のアイデンティティを欧州プロジェクトと結びつけ、その強化を図りつつ、資本主義運営の公正なる再構築を目指す。
A.プシェヴォルスキ編　内山秀夫訳 **サステナブル・デモクラシー** 四六判　250頁　2800円	民主主義の定着・持続には政治機構の整備と機能発揮と共に、分配の平等と安定化という経済的課題がある。東と南のシステムを如何に移転させるか。第一人者21人の共同研究。
川口清史・富沢賢治編 **福祉社会と非営利・協同セクター** A5判　276頁　3500円	福祉国家から福祉社会へ転換の今日、非営利・協同セクターの概念を再確定し、その組織と運営・機能の実際をヨーロッパ各国からの報告を元に、日本の課題と共に分析する。
富沢賢治・川口清史編 **非営利・協同セクターの理論と現実** ―参加型社会システムを求めて― A5判　350頁　3400円	現在の社会経済システムへの反省から非営利組織がふえ、協同組合・共済組織と共に今後の活動が期待されている。欧米と日本国内の活動状況を分析し論ずる関係者待望のテキスト。
M.ダウィ著　戸田清訳 **草の根環境主義** ―アメリカの新しい萌芽― A5判　380頁　4400円	強力な環境団体を軸に世界をリードしてきたアメリカ。だが一部エリートが推進する運動に批判が高まり、今大きな転機を迎えている。市民による新たな環境運動の試みを検証。
D.ヘントン, J.メルビル, K.ウォレシュ著　加藤敏春訳 **市民起業家** ―新しい経済コミュニティの構築― 四六判　421頁　2800円	地域に暮す市民が集まり、経済コミュニティが一体となって興す新しい経済活動。シリコンバレーはじめアメリカ各地の実例を分析し、市民起業家の活動と役割を示す。
加藤敏春著 **エコマネー** ―ビッグバンから人間に優しい社会へ― 四六判　420頁　2200円	エコマネーとは環境、福祉、文化などに関する多様でソフトな情報を媒介する21世紀のマネーである。人間の多様性をそのままに生かす温かいお金の活用方法をやさしく説く。